Strictly Personal & The Summing Up

by *W. Somerset Maugham*

毛姆自传

毛姆 —— 著　　赵习群 —— 译

目　录
CONTENTS

纯属私事 / 001

总结 / 201

纯属私事

1

　　我有这样一种观念：在讲述任何事件之前，有必要告诉读者接下来是什么类型的文字。所以，现在我要告诉大家，下面讲述的不是什么重大事件，而只是在战争开始后的最初十五个月里发生在我身上的一些小事。现在，战争已经过去两年多了，欧洲强国都被卷入了这场骇人的争斗中，十几个小国已被侵占，而法国也已完全沦陷：这些事件大家在报纸上都可以看到，而将来的历史书上也会重点介绍。生活还得继续。很多人每天照旧一日三餐，该恋爱的恋爱，该结婚的结婚，有些人平静地死去，和战争没什么丝毫关系；但是，我敢说，没有任何一个人，至少是在欧洲，敢说自己的生活没有因为这场临头大祸而产生任何改变；因为，据我所知，身边没有人觉得自己有必要记录发生在自己身上的小事，原因是这些小事只对一些具体的人有影响，而与正在发生的战争相比简直不值一提。而我却觉得，记录这些小事不但有用，而且有趣，因为正是它们改变了我整个的人生轨迹。下面的讲述纯属私事，换句话说，它们没有什么重大意义，但是，请大家相信一点：我比任何人都更清楚，自己何其渺小，特别是在这场关系世界未来命运的战争面前。

1939年夏天，我当时正待在家里。我家的房子是一座白色的方形建筑①，位于费拉海角（Cap Ferrat）②附近一座小山的旁边。费拉海角把自己的长鼻子勇猛地伸进了位于尼斯（Nice）③和蒙特卡洛（Monte Carlo）④之间的地中海里，从我的住处可以看到一览无余的海景。这房子我已经买了十二年了。当时我厌倦了在世界各地四处漂泊的生活。当初买的时候价格很便宜。这座别墅看上去十分丑陋，所有见过的人都认为应该把它拆了，重新盖一座新的。这里有一个荒废多年的花园，还有一些其他空地，这对于里韦艾拉（the Riviera）⑤来说简直不可思议，因为当地房价很高。这座房子建于本世纪初，是一位退休的天主教主教建造的，他工作时大部分时间待在阿尔及利亚，所以建造这所房子时他也是按照当地的建筑风格来设计的。当地建筑风格的一个主要特点就是房子中间一定要有天井。他在房顶上建造了一个摩尔式（Moorish）的圆屋顶，墙上都是马蹄形的窗户，客厅里还有一个摩尔式的拱门。最为不幸的是，

---

① 这座别墅的名字叫做莫雷斯克别墅（Villa Mauresque），原意是摩尔风格别墅。
② 费拉海角（Cap Ferrat），位于法国东南部，属于阿尔卑斯-滨海省的圣-让-费拉海角市镇。
③ 尼斯（Nice），法国东南部港市，阿尔卑斯-滨海省的首府，是法国第五大城市。
④ 蒙特卡洛（Monte Carlo），摩纳哥公国的一座城市，紧邻法国边境，以赌博业著称。
⑤ 里韦艾拉（the Riviera），这里指法国东南部的蓝色海岸，与意大利的里韦艾拉相连接，包括摩纳哥公国。

他竟然在房子的前部增加了一个文艺复兴风格的长廊。在我看来，所有这些乱七八糟的玩意儿都只不过是木板条和灰色泥浆，它们应该被清理干净，只剩下一个质朴的平屋顶房子。

我把它买了下来，按照自己的想法重新装修了一遍，从里到外粉刷一新。书柜里排列着我的那些藏书，墙上挂着我所喜欢的绘画作品，房间里还有各种各样的装饰品，这些都是我在世界各地旅行期间搜集来的。我准备在这里度过余生，准备就在自己卧室里那张崭新的床上悄然逝去。有时候，我会双手交叉，然后闭上双眼，想象自己死去时会是怎样一副尊容。

我以前从来也没有想过，那座面积庞大的废弃花园和四周的山坡会给我带来怎样的诱惑。我以前从未去过这座花园，所以并不知晓一条普世真理：你所拥有的花园面积越大，你想要的也就会越多；你越是精心照料你的花园，花园里的一切越是会哭着喊着让你去照料。这座花园里有松树、橘树、含羞草和芦荟，还有一丛丛野生的百里香和迷迭香。在法国，园丁的工资很低，一天给他们一两美元就够了，而且，这里的植物丰茂，你只要好好浇水，它们就会止不住地疯长。我种上了夹竹桃和山茶花，还有各种各样能开花的灌木。我还从加利福尼亚带来了鳄梨树种在这里。这些树前七年并不结果，但当我准备离开这所房子时，每年大约收获三四百个鳄梨。当时欧洲很多人会千里迢迢赶来参观，因为我是把这种树带来欧洲的第一人。

不过，在这个地区，最费时费力的竟然是草坪，因为这里的草受不了酷热的长夏，所以每年春末就要把这些草挖出来储存，然后到秋天时再种上。这事不但麻烦,而且也是一笔不小的花费。但是,每年秋天,看着那些嫩绿的新生命如此的柔弱而炫目,就像看着一个年轻女孩儿那清澈的眼睛,于是,所有的花费在这时看来也都是值得的。我在行车道的两侧都铺上了草坪,一直铺到正门附近。在正门的松树下,我也铺设了一条宽阔的林间草径,一直铺到花园的尽头。在山坡上,我很郑重的栽上几棵橘树。在更高的山坡上,我修建了一座十八世纪风格的游泳池。在佛罗伦萨(Florence)[①]时,我偶然发现了一块贝尼尼(Bernini)[②]设计的大理石装饰物,现在正好作为进出水口的装饰。在游泳池后面有一个天然的小山洞,太阳光过于毒辣时,人们可以到山洞里乘凉。在山洞的两边,我摆放了两个浅灰色的大瓮,这两个瓮很有可能曾经属于彭巴杜夫人(Madame de Pompadour)[③]。从这里,你可以俯瞰地中海,尼斯就在你视线的右边,而更远处就是艾司太雷尔(the Esterels)的壮丽风景。

以上所述,就是我的房子和花园。小山顶部有一些军事设施,山顶上有个臂板信号机,四周有大炮护卫。就在《慕尼黑协定》签订前的那段动荡时间里,我被牵扯进了一件有些诡异的事件中。有

[①] 佛罗伦萨(Florence),意大利中部城市,托斯卡纳地区的首府,历史悠久,被公认为是文艺复兴的发源地。

[②] 贝尔尼尼(Bernini,1598-1680),意大利雕塑家和建筑师,巴洛克雕塑风格的创始人。

[③] 彭巴杜夫人(Madame de Pompadour,1721-1764),社交名媛,法国国王路易十五的情妇,一位颇受争议的历史人物,才色出众,对法国的政治和艺术都有很大的影响力。

一天，我接到消息，说有几位从土伦（Toulon）①来的海军军官希望与我见面。我不知道他们想干什么，但依然回复说，我很高兴在他们方便的时候会面。第二天早晨，两辆轿车开了进来，六位中年绅士走进客厅。他们都穿着制服，扣眼上挂着荣誉军团勋章（the Legion of Honour）②的花结标志。其中有三个人下巴上留着小胡子。从他们袖口上的金色镶边来判断，他们的级别很高，其中有一位是海军上将。他们很严肃地坐下来。其中有一位清了清喉咙，开始解释他们来访的目的。他们似乎是想在靠近山顶的一块土地上建造一个炮台，而那块土地正好属于我。看来他们事先预料到我一定会极力反对，因为这位海军上将刚刚说完，就有另外一个人解释说，安置大炮不会对我有任何不良影响，反而会增加我这个庄园的宜居程度。更为重要的是（这个转折显得很可笑），如果战争爆发，看着那尊大炮向意大利战船射击，就像是从自家后院发射出去的一样，我一定会有一种满足感。我猜想那位海军上将对自己同伴的这种说法有些不以为然，因为他很快打断说，众所周知，我是法国人民的朋友，而英法的同盟关系坚不可摧，如果我反对这样一个对国家安全有如此重大意义的计划，那简直让人难以想象。我本不想打断这些绅士们（我一直对穿制服的人有畏惧心理，所以，为了让自己感

---

① 土伦（Toulon），位于法国东南部地中海沿岸，是法国重要的军港城市。在二战中，法国南部遭到德军入侵，为了防止港内军舰落入法西斯手中，法国海军在紧急中自毁六十余艘舰船，写下了"宁为玉碎，不为瓦全"的悲壮一页。

② 荣誉军团勋章（the Legion of Honour），法国最高级别的军事勋章，1802年由拿破仑创立。

觉不那么拘谨，我已经在想象中扒掉了他们的制服，给他们换上了连衫裤），可现在我不得不站起来说话了。我说，完全没有必要再进行讨论，因为我很高兴让出任何他们需要的土地，任何情况下都是这样。说完这话，我隐约听到低低的赞许声从六个喉咙里传出来。那位海军上将以及刚才被他打断的那个人（这是一位枪炮专家）都表达了对我爱国热忱的赞许，除此之外，他们还不失时机地称赞了一下我的英国同胞时常表现出来的抗敌热情。这些来客的举止从最开始的彬彬有礼、严肃认真，顷刻之间变成了热情洋溢；他们叽叽喳喳地了一阵，其中有一位留着小胡子的军官声音特别突出。他跟旁边的人说，我真是通情达理，就算是本地人也不那么好说话。

然后我们再次转入正题。有一位军官从进门开始就没怎么说过话，这时他站起来发表了一通长篇大论，其中的用词极为讲究。不过，这对于受过良好教育的法国人来说并非难事。他指出，近些年来，里韦艾拉的地价一直在下降，随着战争的爆发，地价还会再次下降，所以，他们想要的那块土地对我来说价值不大，他们想要的只不过是长这些米宽那些米的那么一点点地方。安装大炮对我的生活基本上没什么不好的影响。这时，六双眼睛紧紧地盯着我，最后，发言者直截了当地问我：就这么一块儿用处不大、面积极小、价值有限的土地，我打算要多少钱。

"一分钱也不要。"我说。

我顿时看到六个人脸色刷白，流露出惊恐的表情，就算在殊死搏斗的战场上，这种表情也很少见。

"但是您说过，您不反对我们安装大炮。"

"没错儿，我不反对把这块土地出让给国家，而且，免费。"

"我们本来还琢磨出多少钱合适呢。"

"这不难理解。不过，我在法国已经住了很多年了，已经接受了法国人民的不少恩惠，我很难容忍自己为了一点儿国防用地还要收你们的钱。"

众人沉默。尽管他们都在盯着我看，但我注意到，有一道鬼鬼祟祟的目光在扫视在座的每一个人。本来客厅里的气氛非常和缓，现在却明显让人有点儿胆寒。过了一会儿，终于有人张嘴说话了：

"当然，感谢您的慷慨行为。"

那位海军上将稍微犹豫了一会儿，然后站起身来：

"我会马上把您的慷慨行为告诉部长。我们会尽快做出决定，然后第一时间告诉您。"

他们都很有礼貌地和我握了握手，然后鱼贯而出。我隐约感觉到，尽管他们都是海军，但在此时此刻，他们感觉比在苍茫无际的大海上更加不知所措。两天后，我收到一封来自土伦的正式来信，信中感谢热情接待了那个海军代表团，并且告诉我，经过慎重考虑，他们一致决定：不再考虑在我的住宅区内修建炮台。

2

随后，我去伦敦待了几周，直到七月中旬才回到家。我把我侄子也带了过来；我的女儿女婿两周后也赶了过来。不断有朋友赶过来住上几天，有些是我的朋友，有些是他们的朋友。这种状况一直持续到九月下旬。随后，我打算去伦敦待上一个月，然后起身前往印度。我打算在印度过冬。

两年前，我在印度待了一个冬天。当时我发现，在这个神奇的国度，有很多东西能刺激我的想象力，我急于重新体验一把那样的感觉。在写东西之前，我必须在脑中储存足量可靠的信息，只有这样，我的头脑才能正常运转。我期待这次去印度能使我将储存在脑中的海量信息理出一个头绪，然后为只存在于想象中、只有一个模糊轮廓的东西确定一个总体框架。在去印度之前，我没有工作的计划，而是尽情玩耍，以使脑中的各种想法彼此亲密接触，这样，它们才能充分参与到我的小说中。写小说的人都喜欢这种活动，因为它确实让人感觉心情愉悦。这时，我们不用付出劳动，也没有什么责任，这种轻松美妙以获取创造力的训练让我们心中充满欢喜。我们创造出来的世界十分具有真实感，这反而使得真实世界显得有些模糊不清，我们很难让自己真正严肃地对待这所谓的真实世界，因为我们自己的世界更加丰富多彩、意义重大，因此，我们倾向于一次又一次地拖延时日。而当我们真正拿起笔面对稿纸时，就必须打破这一魔咒，让那完全属于自己的私人世界迷失在纷繁复杂而又充满喧嚣的真实世界中。我正热切期待着一个让人异常兴奋的夏天。在我游移不定的想象中，这个夏天，我肯定会与很多来访的有趣人物共同度过，尽管我现在还无法知道他们具体都是谁，但他们一定都会热爱生活，既喜欢高谈阔论，插科打诨，又喜欢思考永恒，探讨人生。

3

我想大家都玩儿得很高兴。我们的生活很简单，每天做的事都差不多。我习惯于早起，八点就吃早餐，但是其他人随时有可能穿着睡衣或者晨衣从楼梯上走下来。最终，大家聚齐之后，一起开车去自由城（Villefranche）①，那里停着我们的游船。乘坐游船，我们来到费拉海角另一侧的一个小海湾，在那里我们戏水、晒太阳，直到变成饿狼。我们随身带有食物，但是有一名意大利水手名叫品诺（Pino），他做的通心粉好吃得不得了。我们喝一种低度红葡萄酒，这种酒名叫玫瑰红，是我从山那边搞来的。然后我们四处闲逛，或者小憩一下，随后再次洗澡，喝下午茶，接着开车回家去打网球。我们在山坡上的橘树林中享用晚餐。圆月升起，照着波光粼粼的水面，那白色的月光就像铺开了一条高速公路，景色如此优美，让人情迷心醉。我们肆无忌惮地大声说笑，偶尔也会有片刻的寂静，这

---

① 自由城（Villefranche），法国有很多地方都有这个前缀。根据作者的活动区域，我们推测作者这里所指的应该是滨海自由城（Villefranche-sur-Mer）。

时就可以听到远处花园里的睡莲池中有成百只青蛙在大声聒噪。晚餐后，丽莎（Liza）和文森特（Vincent）会开着我的车去蒙特卡洛跳舞。

当然，我们也常常谈论到底会不会打仗，不过，不管怎么说，战争还是显得很遥远。我的一位法国朋友从巴黎来住过几天，他和德国人有贸易往来，并且与奥赛码头（the Quai d'Orsay）① 关系密切。他跟我说，德国商人都强烈支持和平，战争会给他们带来致命的打击。1938年9月的那次事件很吓人，法国开始集结军队，幸好战争没有打起来。1939年3月，危机再次爆发，法国再次集结军队，幸好战争再次得以避免。他跟我们保证，这次还会如此。我们巴不得相信他，不过他随后又说，这次有个区别：希特勒不想要战争；如果在慕尼黑我们能够强硬一点儿，他就有可能退缩；而如果当他进军布拉格（Prague）② 的时候英法两国政府能够坚持自己的立场，他就有可能撤军。他已经吓唬我们两次了，现在该我们吓吓他了。如果他看到我们意志如此坚强，他很有可能会让步，就像他曾经做出的让步一样。为了表示自己的信心，这位朋友告诉我们，他刚刚购买了一大笔波兰石油公司的股票。

他走之后，另外一位客人很快取代了他的位置。我们每天还是

---

① 奥赛码头（the Quaid'Orsay），巴黎塞纳河畔的一个码头，法国外交部大楼就位于它的对面。这里用奥赛码头来代指外交部。

② 布拉格（Prague），捷克首都，也是捷克最大的城市。

洗澡、打网球。天气依然晴好。有一天晚上，天还没有完全黑下来，灰白的天空中升起镰刀形的灰白光束，我们对它三鞠躬，而它也三次保佑我们赢了钱。新月渐盈，平和的日子一天天过去，不久，这样的日子就结束了。有一次，我看到一个餐厅服务员端着一大摞盘子，突然，他绊了一跤，伴随着一阵巨响，所有的盘子都掉落在地板上；事情变坏都是这样的节奏，因为出人意料，所以让人目瞪口呆。看起来，希特勒要将他的恐吓战术进行到底，对此我们都毫不怀疑，而我们必须阻止这一切的发生。收音机里传来的消息让我们心绪不宁。就在昨天，巴黎的《每日邮报》（Daily Mail）指出，事态已经非常严重，而当地的一家亲意大利报纸则表现得异常狂热。圣让村（St Jean）的村长打电话来说，明天就要在全村贴出征兵告示。

第二天早餐时候，厨师急匆匆赶到餐厅告诉我，昨天晚上，那位来自意大利的帮厨女孩收拾行李溜走了。我的女婿文森特正在准备几天后在蒙特卡洛举行的网球比赛，他这会儿正在准备与一位职业选手练习一个小时。又过了一会儿，我正在抽烟斗，一位名叫弗朗西斯科的男仆走了进来。他脸色苍白，告诉我说，他想在下午返回意大利。他的妻子站在门边看着我们。弗朗西斯科坚持要走，生怕我会执意留下他。

他的妻子长相很一般，身体瘦弱，皮肤暗黄，而且脾气特别坏。大约半月前，由于她怀疑另外一位女仆与她的丈夫有染，竟然搞了一出让人心惊肉跳的闹剧。我对她说，那位女仆已经五十了，比她丈夫大二十岁呢。可她说，这事儿跟年龄无关。那位女仆名叫妮娜

（Nina），在他妻子看来正是她这个岁数，才使得她和自己丈夫之间的暧昧关系令人作呕。(当时她站在那儿大发雷霆的时候，脸色苍白，浑身颤抖。)她说她丈夫一刻都不能在这儿待了，这里简直就是一个充满罪恶的魔窟，当然她指的就是我的这座别墅。后来她十分卖力地帮着洗衣服、打扫房间，好让自己显得特别能干。她的丈夫弗朗西斯科是一位很优秀的男仆，已经跟随我很多年了。当客人聚集的时候，他们两位我倒是谁也离不开。为了让她情绪稳定下来，该说的我都说了，可依然无济于事，于是我只好把几年前的事情拿出来说了说。

几年前，她有孕在身，正在附近的一个村子里待产。有一天，我正在读书，弗朗西斯科慌慌张张地走进来跟我说，他妻子来看望他的时候正赶上临产期，现在正疼得在床上打滚儿呢。他恳请我能不能用我的车把他妻子带回他们的住所。我当然不在乎借用我的汽车，但我觉得这种做法有点儿不靠谱，于是赶紧去叫医生。一小时后，孩子出生了。此后，他们一直待在我的别墅里，直到这位英雄的母亲能够正常行动。这段时间里，我还去看望过他们。他的妻子躺在那里，本来那张丑陋的脸奇迹般的发生了转变，看上去更像是一位面容憔悴的圣母，而那可怜的小婴儿被紧紧地裹在襁褓里，躺在妈妈身边，四肢完全无法动弹。这一切像是在老式意大利油画中经常看到的情景。

现在，我又重新提起了这件事，并对她说，当年我没有对她不管不顾，现在她也不能这样抬屁股走人。

她哭着转向自己的丈夫。

"你个混蛋，以后能不能别再胡闹了？"她哭着说。

她丈夫什么都说不出来，他已经完全吓呆了。

"上帝作证。"他低声说，不停地在胸前画着十字。

"行了，你就在这儿待着吧。"

她很坚决地挥了挥手，示意她丈夫跟她出来。弗朗西斯科乖乖地走到门边，忽然转向我，悄悄地使了一个眼色。我开始怀疑，我如此热切地证明他的清白，但事情可能不是我想的那样。我犹豫着要不要告诉那位年老的女仆，面对年轻男士的挑逗是不是也该保持晚节。

但是现在，在这种情况下，我也不知道该做些什么。我跟他们说，如果想走可以走。不久，文森特从蒙特卡洛赶了回来。他跟我说，所有人都在急着撤离，要想在蓝色列车（the Blue Train）[①]上找个位置都很难。各式各样的汽车满载着行李川流在各条道路上。我曾经对我的客人们说过，只要在路上看不到来自塞内加尔的（Senegalese）[②]黑人军队，就说明不会有特别紧急的情况。文森特说，他看到这些军人正在费拉海角入口处守卫铁路桥。他们肯定是在晚上乘坐卡车过来的。我告诉他和丽莎最好离开这里，他同意了，于是赶紧去收拾行李。我下楼去车库给他们的车加油，正好遇到我的

---

① 蓝色列车（the Blue Train），从法国北部的加莱到南海岸的一列火车，从1886年开始运营，一直到2003年取消。这趟列车由车厢的颜色而得名。

② 塞内加尔（Senegal），西非国家，当时是法国的殖民地。

司机，他说他已经接到了强制参军的命令，明天就要离开这里去执行军事任务。当时已是中午，园丁们正走过来准备吃午饭。弗朗索瓦（Francois）是园丁长，中年人，参加过一战。他并没有收到参军的命令，但他的一位下属马上就要离开（其他三位园丁都是意大利人），这位被征召的园丁内心很焦虑，因为他刚结婚，更麻烦的是他的妻子很快就要生孩子，而政府给军人家属的补贴每天只有八法郎，他真不知道自己的妻子怎么带着孩子活下去。我说我肯定会为他的妻子提供帮助，让她的生活不至于那么辛苦。听到这些，他便高高兴兴地去享用自己的面包和香肠了。

回到房间后，杰拉德（Gerald）[①] 刚刚从自由城回来，他说港口有大事发生，阿尔卑斯山地部队（the Chasseurs Alpins）[②] 士兵虽然个头不高，但身体健壮，作战勇猛，他们的行军速度每天可达40英里，清晨时他们已经开赴前线，一队塞内加尔士兵（Senegalese）取代了他们原来的位置。港口的主管对他说，他们收到了来自土伦的命令，所有的私人游艇都必须在24小时内驶离港口。我们打算

[①] 杰拉德（Gerald），全名杰拉德·哈克斯顿（Gerald Haxton, 1892–1944），毛姆的秘书与情人。两人在一战期间相遇，随后维持了近三十年的同性关系。当时在英国，同性关系不被允许，于是两人要么出外旅行，要么待在位于法国的别墅中。杰拉德极富个人魅力，善于与他人沟通交流，而毛姆内向而又口吃，所以在人际交往方面，杰拉德给了毛姆很多帮助。而杰拉德又有花花公子的一面，因此他也消耗了毛姆的大量钱财。

[②] 阿尔卑斯山地部队（the Chasseurs Alpins），法国军队中的精英力量，善于在山地中作战，而且善于城市内的战斗。

017

把我们的莎拉号游船（the Sara）开到卡西斯（Cassis）[①]，那里有很多小溪流，游船在那里会很安全。

由于早晨过于忙乱，我竟然忘掉了事先邀请过一对夫妇来吃午餐。男士是一位年轻的英国作家，他们现在正住在圣让村的一家旅馆。两人突然赶到，既兴高采烈又温文尔雅，他们的假期过得很愉快，更重要的是，他们已经很多天没有读过报纸了。他们在路上看到了塞内加尔军队，觉得他们的装扮很漂亮，我告诉他们，战争随时可能爆发，可他们根本不信我说的话。他们认为，这和前两次的战争危机一样，要是他们就此急火火地赶回伦敦，错失了在这里泡温泉的机会，而结果战争并没有爆发，别人肯定拿他们当傻瓜。听到这话，为了让他们能够认清现实，我故意把话说得尖刻了一些，我说，要是他们的车被军方征用，而火车又要用来运载士兵，他们会在未来几周之内都无法离开这里，那时他们才会发现自己是真正的大傻瓜。我的话显然对他们有所触动，于是他们决定当天下午就赶往巴黎。

[①] 卡西斯（Cassis），法国南部的一个小市镇，位于马赛市东边，是著名的旅游地，以悬崖峭壁和狭窄的峡谷而著称。

4

一个小时前，我的别墅里还人声鼎沸，现在，这里已经人影皆无了。杰拉德和我去尼斯准备一些战时物资，这里的商店东西已经基本被人抢购一空，剩下的也没什么了。幸运的是，我们设法搞到了一些沙丁鱼罐头和足量的罐装汤、腌牛肉、牛舌和切成片的火腿。这些足够我们维持几周的时间。我们还买到了不少通心粉、大米还有一袋土豆。这些我们都存放在了船上，我们在回别墅的途中遇到了厄内斯特（Ernest），我们的管家。他是瑞士人，当时正开着摩托车去尼斯会见他们的领事。领事告诉他，瑞士正在集结军队，他很快就会收到返回瑞士的命令。司机把我们送到自由城之后，第二天早晨也离开了。厨师和剩下的那位名叫妮娜的女佣（她就是我的男仆弗朗西斯卡妻子口中的妖妇）都泪流满面。他们都是意大利人。我问他们是否愿意回国。他们已经跟随我多年，现在无处可去，更愿留下来。但他们心里很害怕，因为我的园丁长扬言，只要他们不在我眼皮底下，他就会割断待在这里的每个意大利人的喉咙。我叹了口气，把园丁长找来，告诉他说，不管我在不在这里，意大利人的正当权利都应该受到保护，要不然我们只好分道扬镳。他态度很坚决。等我们离开后，我们的关系就再也无法恢复到以前了。

我在前文中提到过，我有很多仆人，这是因为我的别墅面积很大，而且法国佣人工作起来不像美国佣人那样努力，但他们工作起来也不像英国佣人那样挑三拣四。我说过我有一个男仆，但这也没有值得夸耀的，因为他不但要干男仆的活儿，还要兼顾一些女仆的工作。法国的大管家也不像英国管家那样只管开门、服侍用餐、以及监督其他佣人的工作，在法国，除了上述工作，管家还要负责保持一楼整洁，打扫卫生，给木地板打蜡。他们的工资很一般。我觉得我付的工资比周围邻居高，我付给管家每月25美元，男仆每月20美元。很久之前我就发现，要想在外国住得舒服，就得比当地人多花点钱。而如果手下人手脚不太干净，你也只能耸耸肩一笑而过。在法国，你的厨师有一种秘而不宣的权利，那就是他在市场上买的任何东西，报价时都会多报5%，只要他没跟你多要一倍的钱，你就要谢天谢地，称赞他的善良和诚实，认定自己很是幸运了。

当时，我确实有很多仆人，有时我会为此感到不安。想象一下，开个一般规模的传统聚会就有不下十三四个人在这儿忙碌。确实，我付他们的钱不低，他们确实也靠这些钱养家糊口，要是没有了这份工作，他们的生计会更艰难。但尽管如此，我的良心依然在折磨着我。我知道，自己可以买所小房子，雇三五个仆人照顾我，那样的生活依然会很快乐。现在，尽管战争的临近让我不得不解雇七位仆人，但是依然有两位女士和四个园丁留了下来，我没有办法解雇他们，不然他们真的会挨饿。

前面我提到过我的私人游艇，听起来一定很豪华的样子，实际上恰恰相反，莎拉号只不过是艘老渔船，重45吨，有两根桅杆。在桅杆上我们安装了柴油机，我们尽量使这艘船乘坐起来比较舒适，船上有一个小沙龙，里面可以睡两个人，有一个船舱，里面只有一个座位，两者之间有一条通道，通道上还有一张床，有洗手间，有浴室，浴室里可以躺下一个人，前提是身高不超过一米二。厨房里可以站两个人，有收音机，还有船员的驾驶舱。品诺是船员之一，他来自意大利的卡普里（Capri），他有一位老乡叫朱赛佩（Giuseppe），还有一位法国船舱管理员，他曾是我的园丁，但由于偷懒被解雇了，他在游艇上也不干什么活，但是他很懂礼貌，举止文雅，人长得也漂亮。不知道大家注意到没有，我提到的绝大部分人都来自意大利，据说，在马赛（Marseilles）和文迪米利亚（Ventimiglia，位于意大利边境）之间有25万意大利人在工作。法国人不喜欢他们，准确来说是讨厌他们，但是他们干起活儿来就是比法国人强，雇主们会非常欣赏他们的忠诚、平易近人以及卖力地工作。他们之所以大批涌入法国，是因为在意大利很难找到工作，就算找到了，工资也很低。尽管意大利的独裁领袖抛出了那么多豪言壮语，但有一件事他一直没有做到，那就是提高工人的福利。

5

天气不错，阳光普照，微微有一点风。我们即刻出发，一到海湾我就穿上游泳裤享受日光浴，几天的烦乱之后我正巴不得享受片刻的安宁。我不知道我的别墅将来会变成什么样子。我并不担心意大利人会突破法国的防线，因为在我们看来，法国军队很强大。早晨的时候，我们去往自由城，看到卡车装载着士兵去增援他们的驻地。众所周知，法国陆军天下无敌，我的司机让（Jean）曾说过，只需要一个半月的时间，法国就可以从本土攻到罗马。我预测，只要一下达动员令，大批军队都会赶往这里，所以，他们很有可能会征用我的别墅。想到这里，我感到有些不舒服。我亲身经历过第一次世界大战，所以我知道，如果军队占用了一所房子，那他们就不仅仅是破坏，而是毁灭。他们不但会拿走任何引起他们想象的东西，而且还会搞一些恶作剧式的破坏。他们最喜欢的一项活动就是用手枪射击墙上的画。我的一位熟人在距离巴黎六十英里的地方有一座大庄园，但在一战中被毁掉了，他重建庄园后在入口处竖起了一块匾，上面刻着："这座庄园曾经被德军轰炸，被法军洗劫，被英军烧掉。"现在，我努力克制住自己不去想那些不愉快的事。一到尼斯对面的海边，我就在深水区好好游了个泳。我们并不太着急，因为我们当天只计划走到圣马克西姆（Ste Maxime）①就可以，那里有我的很多朋友，如果他们依然在那里，我们可以共进晚餐。

凉风吹过，我的精神为之一爽。我们又可以下水行船了，我要么读书，要么睡觉，要么抽烟。此时的我心中有一种淡淡的兴奋，因为我们已经逃离了危险区域，游艇也被藏在了没有人可以找到的溪边，船尾飘扬着星条旗。到了傍晚，我们抵达圣马克西姆，然后在我朋友的别墅对面抛锚下船，乘上小舢板来到陆地上。我的船之所以插美国国旗，那是因为她原来属于杰拉德，而他是美国公民。我们马上要去拜访的这位朋友拥有一份发行量很大的周报，同时也是周报的编辑之一。我们希望从他那里获得一些关于这场战争的最新的可靠消息。我们来的正是时候，因为他和妻子正打算乘车去巴黎，只要晚到十分钟，我们就见不上面了。看到我们来了，他们非常高兴，马上决定设宴招待我们，明天早上再出发。

我暂且以布驰（Bouche）这个名字来称呼这位朋友吧。他是科西嘉人，秃顶，胖胖的圆脸刮得干干净净，乌黑的眼睛炯炯有神，闪烁出智慧的光芒。他的笑声酣畅淋漓，震耳欲聋，充满了对人世的嘲讽。他极少锻炼，唯一喜欢的运动项目就是拿左轮手枪去射击

---

① 圣马克西姆（Ste Maxime），法国小镇，位于里韦艾拉地区，距离尼斯90千米，距离马赛130千米。

水里的瓶子，可以想象，他的身材是多么的肥胖臃肿，肌肉松弛。他曾是一位众议员，但是当年的竞选费用实在太高，花费了他300万法郎（大约折合十多万美元），以后的进一步选举他就再也无力支撑了。有人企图以受贿和贪污的罪名拉他下马，但他凭借自己的机智和幽默，巧妙应对了这些指控，骗取众议院承认了选举结果。后来他娶了一位富婆，利用他老婆的钱创办了这份周报，短期内就取得了巨大成功。他这个人不讲廉耻，但却聪明绝顶，在文学和版面的艺术设计非常出色，他的报纸曾经连载过我的小说，翻译水平相当之高。但这还不是他成功的最主要原因，更主要的原因是他会肆无忌惮、野蛮无理地对共济会（Freemason）、犹太人、共产主义者、社会主义者以及激进派分子进行人身攻击。他的这些野蛮行径的确是科西嘉人的本性。他绝对不会原谅任何一个敌人，但从另一方面来说，他却是一位忠诚可靠的朋友。我与他相识已有二十多年，过从甚密。在我看来，只要我请他帮忙，不管是我自己的事还是别人的麻烦，他都会毫不犹豫地一帮到底。他这人极为慷慨，我敢保证，如果我向他借钱，要多少他就会给多少。他的热情简直到了滥情的地步。他愤世嫉俗，厚颜无耻，而且傲慢无礼，但这一切却又显得非常迷人。

在对意大利进行制裁期间，他竟然狂热地支持意大利，他的对手们都说，他一定是从意大利政府那里拿到了不少钱。现在我对这一点深信不疑，但在当时，我却觉得这种说法难以置信，因为他的报纸已经赚了大笔的钱，他不会需要这有点儿不干不净的钱。现在我意识到，我当时打错了算盘，他确实应该是接受了意大利政府的贿赂（而且数额巨大）。但是，他支持意大利并不仅仅是因为钱，而是他确实认为意大利不应受到制裁。支持意大利的也大有人在，但大部分都不会从意大利政府那儿拿到钱，他之所以可以办到这一点，主要靠的是自己的幽默感。在这一过程中，他疯狂地攻击英国。疯狂到什么程度呢？他的言论使得我国政府认为，有必要就此事向法国政府提出抗议。在他攻击我国政府的过程中，他也担心我会对他的言论感到不满，于是及时给我来了一封信，信中说，他的所作所为只不过是为了政治目的，等事态平息下来之后，他可以再写几篇文章，称赞英帝国是最伟大的帝国，英国人民是世界上最伟大的人民。有一次，由于他尖酸刻薄的抨击，我国政府的一位高官竟然被迫要去自杀，这在民众中引起了强烈反响，大家普遍对我这位朋友的做法表示厌烦，而他却非常冷静，自说自话地解释着对这一事件的看法。

"在这种情况下自杀可有点儿不遵守游戏规则，这等于是在政治斗争中作弊。"他边说边笑，笑声依然震耳欲聋，极富感染力。

"这次事件影响报纸的发行量了吗？"我问道。

"只不过是一两周的事儿。"他耸了耸肩，然后又狡黠地眨了眨他那双迷人的眼睛，"我打算在下周弄一个高水平的后续报道，这样，发行量不就又上去了嘛。"

在我看来，他就是一名暴徒，不仅有着暴徒的行事原则，更有着暴徒的勇气。当年他在众议院的时候，和另一位议员进行了一场持枪决斗。他枪法不错，废了对方一条胳膊，而且他在决斗前就是这么说的。谈起此事他总是非常开心，因为从那儿之后，那位议员对他总是俯首帖耳，唯命是从。在 1934 年 2 月 6 日发生的动乱中，内政部长下令逮捕他，他得知这个消息后给部长打了个电话，告诉他自己的确切位置，并且说有十二位科西嘉同乡和他在一起，他们全副武装，准备聚众抗拒抓捕，有胆量的就放马过来吧。结果根本没人敢去。

为了让我对这个怪人的描述更为完整，我还要补充说明一下：他是一位虔诚的天主教徒，是充满爱心又教子有方的父亲，也是体贴入微的丈夫。他对他的报纸认同度非常高，对父母也非常孝顺。尽管很多人提起他都感觉很恶心，但他却说，报纸的成功就是他的成功，他唯一的目的就是生存，为了生存可以没有原则。他痴迷于报纸赋予他的权力，他喜欢那种被人当面奉承的感觉，尽管他知道这些人在他背后不会有一句好话，他从他们的奉承中能得到一种不怀好意的快乐。他喜欢参加各种活动，虽然知道那些人的热情接待只不过是因为对他心怀恐惧，而不是出于真心。而且他还会明目张胆地嘲讽那些对他溜须拍马的人。他机智幽默，擅长讽刺，擅长讲述那些离奇古怪、让人听完不知该哭该笑的故事。我时常想象，在一个寒冷的早晨，他被带到监狱的墙边，然后一队士兵开枪把他打死。我扪心自问，要是他真遇到了这种情况，我会不会想办法去救他呢？我想，也许会吧。但是，我敢保证，要是被枪决的是我，他肯定会不顾一切把我救出来。

事后想想，我隐约意识到，布驰之所以见到我那么高兴，而且明显已经准备好了要走，但见到我之后依然决定改日出发，这似乎表明他在潜意识里不愿意回到巴黎，因为在那儿，他要面对非常尴尬的局面。我们坐在餐桌前喝着鸡尾酒（这是美国人发明的一种新鲜玩意儿，他怀着极大的热情追赶这种时髦儿），他对我说，战争不可避免，他已经在外省的一个小镇买了一块地，一旦巴黎被轰炸，他就马上把报社搬到那里去。一提到战争，他就气不打一处来，特别是英法两国竟然要为了波兰参与到战争中去，这实在让他觉得不可思议。

"我们干嘛要关心波兰？"他问我。"波兰人最没用了。二十年前，要不是我们法国人傻乎乎地派魏刚（Weygand）① 去援助波兰，他们早就被俄罗斯人干掉了，其实那麻烦完全是波兰人自己惹的。"

我提醒他说，英法和波兰早就有战争协定。

"什么叫协定？只不过就是一个书面协议，双方在签订的时候都保证要维护他们共同的利益，只要现有的情况不变，他们就应该遵守那些条款。但是，一旦情况发生改变，大家的共同利益不一样了，这协议自然就失效了。人与人之间签订协议就是这样的，我看不出国和国之间的协议有什么区别。"

晚宴正式开始，我们喝的是玫瑰露香槟，它和一般香槟的区别，就像桃和杏的区别一样。宴会没有持续多长时间我们就离开了，因为这时的风很宜人，我们想赶紧把游艇停到一个更为安全的地方，我们在圣马克西姆的小型港口中过夜，第二天清晨便再次上路了。

---

① 魏刚（Weygand, 1867-1965），法国军队统帅，参加过一战和二战，一战中的英雄，二战中的投降者。

6

天空万里无云，但风却很强硬，我的小船在水面上跳着舞，就像是第一次戴上嚼子的小马驹一样。我们无法靠到岸边，因为大陆和朝向耶尔（Hyeres）的小岛之间的水道中已经被埋上了水雷，严禁航行。我们是在狂风的间歇下海航行的，过不了多久就会风大浪高，一般情况下密史脱拉风①会随着日落而逐渐减小，但这次却越刮越猛。黑夜降临，岛上的灯光都熄灭了，我们只能用指南针导航。我偶尔会走上甲板抽袋烟，顺便和掌舵的品诺聊两句。

品诺不到四十岁，个子不高，瘦而不弱，扁平的脸上满是皱纹，一张大嘴，眼睛明亮，闪闪发光。他是位出色的水手，一生中不知多少次在地中海里航行，对这片海域的各种变化了如指掌。他少言寡语，但身体语言丰富，不管是一转头，一抖肩，一甩肘或者一挥手，

---

① 密史脱拉风（mistral）：法国南部从北沿着下罗讷河谷吹的一种干冷强风。它一次能持续几天，风速经常超过100千米/小时，高度可达2~3千米。在冬季和春季密史脱拉风最强并最多见，有时能给庄稼造成重大损害。

都传达了丰富的信息，明白清楚，有时还幽默滑稽。而大部分其他人只能依靠语言来表达这些。我问他，要是意大利参战的话，他打算怎么办。

"不怎么办。"他低声回答，完全不动声色。

"那样的话你会被拘留起来的。"

"那又怎样？"他做了一个手势，然后说道："我宁愿在法国被拘留起来，也不愿意回意大利去打仗。"

"你不想去打仗？"

"谁会想打仗，意大利人都不想。"

"你们不太像德国人，是吧？"我问道。

"德国人就是猪。"他回答说。

到了第二天早晨，狂风依然没有减弱，天气确实很糟糕，我们的船就像一个软木塞儿一样在海面上飘来荡去，我想就算是一位经常在大西洋上航行的巨轮的船长，也要承认在这种风浪中驾船并不容易，绿色的海水冲刷着甲板，船舱里一切能够活的东西都东倒西歪，你在用餐的时候一只手在面包上抹黄油的同时另一只手得使劲扶着咖啡杯子。我们的船是一艘大海船，它在汹涌的波涛中乘风破浪，在船上你不用担心自己的安全，不过也绝对别想着会有多舒服，颠簸了一阵之后我们实在受不了了，便想着找个地方避避风头，我们仔细查看了一下航海图，发现背风的地方好像有一个小港湾，于是就朝那个方向驶去。我们继续在海上颠簸了三四个小时，转过了一个高低不平、充满礁石的海角。忽然间发现自己的船安静了下来，原来这里的海面竟然像小池塘一样无风无浪，这个港湾四周全都是绿油油的小山，在其中的一座山上还有一座小碉堡，像巨伞一样的小松树一直延伸到海上，海草爬满了海边的山毛榉，在树木之间有一些简陋的小房子若隐若现，我们洗漱一番弃舟登岸找了一个杂货店，买了一份报纸和一些面包。我们碰巧遇到一个打渔的人，他刚刚抓到了一条看起来很不错的大鱼，我们便买了过来。

这个地方景色优美，静谧安逸，找到这样一个地方真是我们的福气，我们在这里闲逛了一会儿，就都上船睡觉去了，因为前一天晚上我们都没有睡好，醒来后我冲了个澡，发了一会儿呆，然后又读了几页书。在跟风浪搏斗的那段时间里，我们吃的东西都非常将就，现在好了，我们终于有条件讲究一把，午餐是美味的意大利面，而晚餐就是我刚刚提到的那条鲜鱼。

我们在那儿待了两天。此处绝对杳无人烟。情侣们如果想私奔，这是最好的地点，没有人会找到这个地方来。在这里，你可以享受绝对的静谧。我此前从未想过世界上还会有这样的地方。它就像你每天呼吸的空气一样，悄然存在却让你不知不觉。这里的空气清新而温暖，海面清澈而透明，夜晚安静而布满繁星。在这里，你几乎听不到任何噪音。这里人烟稀少，除了两三位当地渔民外，就只有几个住在渔民草屋里的俄罗斯人。到了晚上，这里的寂静达到了顶点，除了一些碉堡上的探照灯外，你完全可以想象自己身处一个非物质的纯粹理念世界中。

但是我们不能在此处停留，因为我们必须尽快穿过土伦，如果在战争爆发前不能到达此地，我们很有可能会被要求原路返回。所以，第三天早晨，我们再次出发。海面依然波涛汹涌，我们花了好几个小时的时间才战胜了狂风，顺利通过了一个以水流湍急著称的海角。我们已经看到了土伦，同时更加小心地避开水雷，一艘负责守卫的船急匆匆驶出来探听情况，但是很显然，在风中飘扬的星条旗打消了他们的疑虑，他们连招呼都没有打就嘎啦嘎啦地开走了。

　　要是你的意志不够坚强，就很难忍受在一艘小船上被风浪颠来倒去，我就特别的不习惯，我们都不太知道自己接下来该去哪儿，只知道自己寻找的那个隐蔽的小溪不在卡西斯，但仅此而已。根据我们的航海图海岸周围有好几个地方适合抛锚，我们透过窗玻璃可以看到海岸上一些规模很小的度假地点，他们也许在平时不算什么，可现在看起来却个个在向我们招手，这让我想到有一位英国海军元帅所写的一本书，书名叫《地中海的飞行员》(the Mediterranean Pilot)，里面提到邦多乐 (Bandol) 那儿有一个很好的港口，我们想去试试，我的同伴们都跟我说，作为水手，他们都喜欢在海上颠簸，他们还反复强调，我们这艘船，虽然年事已高，可身子骨依然硬朗，这点儿风浪不算什么，风浪再猛烈些也不怕。听他们说，这艘船曾经两次横渡过大西洋呢。要真是这样的话，上面的人不吐出心肝肺来才怪，我也经常用这样的方式对客人吹嘘这艘船的坚固，但实际上我自己都不太相信这些鬼话。

他们最终还是勉强接受了我的建议。比我想象的要顺利一些，两个小时后我们驶入了港口。这个港口的一边是几座小山，而另一边是一小片陆地，有一道防波堤正朝向我们。等我们到的时候，发现这里早已船满为患，费了半天劲才找到一合适的锚位。

7

我从来没有去过邦多乐（Bandol）。这是一个海边度假地，它不像坎城（Cannes）[①]或者昂提波（Antibes）那样精致，也不像圣特罗佩（St Tropez）那样令人心情愉快。在圣特罗佩有很多年轻（有的也并不年轻）的艺术家，他们主要来自英美两国，到了夏天穿上颜色亮丽的衣服，戴上各种各样的帽子，去那些拥挤的夜总会一坐就是几个小时。他们总幻想自己是波西米亚人，这种幻觉倒也没有什么坏处。邦多乐这个地方既不时尚也没有艺术氛围，据我所知，住在这里的名人只有米思亭盖特（Mistinguet），而且是恶名。为我刮脸的理发师骄傲地对我说，米思亭盖特为自己的两条腿投了上百万法郎的保险。说实话，这个地方其实挺小的，大大小小的游艇上挤满了人，显示出这里忙碌而令人兴奋的一面。海滨广场四周种满了各色树木，到了晚上，这里的本地居民会在这里来回闲逛。港口对面有一排商店，还有几家咖啡馆，人们可以露天喝点儿什么。

[①] 坎城（Cannes），位于法国里韦艾拉地区，有很多豪华酒店和餐厅。

很快，我们安顿了下来，静观时局的变化。离开英国前，我曾经跟一两位有影响力的人物说过，如果战争爆发，我很可能会派上用场。最后一次说这话的时候，我正在情报处供职，不幸的是我在瑞士染上了肺结核，由于在俄罗斯过于缺乏营养而变得非常严重。①当时我几乎什么都干不了，只好去苏格兰北部的一个疗养院去调整状态。我在情报方面很有经验，希望这项才能不会被埋没，作为后备力量，我又联系上了情报部，我下定决心：一旦条件允许，我会立刻赶回英国。现在，所有的火车都被用来运送军队，而民用列车早已停止运行了。

日子就这样一天天过去。每天我都会早起，来到海边，穿过海滨广场，去买马赛运送过来的报纸。一位名叫乔（Jo）的船舱服务

---

① 一战期间，毛姆曾经参与过与战争有关的情报工作。英国情报部门之所以选择他，是因为他们了解毛姆个性中喜欢伪装，也喜欢倾听，他当时作为小说家和剧作家已经颇有名气，这种名气反而能够成为他从事间谍工作的挡箭牌。当时欧洲的情报集散地是瑞士，因为瑞士是中立国，而一个作家想在中立国找个清净地方写作也是顺理成章的事。1915年10月，毛姆受命来到瑞士日内瓦。在日内瓦期间，毛姆主要是一个协调员的角色，他负责听取间谍的汇报，同时记录下来，写成报告，然后用密码发回国内；他也负责向这些间谍传达国内的指令，顺便给他们发工资。这些工作都非常繁琐无趣，而让他更为兴奋的是从事反间谍活动。在他的参与下，英国成功地清除了几个敌方间谍，还剔除了一个假装间谍来骗钱花的无赖。毛姆在日内瓦待了大约八个月，后来暂时脱离了这一工作岗位。直到1917年6月，情报部门又找到了他，希望他能够去俄国，争取让俄国临时政府不要脱离一战战场。到达俄国后，毛姆多次与临时政府总理克伦斯基取得联系，成了克伦斯基与英国政府之间的联络员。但由于克伦斯基过于软弱，情况对英美非常不利。最终，十月革命爆发，列宁领导的布尔什维克夺取了政权，迅速宣布退出一战。毛姆的任务彻底失败，急忙返回了英国，随后开始了在疗养院中的生活。

员会给我买来刚出炉的面包,然后我就开始享用面包以及牛奶咖啡。吃完后,我会抽一袋烟,然后洗漱,这些完成后我喜欢去市场上逛一圈。我们意识到有必要大量储藏罐装食品,以防食品短缺,所以只要有新鲜供应的食品,我们都会储藏起来。市场上人头攒动,叫卖声不绝。这个市场位于一个广场上,周围有很多悬铃木,阳光透过叶子在地上投下斑驳的光影。农夫的妻子站在摊位后面,货摊上堆放着各种蔬菜、水果、鲜花和奶酪,这是他们大清早从山上的农场带过来的。水果的品种有葡萄、桃子、甜瓜、无花果、西洋梨子、甜杏、香梨等等,种类极其丰富,脆生生水灵灵的,看起来赏心悦目。前一阵还摩肩接踵的游客现在早已跑光了,所以瓜果蔬菜的价格一落千丈。不过你要想买到好东西,还是得早点儿去,而且一定记得要保持头脑清醒。这些满脸质朴的农家妇女带着友好的微笑和诚恳的表情,可是,她们一旦发现你经验不足,就会狠狠宰你一刀。我就多次遇到过这样的事。有一次买奶酪,卖东西的大姐发现我是英国人,便信誓旦旦地说,她特别喜欢英国人,绝不会拿一般的东西来糊弄英国盟友,她卖的奶酪绝对是这条街上最好的,要是我不信,她可以拿自己的人格发誓。可等我回到家打开包装才发现,里面的东西早已经长毛了。还有一次我买瓜吃,卖瓜的大姐郑重承诺:她的瓜,绝对甜,吃一次,想半年。买回家后打开一吃,甜不甜我们没怎么注意,倒是切身体会了一把啃石头是什么感觉。这样的事经历多了,不免会让你怀疑人性。但是我一直在学习。我被骗的最狠的一次是买菠菜那一回,我们一共有五个人,所以我买的不少,几乎装了满满一袋子,但是菠菜一下锅就严重缩水,只够两个人吃的,我不禁开始怀疑人生。鲜鸡蛋很少见,我们只能这里买俩,那里买仨,一点点凑起来。倒是有卖肉的,但也只有一个肉铺,人很多,我们只能排队等着。牛肉不多,因为牛肉属于军需物资,当兵的似乎只吃牛肉。肉铺子里倒是有大量的羊肉和猪肉。品诺不吃羊肉,他嫌羊肉脏,所以我买肉回来之后,他的脸上会呈现出痛苦的表情,然后他会对我们说,面包和奶酪对他来说已经足够了。我买鸡肉的时候简直是心怀恐惧,我不知道眼前这堆没毛的死东西是又鲜又嫩呢还是又老又硬,我假装懂行,颤巍巍地伸出一根手指摸了摸它的胸部,可那湿冷滑腻的感觉让我起了一身鸡皮疙瘩。

买完东西,正好看到运送英国报纸的火车到了,报纸都是四五天前的,可我依然迫不及待地读起来。英国已经做好了战争准备,到了中午,马赛电台传来最新消息,局势看起来不妙,但德国人还没怎么采取行动,和平依然有望。然后到了鸡尾酒时间。船上的冰箱一直不好使,要是没有送冰的人每天早晨给我们带来一大块冰,我们的日子可就难过了。我们在甲板上的凉棚下享用午餐,然后睡午觉。醒来后我乘坐小舢板划到港口的入口处,在这里更为清澈的水中洗个澡,随后回到船上喝杯茶,之后再四周走走,看这里的人们玩滚木球游戏。这是一种类似保龄球的运动项目。滚木球和贝洛特纸牌是法国人最喜欢的娱乐项目。在海滨广场上有十几场比赛,正在同时进行,有名的玩家身边会聚集很多观众,赢了的人可以免费喝东西。他们玩得非常专注,不断地互相提供建议。看到这样的场景,你根本就不会想到这个国家已经处于一场大灾难的边缘。有些人手里拿着报纸，还有些人急火火地跑去商店，赶在晚报卖光前抢一份。

收音机在七点播放新闻，正好赶上喝鸡尾酒和用晚餐的时间。天气怡人的夜晚，在甲板上享用晚餐会非常惬意，停靠在莎拉号两边的船上的人们也在用餐，悬挂在吊杆上的灯光在无尽的黑夜中开辟出一幅迷人而又惬意的小画面。我们旁边的那艘船稍微小一点，船主来自巴黎，水手的妻子和孩子也在船上，他们坐在甲板上用餐，尽管只是粗茶淡饭，却也其乐融融。晚餐过后，我随便干点儿什么打发时光，然后拿一本侦探小说上床，读完后睡觉。

我记得我们在邦多乐呆了将近一周，有一天，杰拉德跑上船来告诉我说，德国已经入侵了波兰，我当时正在甲板上晒日光浴，同时读着《每日电讯》(the Daily Telegraph)。

"好啊。"我说。

"好什么好，"他回答说，"战争开始啦！"

"我知道。"

那么多天忐忑不安的等待，现在终于水落石出了，这未尝不是一种放松。我当然知道战争很可怕，我知道很多城市将遭到轰炸，大批人会死去，很多国家将遭到重创，但是我相信法国军队和英国舰队的实力，我想，不管怎样盟军都不会被打败。我去邮局发了一封电报，告诉以前和我谈过话的某位重要人士，我准备为国效力，有什么我可以做的尽管来找我。后来我被告知，所有电报都必须经过市长的审查，所有私人信息都可能被延误发送，具体时间不详。

8

战争爆发给我们的船上生活带来了一些小小的变化。政府开始实施灯火管制，我们买来了油漆，把舷窗都涂成了蓝色。只要有一丝光从船上透出来，码头上的巡查人员就会严厉的告诉我们，一定要把光遮挡起来。我们已经不允许在甲板上用餐，而必须在舷窗里面，而且还得把门关好。我们的第二水手朱赛佩时常精神紧张，他坚持要求返回意大利。几天后，船舱服务员拿出一封他妈妈写来的信，信上要求他立刻回家。这样，船上的水手就剩下沉着冷静的品诺了，因此很多事都需要我们自己来做。杰拉德厨艺不错，所以由他负责做饭，我负责整理床铺，打扫卫生，而品诺负责照看甲板和游船的发动机，还要管着清洗餐具。到了这时候，已经没有了英国报纸，我去市场上买完东西后本来看报纸的时间，现在改成了剥豆子或者削土豆皮。

政府机构开始忙碌起来，不断发布如何安置外国人的命令，我们需要去拍照然后填各种表格，这些表格最终都要由市长签字。我们被禁止离开，只能在得到一张安全通行证后前往土伦或者马赛，而通行证至少需要三天才能办好。赌场被改建成了医院。每天都有男人从这里离开。我们旁边那艘船上的水手已经为妻子和孩子打点好了行装，据说他要去土伦附近的一艘驱逐舰上服役。理发店里只剩下一个骨瘦如柴的年轻人，酒吧和咖啡馆里面的工作人员也都相继离开了。不久，邦多乐只剩下了妇女、小孩儿和老年人。孩子们和老年人依然在玩滚木球游戏。你可以想象，一个海滨度假地如果没有了人会是一副什么样子。邦多乐本来还阳光明媚，人头攒动，忽然之间就变得如此萧条破败。这种萧条破败跟往日不同，它会使人意志消沉，就像是一股能置人于死地的寒风吹过整个小镇，侥幸活下来的人依然心存余悸，不敢相信自己竟然没有死掉。迷迪（the Midi）这个地方的人都特别爱吹牛，你遇到的每个人都会说轴心国（the Axis）很快就会被法国打个稀巴烂。孩子们都很开心，因为他们不用去前线打仗，老人们很多都参加过一战，他们说一辈子参加过一次战争已经足够了。所有人想的都是听天由命，而没有一点儿战斗激情。他们对波兰人很生气，因为觉得他们实在抵抗不力。

9

一天，一位年轻的英国人从萨那里（Sanary）过来找我。萨那里距离邦多乐很近，那里曾住过很多作家和画家，比如列昂·福万格（Leon Feuchtwanger）。奥尔多·赫胥黎（Aldous Huxley）也曾在这里住过一阵。年轻人作了一个自我介绍，然后说他来找我是因为感觉自己前途渺茫，想征求我的意见，他已经在萨那里住了很多年了。

"现在要想回英国实在是太难了，"他对我说，"火车上挤得一塌糊涂。"

每天只有一趟列车开往巴黎，不管开到哪里都人满为患。火车一到站，马上人潮汹涌，挤得水泄不通。挤上车后人们才发现，你根本就动弹不得，他们要么站着，要么坐在过道里。我听说过这样的故事，有人在火车站整整等了三天才挤上一列火车，整个行程在平常只需要14小时，现在却需要将近30个小时，很多乘客一路上都要站着。而且，餐车被取消了，想吃东西就得自己带。人们都像疯了似的要从这里离开,其实原因也不是很明确,很难想象意大利人真会打进来,他们直到现在还没有宣战,但是每个人都被一种恐惧的气氛所攫取,都想回到自己的家。

"我不知道自己回到英国能干些什么。"年轻人说。

我大致猜到了他为什么来找我,他想让我告诉他,现在就应该安安静静地待在原来的地方。他正是应该参军入伍的年龄,不过我总觉得,如果你自己已经过了服兵役的年龄,而你却要告诉别人应该上前线打仗,这种感觉总让人不舒服。

"我不敢保证你待在这儿会感觉很舒服,你看,在这里,每一个四肢健全的人都已经应征入伍了,我觉得要是你坚持留在这儿,他们对你的态度不会很友好。"

"有些人已经对我很不满了。在我常去的那个咖啡馆,很多人都对我风言风语,指桑骂槐,但是我不是太在意,我想你能明白,唯一让我担心的是我怎么可以挣点儿钱花。"

看起来,他来找我的另外一个目的是借钱。我一向对年轻人很慷慨,但这次我不想帮他。

"你要想清楚,战争很有可能会持续很长时间,你不会想着在那儿待上四五年吧?"

"我不介意,我早在那儿待习惯了,怎么着也比参军打仗强。我要是回英国的话,他们会让我参军吗?"

"我也不知道,也许不会。你多大年纪?"

"要是我能在情报部门或者类似的地方找点活儿干,我倒是不介意，我就是不想去打仗，没有什么可以引诱我走上战场，我就是个胆小鬼。"

我以前从没听人这样说自己，他这话将了我一军，我不知道该说什么好了。

"我也不想当胆小鬼，可我就是。你说这可怎么办？"

他的眼睛很漂亮，眼神中的表情很奇怪，我猜不透那是一种什么心理，但我觉得我该说点儿什么了。

"要是那样的话，你当兵也没多大用。"

"屁用都没有。"

话说到这份儿上，已经无法继续了。

"要不要喝一杯？来杯干马提尼？"我问道。

"好啊。"他微笑着。

笑容很迷人。

过了几天，他又来找我，似乎听说住在里韦艾拉（the Riviera）的德国流亡者都已经被监禁起来了，附近社区的德国人也被带到了土伦（Toulon）。他们被安置在一个闲置的车库里，里面没有床，只能睡在地板上，食水供应也都不足。刚开始的时候，他们还可以接受外面带来的食品，但后来这个渠道也被中断了。官方禁止他们收发信件，会见朋友也只有几分钟的时间，而且看守监视得很严。他们就像牛一样被赶来赶去，还要忍受看守的各种粗鲁对待。来看我的这位年轻人对此义愤填膺，他觉得，对于那些逃出德国以躲避纳粹集中营的人来说，这样的对待实在太不公平。对他的这种义愤填膺我并不完全同意。众所周知，流亡者中有很多纳粹间谍，要是听到他们说自己反对希特勒专制，就任由他们自由活动，那也太过草率了。他们所遭受的各种痛苦确实让人感到不幸，但是这种管制措施还是有必要执行。在这样的敏感时期，法国当局只能把他们安置在这样一个相对比较合适的地点，但我敢确信，他们并没有受到多少不公正待遇。这些人在法国很安全，他们享受到了法国人的热情好客。现在看来，他们应该心平气和地接受这些降临到他们身上的不幸，这正是他们表达自己感激之情的机会。局势很严峻，他们没有任何理由对法国人心怀不满。为了国家的安全，如果他们被看做危险人物，那也很正常。我们都知道，下雨的时候，雨点儿会落在每个人身上，不管你是天使还是恶棍。

但是，我这些想法过于理性，我这位朋友根本听不进去。这件事严重伤害了他的人道主义情怀，所以他痛骂法国人的愚蠢、专制和残忍。这些囚犯中包括福万格，即《犹太人苏斯》（Jew Suss）的作者。我的朋友带给我一封这位作家的妻子写来的信，恳求我做点儿什么把他营救出来。福万格五十多岁，强烈反对纳粹主义，因此，他的德国国籍已被剥夺。这样看来，把他关押起来真是有点儿荒唐。恰好我与让·吉洛杜（Jean Giraudoux）有过一面之缘，他是法国著名作家，同时也是奥赛码头（the Quai d'Orsay）的一名官员，而且还在位于巴黎的情报局（the Bureau of Information）总部工作过。我给他发了一封长长的电报，还附带有一封信。在信中，我详细讲述了福万格的情况，并指出，如果德国难民心里产生了敌对情绪，一旦他们战后返回德国，就会对公众舆论产生不利影响。我不知道我的介入是否发挥了作用，但不久我从福万格那里得知，他已经被释放了。

日子一周周地过去，天气变冷了，泡澡已经不再是一项娱乐活动，而变成了一种精神磨炼。我不再划船去港口的入口处，而是从游艇的甲板上跳入水中，快速游泳，这样做真是乐趣无穷。邦多乐现在的样子就像是一个早已过气的女演员，内心极其痛苦，脸上一片茫然。这里有一家酒吧，我常去那儿喝一杯，有一天晚上，酒吧服务员上船来道别，因为第二天早晨他就要离开了。

"你愿意离开这里吗？"我问他。

"也没什么不愿意的。酒吧生意也不好，而且我不必去打仗，我已经三十六岁了，我敢保证，在一个无事可做的地方我能够轻松地找个活儿干。"

日子一天天的重复，越来越让人难以忍受，我们打算回家。但政府又出台了新规定，看起来，我们得等好几周才能获得离开邦多乐的必要手续，然后穿过戒备森严的土伦，从一个地区赶往另一个地区。邦多乐的警察会检查你的证件，然后才让你上火车。土伦和尼斯的警察也会上火车检查证件，如果你的证件不全，他们会直接带你去警局。对于这一切我们只能忍受。但是决定了要走，我们就再也不想留了，所以我们下定决心去冒一冒险。有一个很古老的故事，讲的是一个囚犯，花了很多年挖地道，想从监狱逃出去，结果都失败了。有一天他突发奇想，撞大运似的摸了摸牢房的门把手，结果门把手转动了，他轻而易举地走出牢门，来到街上。我们这次的经历跟他差不多。我们把游艇交给当地的一名水手照看，然后坐进了一辆马上要散架的老出租，告诉司机我们要去费拉海角（Cap Ferrat）。到了邦多乐的边界，我们看到一群中年的预备役军人，他们看上去特别懒散，军装也不合身。他们盯着我们看了一阵，但是没有阻拦。我们又穿过了土伦，不管是在入口还是出口，守卫都没有注意我们。我们从一个地区来到另一个地区，这些都是严格的禁区，但是既没有障碍物也没有阻拦，入夜时分我们就回到了家里面。看来，所谓严格的规章制度也不过就是那么回事儿。

10

我们离开的时候留下了两个女佣照看这里，但是由于我们不可能让她们知道我们准备回来，所以她们也完全没有预料到。房子显得十分破败，客厅里没有花儿，气氛阴沉，还微微带有一丝敌意。一所房子顷刻之间就失去了好客的氛围，这事儿真是奇怪。家具、油画甚至各种图书都似乎变成了没有任何归属的东西，他们好像都在冷漠地等待被拍卖的那一天。厨师正在七拼八凑地准备晚餐，而我则翻阅着一堆堆的信件、杂志和图书。这些都是我不在时邮寄过来的，其中有一封来自于情报部，信中说，部长先生已经看到了我的申请，他的意见是，我若能够参与进来，将会十分有用，所以他要求我时刻准备着接受情报部门的调遣，而不要接受其他工作。即使有接受其他工作的打算，也要事先向情报部汇报自己的目的，并征得同意。这让我精神为之一振，就仿佛他们已经给了我什么重要任务似的。我继续读信，突然间有什么东西疯跑过来，是厄尔达（Erda），她一下子就跳上了我的大腿，我想她一定是在低头忙着自己的事儿，突然一抬头发现我回来了。

在我的别墅里有好几只达克斯猎狗，从来没少于过四只，但是只要哪只狗下了一窝小狗崽，在小狗长到能够送人之前，所有的狗加起来有时会超过十只。它们的祖上是几年前生活在我们家的一只非常优雅的茶色小狗，它名叫艾尔莎（Elsa），这是根据《罗恩格林》（Lohengrin）里面经常怒气冲天的女英雄的名字来起的。它所有的后代都有一个出自瓦格纳歌剧中的名字。艾尔莎现在俨然是一位寡居的老祖母形象，本应显得雍容大度、慈祥可亲，但实际上青春的火焰依然在她胸中燃烧。这就像我们人类社会中一些中老年女士，现在她们早已风华不再，既然已经子孙满堂，就应该安下心来静享天伦之乐。可我们在现实中看到的却并非如此，她们也许在年轻的时候太过疯狂，所以无法忍受到了老年没人理睬，于是大肆折腾吸引人们的眼球，但往往给人们造成的印象是倚老卖老、为老不尊。回过头来再说艾尔莎，它子孙满堂当然是好事，但问题是生得多了，起名字就变成了难事儿。比如说厄尔达，我们是因为实在想不出其他名字来才用了这个。厄尔达体型很小，一身黑毛，她的头部长的特别漂亮，虽然小但体格健壮，这是因为遗传了她父亲的优秀基因。她父亲是一位大助祀家的狗，虽然血统纯正，但也许是由于长期跟主人在一起的缘故，竟然也染上了英国国教徒那标志性的呆头呆脑和那标志性的傲慢自负。和厄尔达一同出生的还有五只小狗，但是不知什么原因（也许其中的原因只有厄尔达自己知道），从很小的时候就把我当成了她的私有财产，我只能把全部的精力关注在她身上，一旦和其他小狗亲近她就会恨得牙根痒痒，甚至很多天都不会理我。她每天都要睡在我的床上，而且不像那些懂规矩的小狗一样睡在床角或者床边，而是大马金刀地横亘在床的正中央，让我感到特别不方便。我多次对她谆谆教导，可全都无济于事，她就是恋上了我的床。

在她大约三个月的时候，我去游泳池里洗澡，当时我从一块岩石上一个猛子扎下去，她以为我要寻短见，也赶紧跳进去救我，虽然我们知道所有的狗都会水，尽管只是狗刨的水平，但是第一次跳进这么大片的深水中，她还是怕得要死。她想爬出来，但四周的岩石太陡，她根本就办不到，于是便只能在水面上瑟瑟发抖。当我抓住她的时候，也许是因为她太害怕了，竟然还奋力挣扎我费了好大劲，才把她带上岸，从此以后她跟随我的时候就不再那么坚定了，一旦看到我想做什么危险动作，就会停下来冲我狂吠几声，算是事先警告，然后呢，一溜烟地跑回家里，我知道她心里在想什么：要是这家伙真把自己淹死了反正我不在现场，而且我还警告过他，所以这事与我无关。

我们离开的时候把大包小件都搬到了院子里，厄尔达大概也明白我要离开了，于是她不断地在我身边走来走去，神情悲痛，就差落下泪来，而看到我已经回来了，兴奋之情溢于言表，在院子里又跳又叫，满屋子里疯跑，跳起来扑进我怀里，或者是仰面朝天躺在地上，让我给她的肚皮挠痒痒，但是忽然又会想到我是多么无情地离开了她，于是又会躲在角落里黯然神伤。她的表情十分动人，让我也感觉自己怎么会那么自私，竟然会无情地抛弃了她。她对其他人或者狗全无感觉，只是喜欢和我在一起。在她成年之后，我们也想过给她找个婚配对象，于是有不少血统纯正、长相俊美的汪星绅士们被带到了她面前，可对于他们的殷勤，她都是一脸冷漠，毫不动心。可以这么说，她的口味很重，如果一些血统比较复杂的混血汪星人向她献殷勤，她有可能会愿意屈尊，巨獒、刚毛狼犬、德国牧羊犬、卷毛狗、小猎犬这些全都被她拒之门外，她就像是亨利八世的女儿童贞女王一样，做好了准备要过一种禁欲的生活。

11

费拉海角从来没有像里韦艾拉的其他地方那样人口稠密过，这里的大部分地区曾经属于比利时国王利奥波德一世，国王去世后这里的很多地产被卖掉。我拥有的产业面积大约12英亩。这个海角的很大一部分地区现在依然荒无人烟，只有一些英国人住在这里，因为发现这里有欧洲最好的气候条件，现在这里又荒废了，几乎所有的别墅都关着门。我在街上走了一个小时，连一个鬼影都没看到。有一天下午，我偶遇一位年轻人，他的名字叫尼诺（Nino）。我很早就认识他，他曾经在属于伯略（Beaulieu）旅馆的网球场当球童。他在自由城（Villefranche）的港口干过各种奇奇怪怪的工作，收入来源不太稳定，但是他依然能够结婚生子，而且还不止一个。他特别瘦，而且又高又瘦，让人看起来很不舒服。当时，他正在街上无精打采地走着。我问他现在做什么工作，他说没什么可干的，现在根本就找不到工作。我又问他为什么没穿军装，他说军队不接收他，他为了逃避兵役服用了一些奇奇怪怪的药品，而且尽量少吃东西，这样军医就会说他不适合服兵役。他现在还得特别小心，因为征兵的人有可能突击检查，他可不想冒风险。

"我希望他们说我得了肺结核。"他跟我说。

"你宁可得肺结核也不愿意保卫国家？"我问道。

"每次都这样。"

"你的好朋友会说你不爱国，对不对？"

"爱国？什么屁话！爱国这些词儿是给有钱人预备的。"

自从我离开这里之后，这个海角上已经进行了一些军事活动。在我别墅的下方有一条路，路的尽头有一座小型军营。这里安着一门防空炮，炮口就隐藏在山崖上的树木之间，在距离康诺公爵别墅的一个足球场上，也有一门炮，这门炮四周安着刺铁丝网。几乎正对着这个足球场，有一个特别温馨的小咖啡馆。在我依山而建的别墅所在的山顶有一个旗语信号机，负责守卫信号机的那些水手会经常光顾这个小咖啡馆，周围的士兵在不执勤的时候也会来。他们经常玩贝洛特（belotte）纸牌，到了晚上，他们会跟着留声机里的音乐跳舞，这是海角附近唯一有生气的地方，我曾经也时常来这儿。我认识一些水手，因为他们会从我的花园里抄近路去附近的大道；也认识几个士兵，因为他们没有酒喝的时候也会来我家拿。他们很高兴能待在这个地方，因为这意味着上前线的机会微乎其微。水手们说话非常直率，对这一点他们毫不隐晦。

"不管怎么说，这都不是我们要发动的战争，这都是你们有钱人的事儿，跟我们没有一毛钱关系。"

051

我原以为这是那些失去了正常工作的人们自然而然发的牢骚，所以一开始也没太在意，可是事实证明我错了，有一次我无意中提到了英法与波兰签订的协约，可是刚说完就遭到了他们的嘲笑。

"谁在乎协约，希特勒不是傻子，他才不会在乎那些东西，只要发现对自己不利，他就会对那些东西置之不理。"

说这话的水手用语极其下流，我都不好意思一字一句地翻出来，恰好有一名海军中士在场，他在和平时期也是一名水手，他说道："但是，我们也要考虑法国的尊严。"

那名水手用法语中最淫秽下流的词回敬了他，其他人都肆无忌惮地狂笑起来。水手继续说：

"只有一场战争值得我们去打，那就是穷人对富人发动的战争，我相信这场战争很快就会到来，到时我会拼尽全力！"

12

我开始着手干手边的一些工作，我没有心思写小说，我时刻准备着接受召唤，返回英国。这时我正准备编选一套包含各种内容的文集，内容主要是关于以前所写的读书笔记和写作经历。这种工作枯燥乏味，但可以让我暂时忘掉战争。在尼斯另一侧，高尔夫球场依然开放，但是附近有军队驻扎，所以我总觉得在这些荷枪实弹的士兵眼皮底下去打高尔夫怎么说也有点不合适，所以，为了锻炼，我每天都会一个人走很远的路。

我注意到，从情报部发来的信件用了三周时间才到达我这里，于是我在回信时建议他们以后有什么指示尽量打电话或者拍电报。一般来说，个人不允许使用长途电话，但我认识一位政府官员，他可以帮我做到这一点。看起来我说的这种有效的沟通方式当时还不为情报部所知，因为我收到下一封信又是在几周之后了。在这封信上，上面要求我讲述一下法国在战时的状况以及法国人为战争所做的准备。另外，他们还要求我尽量多做一些调查，主要内容是关于法国人对待英国盟友的态度。关于这些，我早就知道，如果真实记录的话，双方都会很难堪,不久前霍尔-贝里沙先生(Hore-Belisha)、当时的陆军大臣，做了一次演讲，在演讲中，他吹嘘自己已经成功地帮助十五万英国军队在法国驻扎，所以在法国人的印象里，至少有三十万英国军人待在法国。而霍尔-贝里沙先生的演讲更是让他们大吃一惊。上面要求我私下里调查一下法国人当时的精神状态，我当然只能讲讲我所在地区的情况，但是，在报告中，我有些冒险地做出了一个判断，说整个法国的状况都差不太多。当然，法国人对英国人不满还有其他原因,他们觉得英国对战争没有足够的重视。在法国，所有二十岁到四十五岁的男人都已经应征入伍，而英国人却只训练二十出头的年轻人，一想到这一点，法国人就义愤填膺。战争刚进行了几周，竟然已经有不怀好意的人散播谣言，说英国只有在法国弹尽粮绝时才会出手。

　　我不太喜欢分派给我的工作，因为我一直希望能做一些和写作无关的事，但这样的请求并没有得到回应，于是我马上开始做自己的安排。要是没有足够的信息，我很难按时交稿，幸好我有一位密友在巴黎的情报局工作。我拍电报请求他帮助，他反应神速，一接到电报就马上给我回了电话，他跟我说，如果我马上去巴黎，他会很快让我得到所需的资料。于是第二天早晨我就赶到了巴黎。我原来一直住在法兰西舒瓦瑟尔酒店(the Hotel de France et Choiseul)。这是一个充满古典气息的小旅馆，家具都是第一帝国时期保留下来的，我很喜欢这个旅馆，这里的整个环境让你仿佛置身于巴尔扎克的小说世界中。但是，现在旅馆经理和大部分员工都已应征入伍，于是我只能去旺多姆酒店（Hotel Vendome）过夜。到了下午，我的朋友带我来到了大陆酒店（Hotel Continental）。现在这里已经被情报局（the Bureau of Information）征用，人满为患，拥挤不堪，就像一个养兔场。不少人都在这里找到了一份工作。朋友向我介绍了几位以前的外交人员，他们神情严肃，忙忙碌碌，但在我看来，他们其实并不熟悉这里的环境，每个人都显得有些怅然若失。他给我介绍了几位带有官衔儿的年轻人，如果有人吹毛求疵的话，他们会觉得这些年轻人更应该去前线打仗，另外还给我介绍了很多教授。法国人一向对舞文弄墨者怀有特别的尊重，这自然值得称颂。局长吉洛杜（Jean Giraudoux）就是一位不错的作家，同时也是外交官。从表面上看，你会觉得把审查和传播新闻的权利交给名作家，这正是人尽其才，物尽其用，但事实证明结果很糟糕。法国人喜欢华丽辞藻，而这些名写手正好可以在广播中为听众提供这些东西，但他们没有意识到现在的时机不对，这些四平八稳的句子与繁花似锦的修辞只能成功地让听众睡着。实际上，真正有影响力的演讲者是首相达拉第，他的演说简洁而又诚恳，能够把一切该说的话感情真挚而又清楚明白地送进听众耳中，因此可以一直紧紧抓住法国人民的心。也许正是由于这种天赋，他才能够稳坐总理的宝座，尽管事实已经证明，他在其他很多方面并不适合这一职位。这也是所谓民主政府的一个弊端，好口才会让人攫取权利，而实际上他的性格注定他完全没有执行力。

午餐时，朋友悄悄告诉我，情报局里的工作也是乱七八糟，这些乌合之众就像没头苍蝇一样四处乱撞。这主要是因为，尽管吉洛杜为人和蔼亲切，也有几分聪明，但却没有多少管理经验。有人想把他从这个位置上拉下来，但他却总有办法让这些人的计划成为泡影，因此大家都不知道该做些什么了。所以，现在这里的情况是，正事儿没有人干，阴谋一大堆，没有人能保证自己在某个位置上能待多长时间，因为如果有人看上了这个位置，不管是为自己还是为朋友，那你的地位就难保了。真正想有所作为的人却会引来同事的嫉妒，他们会四处下绊儿，让你想做的事情做不成。在这里，只有权势才是硬道理。

不过，我得承认自己的任务完成得还算顺利。我的朋友巧舌如簧，能言善辩，早已为我的工作做好了铺垫。他把我引荐给相关人士，我一说出自己的目的，很快就得到了应有的帮助，只用了一个小时，上面的决定就下来了：我应该去前线看看。与情报局有关联的一位将军打电话给位于南希的总将军，很快就做出了安排：后天我会乘火车往前线，届时会有一位军官照管我，带我去看想看的一切。最后，我的朋友带我来到同一栋楼中的另外一间办公室里，在这个办公室里，他们为我安排好了明天早晨九点会见军需部长道特里。我很高兴重新恢复了工作，对自己得到的热情帮助也非常满意。下面这些话也许听上去有些狂妄，但我觉得大部分都是真的：我的工作之所以进展如此顺利，当然有一部分原因在于很多相关人士都意识到了我要写的文章的重要性，但还有一个原因，那就是很多法国人都熟悉我的名字,喜欢我的作品。在英法两国,作家的地位大不相同。在法国,作家备受尊重,他们的想法和意见也会有人倾听;而在英国,作家总会受到人们的质疑,他们说的话也显得无足轻重。在英国,我们更尊重政治家和实干者,而对于所谓的想法或者观念有一种本能的不信任。

13

那天晚上，我心满意足，感觉自己一天的工作非常顺利，于是和那位朋友一起用餐。同时在座的还有一对记者夫妇，他们聪明伶俐，头脑冷静。这几位都非常健谈，我只要认真听着就好。他们都认为，达拉第不会在任很长时间，但是一谈到谁可以接替他，几个人的意见却很不一致。在他们看来，达拉第优柔寡断，一旦出现了什么紧急情况，他总会犹豫不决，竟然指望着事情自己变好，而不想着自己着手干预。我还了解到，当时的总司令甘末林[①]善于玩政治，而不善于指挥作战，他之所以能够保住位置，主要是因为他与

[①] 甘末林(1872—1958)，法国将军。第一次世界大战因参与制定1914年马恩河会战的作战计划，使英法联军获胜而出名。1926—1928年任法国驻叙利亚军队司令，镇压当地人民的反抗和起义。1930年后，历任陆军总参谋长、最高军事委员会主席、国防总参谋长等职。第二次世界大战初期，任法国陆军总司令兼西线盟军司令。他的战略思想保守，单纯依赖马奇诺防线进行消极防御。1940年5月色当陷落后被撤职。1942年受维希政府审判。1943年被押解至德国，关押在集中营内。1945年获释。回国后从事写作，著有三卷本回忆录《服役》《马恩河交战中的机动与胜利》等书。

达拉第私人关系不错，两个人共同摧毁了几次手下军官发动的想要逼他下台的图谋。还有，军队和老百姓都对乔治将军充满信心，他是甘末林手下的参谋长，但两个人经常闹矛盾，几乎不说话。

在他们侃侃而谈的间隙，我不失时机地提出了自己的问题：法国如何看待英国为战争所做的准备？法国人民和军队与英国远征军（the B.E.F.）[①]的关系怎样？在回英国之前，我不断重复这些问题，得到的答案基本上雷同。我会把调查结果写进一份私人报告中。他们的回答给我留下的印象是，法国人普遍对英国军队的表现十分不满，法国人认为，英国盟友所表现出的热情基本上是政策需要，而非出自真心，他们对英国人的反复无常表示震惊。英国士兵喜欢在他们穿越法国的火车车厢上随意写一些俏皮话，而法国人觉得这样的做法很傻；而且英国军人行军时喜欢边走边唱，这种乐观向上的幽默感也为法国人所不齿，尽管这其中带着一些醋意。英国士兵玩儿起来也是精力无限，这也让法国人难以忍受。大多数法国人都觉得英国人玩儿的各种游戏极其幼稚，当然那些受到过盎格鲁-撒克逊影响的人们除外。而且，他们觉得在世界的命运已经岌岌可危时，作为成人就不再应该对足球这样的游戏这么热衷，不然就是一种极

[①] 英国远征军是指英国在两次世界大战期间派往欧洲大陆作战的部队。一战时，英国派远征军协助法国，与德军作战，该远征军参加了马恩河战役、伊普尔战役、康布雷战役等战役。二战时，英国派远征军协助法国对抗德国，至1940年5月法国战局开始前，编有10个师（其中9个师部署在法国北部），司令为J.戈特。后因战局恶化，于5月26日至6月4日撤回本土，重装备损失殆尽。为扭转局势，其中3个师于6月中旬重返法国，与法军并肩作战，但终因寡不敌众而再次撤回本土。

端玩世不恭的表现。我一次次地向法国人解释说，英国士兵就是这样，你们得学着接受他们的这些特点。

"他们已经准备好了为你去死，"我说，"但就在死的时候嘴里也会说点儿什么笑话，尽管这笑话并不是很高明。"

美国人认为英国人没有幽默感，其实他们错了，英国人一样充满幽默细胞，只是他们的幽默感有些与众不同。他们的幽默出自急智，只是用语比较粗俗，所以不好举例子。我想起一个故事，那是在大罢工期间，一名在大学工作的年轻人开着一辆公交车从街上经过，他停下来的时候周围的人们都虎视眈眈，随时准备冲过来打他个半死，一位妇女大喊："你个混账王八羔子！"他却咧着嘴笑着回答："妈，你跑这儿来干啥？"大家哄堂大笑，放年轻人走了。

说到这里，我必须提到一件小事，虽是小事，却在法国人心中留下了很不舒服的感觉。之前，法国人都想知道现在英国部队在哪里，很多人（其中包括我）都要求作战办公室让巴黎的居民看到英国部队赶赴前线的情景。一般的程序是：英国部队从登陆港进入巴黎，乘坐同一辆火车绕城一周，然后继续赶往目的地。我觉得，如果能让这些人徒步穿过巴黎，那会极大地鼓舞法国人民的士气。我国当局却并不同意这一方案，他们认为，士兵们一上火车就会摘下皮带，脱下上衣，然后以最舒服的姿势待在车里，这样的话，想让他们重新做好徒步行军的准备就变得很难。这种反对意见最终未被采纳，于是在不久后的一天，天气很好，威尔士卫队沿着大道向前行军，一直走到香榭丽舍大街，但是，他们行军时用的是《兰贝斯舞曲》（the Lambeth Walk）的音乐，这让围观的人民群众非常不满，他们都说：这些士兵马上就要上战场与敌人殊死搏斗，怎么可以伴随着如此轻快的舞曲行军？

但是，两国士兵之间不友好的感觉主要来自于收入水平的差异。英国士兵收入较高，他们能够买一些法国士兵买不起的奢侈品，年轻女孩当然希望跟有钱人来往。还有一个相对较小的原因，那就是法国士兵八点半之前必须返回军营，而英国士兵却可以在咖啡馆里多待一个小时。法国军队在行军时，英国士兵会开一些善意的玩笑，说些俏皮话，这本无恶意，但法国的年轻士兵还是觉得受不了。还有，在咖啡馆多待的那一个小时里，英国士兵会玩得很爽，要么把酒喝光，要么就是喝得太多，醉醺醺地把酒瓶子都砸烂了。到了第二天，法国士兵来喝开胃酒，却发现已经没的可喝了。关于英国军队的酗酒行为，从上到下都有很多非议。有些法国军官受英军邀请一同用餐，他们惊诧地发现，主人几乎顿顿喝醉，更让他们气恼的是，第二天行军时，这些官兵竟然能够面颊通红，两眼放光，就像春天里的叶子一样充满活力。从另一方面来说，法国老百姓——无论是城市里的还是农村的——都更喜欢英国军队，因为在城市里他们出手阔绰，而在农村里他们又很愿意帮着干农活。

总起来话，要让两国军队互相增加好感，确实还有很多事要做。我无权无势，唯一能做的就是指出其中的问题，提出自己的建议。

第二天早晨，我去拜访了军需部长劳乌·道特里（Raoul Dautry）。他个子不高，皮肤黝黑，精神矍铄，只是微微有一点斜视。

他已经为我安排了一套周密的行程，附近的工厂都会被参观到。道特里先生不是政治家，而是工程师，他因为组织重建了全国的铁路系统而得到国民的拥护，这铁路要是不重建，法国的交通就是个大问题。他精力充沛，工作努力，不管对自己还是对下属都非常严格，而且这个人诚实守信。法国沦陷后，很多政府官员的能力和品性都受到了指摘，他是唯一能够幸免者。他安排的这套采访计划至少需要一个月，可我没有那么长的时间。战争中经常发现这样的事：不能匆忙下决定，但却要求尽快出结果。为了搜集到足够的写作素材，我至少需要三个月，而给我的时间却只有一个月。要想让我这样一个军事白痴写出一篇关于武器装备的可读性很强的文章，那难度可想而知。我知道，我只能大量搜集资料，然后从中认真选取，但用于此的时间又不能超过一周。我跟部长说明了这一情况，他非常通情达理地告诉我，从前线回来后我可以马上联系他。

14

当天下午我直奔南希（Nancy）。有人已经为我在车站附近预定了一家旅馆的房间。那家位于斯坦尼斯拉广场（Place Stanislas）的著名旅馆已经关闭了。这个大广场是欧洲最漂亮的广场之一，那家酒店是由斯坦尼斯拉·莱瑟金斯基（Stanislas Leszezynski）修建的，他曾经是波兰国王，被剥夺王位之后洛林（Lorraine）就归他管辖了，这也算是一种安慰。他的女儿嫁给了风流成性的路易十五（Louis XV）。在这位女士去世后，路易十五这样评价她："她从来没有让我感觉到任何不快，只有这次例外。"（话是好话，但是感觉他说的有点讽刺）。广场的一边是巨大的宫殿，宫殿里有镀金的大门，还有优雅的雕像，这些都是洛可可风格的典型代表，但是现在这里堆满了沙袋，建筑之美已完全被掩盖。我走进那家朴素的小旅馆，一位穿着整洁的年轻军官迎了上来，他自报家门，告诉我他是被委派来照顾我的。我们走进了旁边的一家咖啡馆，坐在大理石面的桌子旁边点了两杯喝的。这位军官来自法国布列吞地区（Breton），以前是建筑师，英语说得很流利，正是因为这个原因他才被派来接待我。其实，这有点儿没必要，因为他们似乎忘了，我的法语说得也还不错。这位年轻人聪明伶俐，举止优雅，性格温和。我把我的工作向他解释了一下，然后听取了他的一些建议，具体的安排商议妥当之后，我们开始闲聊。我并不是很急切地想知道前线的状况，战地记者随后会发来报道，我更想知道的是军队的一些动态，法国农民如何看待这场战争，还有德国的宣传对军队的情绪有什么影响。我想请这位军官吃饭，于是一起来到一家饭店。那里多数都是军官，有的聚在一起，有的和妻子或者情人单独待着。吃饭过程中，他给我讲了一个感人的故事：

一架深入德国内陆的英国侦察机被德国的炮火击中，幸好飞机在一片无人区坠毁，法国士兵设法接近了飞机，发现飞行员已经昏迷，而另外两名机组成员已经牺牲。飞行员伤势很重，很快被送进了南希（Nancy）的医院。恢复神智后，他说的第一句话就是：其他机组人员怎么样了？医生告诉他，两人都已牺牲，他马上从床上坐了起来，把手放到缠满绷带的头部旁边行了一个军礼，说："没关系，都是为了大英帝国。"

第二天，我便踏上了旅程，首先来到德拉特尔将军（General de Lattre）的办公室。他相貌不凡，举止优雅，制服笔挺。我与他闲谈了一阵儿，他邀我共同进餐，这样我们就可以多聊一会儿。然后我们起身去斯特拉斯堡（Strasbourg），在那里我们将与市长共进午餐。与我们同行的还有一名军官，他将负责我在斯特拉斯堡的行程。这位军官的年纪在三十五岁上下，曾经是小有名气的小说家，他能得到现在这份工作是因为他与总理达拉第（Daladier, the Premier）私交很深。后来有人跟我说，他曾为总理写过演讲稿，我不知道这种说法是否属实。在路上，我们谈起了读书和写作，作家聚在一起一般都会聊这些事儿。敌人的飞机飞得很低，不断从我们头上掠过，我感觉他带着恨意狠狠地盯着它们。斯特拉斯堡现在基本是一座空城，街道空无一人，商店大门紧闭，曾经繁华喧闹的都市，现在死一般的寂静，偶尔传来流浪猫凄厉的叫声，就像裂帛一样打破了四周的寂静。我们正在街上走着，四周忽然响起了空袭警报，一抬头，德军的飞机正从头上飞过。在这座让人感伤的城市，警报声仿佛预示了世界末日。我的同伴快速地看了我一眼，眼神中充满了慌乱，他对我说："我们快点儿跑吧！"我根本就不想跑，但我想如果拒绝的话，他会觉得我摆架子，于是我们半跑半走地来到一个防空洞里，现在想来当时我们的动作完全不成体统。我们到达的时候微微有些气喘，我想我的同伴一定会认为我是一个傻帽儿，因为几分钟后，一位风姿绰约的年轻女士仪态万方地款步走了进来，显然，即使在这样的危急时刻她也一点儿都不慌乱。

我和同伴在一起待了三天，短短的三天时间我就与他熟识了。他跟我说，凭他的影响力，他很容易在巴黎找到一份闲差，既安全又舒适，但是他坚持要来前线。他还说，看到死人是多么可怕，而他的同事告诉他，习惯了就好了。这些同事还说，在战争中，死人的事儿稀松平常，如果你的朋友死掉了，别害怕，就当他已经被调到了其他部门。死亡是战争游戏的一部分，你要学会接受它，就像接受打桥牌时某人的臭手一样。他问我是否见过死人，我说在一战刚开始的时候在法国见过一次，我给他讲述了那独一无二的经历。已经不太记得是在什么地方了，反正是一场小的战役，大约有一千人战死沙场。他们就停放在一所医院的外面，一个摞着一个地放着，堆成了一座小山，看到他们的感觉就像是一群死羊，似乎从来就没有活过，仿佛就是应该摆在那儿的一堆东西。接下来的景象深深地触动了我：他们都是一些普通士兵，但他们的手却和常人有些不同，也许下面这种说法不太准确，但我还是要说，他们的手都很小，有着贵族般的优雅。过了一阵儿，我突然想到，我之所以有这样的印象，是因为他们手里面的血全都流干了。我问同伴有没有观察过这些，他说他根本没有勇气直视那些死去的士兵，一看到他们他就沮丧的难以自拔。

三天过后，我们分开了，我想当时他肯定谢天谢地终于摆脱了我。敌机从头上飞过时，他总是忍不住的频频往上看，而且他一直无法适应周围传来的枪炮声。尽管他按照行程安排按部就班的带我前往每一个目的地，但很显然，他一直神情焦虑，精神紧张。我不是想假装我有多勇敢，实际情况是本来就没什么危险，真正的危险都藏在他的幻想中。后来我读过几本他的小说，这些小说情感细腻，颇有吸引力，对他生于斯长于斯的乡村风光有着诗意的描写。书中还有着精巧的幽默感以及对于他再熟悉不过的家乡人的爱怜。这些小说描写细致，却有失阳刚之气，我对他的兴趣很足，也很怀念跟他在一起的时光。据我推想,他把自己送上前线,一半出于爱国主义,另一半则出于英雄主义的冲动。作家经常是这样,他们总是意识不到现实与幻想之间的鸿沟宽广无比,深不见底。我想,他非常怕死,正是这种恐惧把一个男人变成了自己都感到羞耻的长舌妇。他害怕空袭的飞机,害怕枪炮,害怕一切他想象中呈现出来的东西;但同时,他又怕朋友或者同事因此而嘲笑他,更怕自己因此看轻了自己,于是他坚决不肯运用自己的影响力让自己去往安全地带。

接下来的几天里,我四处奔忙;我参观了马奇诺防线,也登上一个隐蔽的炮台去调查了一番。执勤的军官告诉我,如果炮台被包围,这里的给养足够让他们支撑六个月;几个月后,我在报纸上看到,这些据点被包围后四天就被敌军占领了,这对我不啻为一种震撼。在一个总指挥部(G.H.Q.)里,我当天在那里过夜,晚饭后几个军官拿着一瓶李子酒来到我的房间,我们一起讨论时局。我被他们的机敏和睿智惊呆了。他们都期待着和德军短兵相接的那一天,他们信心满满,觉得一定能够干掉德军。一天晚上,我与普列特拉将军(General Pretelat)共进晚餐,他当时负责指挥本地的所有军队,他被认为是军队中最有才干的将军之一。他这个人个性十足,锋芒毕露,住在南希郊外的一处很丑陋的别墅里,当然这处别墅是被征用的。晚餐的情境并不让人感到愉快,他的很多手下也都在座,我记得大约有十二个人,但是几乎没有人张嘴,张嘴也是为了吃东西,所有的谈话都是在将军和我之间展开的。他一说话就特别的兴高采烈,而且快言快语。他信心十足,频繁调动守卫前哨的军队，这样在等待德军入侵的这段时间里，所有的士兵都能够亲临第一战场。在几次小规模战斗中，他满意地发现，如果一对一作战，他们要比德国人强。他现在面临的主要问题是，军队急切要求进攻，而他要劝说这些士兵更耐心一些，等到春天来临迫使德军首先发动进攻，这样他们就可以把德军彻底击溃。当然，他们还要面对这样的现实：德国人一共有八千万，而法国人只有四千万；德国人有一百二十个师，而法国只有九十个，英国要做好准备向法国投放三十个师，我相信那大约需要四十五万人，而这就是法国沦陷时在法国的英军数量。

将军继续说，法国在一战中损失了太多士兵，现在已经承受不起更多的损失了，对于战争，法国必须格外小心。这个理论在我听起来很奇怪，如果不损失军队，怎么可能赢得战争？他还提到，假如法国打败了德国，法国会提出怎样的和平条款，这是本世纪法国第三次抵御德国的入侵，每个法国人都下定决心这将是最后一次，当然最合理的计划就是杀死两千万德国人，但是这看起来不太可能，那么就得想其他办法来保证法国的安全。将军说，一战胜利的果实都被威尔逊（Wilson）和劳埃德·乔治（Lloyd George）骗走了，这一次同样的事情绝对不能再发生。德国必须被再次划分成一个一个的小国，莱茵河要成为法国的前沿阵地。我指出，这样的话法国统治下就会有几百万德国人，他们从本性上就心怀不满，想着叛逆闹事，法兰西共和国收复这些省份后，在阿尔萨斯-洛林（Alsace-Lorraine）将会有数不清的事变。我脑中在想，要想同化外邦人将会多么困难。将军耸了耸肩，说道，当然如果法国人足够多，在那些国家的德国人会全部被赶出去，但问题是法国人的数量连填满本国都很困难，所以只能在莱茵河的桥头堡上设置重兵防守。

晚餐后，我问将军能否私下里聊几句，他于是带我去了书房。在与法国军队待在一起的忙碌日子里，我了解到，现在最困扰法国人的是他们从来都没有接触过英国士兵，他们听说英军已经集结在了法国北部的一个小地方，但他们从来都没有见到过，他们觉得耳听为虚眼见为实。我还听说法国的防空炮数量不足，射程也不够，于是出了一个主意，想让英国的一部分防空部队与法军共同驻守阵地，这样两国的官兵就可以互相了解，而德国飞机在空袭时也会有所忌惮。我觉得这对于提振士气会大有帮助，但是在把这些建议写进正式的报告之前，我想知道法国人怎么看待这个想法。将军听完后很高兴，他问我是否介意告诉他的手下，我当然不介意，于是他喊他们进来，把我的想法重复了一遍，他们听完也觉得很棒，但问题是这个提议从未被执行过，据说，上面要求我理解：这个计划是不可能的，因为英国士兵有他们自己已经习惯了的食品和卷烟，而运送这些东西将会十分困难。

还有一件事给我留下的印象特别深，我在各地穿梭，总感觉很多官兵整日闲逛，无事可做，他们忧心忡忡，因为家里给他们来信上说，农场或者商店由于他们不在已经显得十分落寞。他们不会玩别的游戏，只会打贝洛特纸牌（belotte），这是一种纸牌游戏，两到四个人都可以玩，具体细节不好描述，读者只要想想打升级之类的就可以了。这是劳工阶层和小资产阶级最喜欢的游戏，他们一玩儿就是几个小时。他们吃得饱饱的，而且每天的两顿主食中都有定量的酒，在没事干的时候他们有大量的时间去讨论德国人的舆论攻势。佛当耐（Ferdonnet），斯图加特（Stuttgart）的反叛者，每天都会跟他们说，他们拼着命去打仗，保护的只是资本家的财产；还有，他们在前线玩命，而在后方的英国士兵正在与他们的妻子鬼混。时常会有这么几个法国士兵会相信这是事实，确实，人们特别喜欢从一两个偶然的事件中来推测这种谣言的真实性。

就在我跟阿尔萨斯（Alsace）的守军待在一起的时候，德国人开始在法国前线散发传单，名字叫作《浴血》（the Bath of Blood）。传单上一共有四幅漫画。第一幅里，一个法国士兵和一个英国士兵站在一个池塘旁边，池塘里不是水而是鲜血；第二幅，两个人同时准备跳进去；第三幅，法国士兵已经快跳进去了，而英国士兵还待在岸上；第四幅，法国士兵把头露在水面上，而英国士兵却脸上带着坏笑走远了。这组漫画很有效果。法国人对于这些的回应就是在很多大教堂上树立了一些纪念牌匾，以纪念在一战后长眠于法国土地上的百万阵亡士兵，他们来自英国和多米尼加（the Dominions）。

尽管德国人的舆论攻势很奏效，而整日的无所事事也会降低军人的士气，但我离开时依然相信，等到士兵们该打仗的时候，有这么优秀的军官带领他们，他们一定可以勇敢地履行自己的职责。

15

我在南希的最后一天晚上遇到了一位以前的熟人。有几位英国战地记者也待在这个酒店,其中有一位与我相识已有多年。他并不是专业的战地记者,只是被他的报社派到这里来写一组相关文章,我在这里暂且称他为乔治·波特(George Potter)。他很年轻的时候写过一篇小说,我恰好读到了。小说明显带有自传性质,却能表现出他善于观察的天赋。小说中散发着青春的活力,还有一种掌控很得当的伤感情调,文字也很优雅,能显示出他对遣词造句的掌控力。在我看来,这年轻人前途无量,于是约他见了个面。他觉得自己这本书写得很一般。我发现他很有魅力,经常情绪高涨,谈吐也很风趣。从他的话中,我知道他以前非常穷,16岁离开学校后就全靠自己来维持生计。我邀请他到里韦艾拉的别墅同住,并承诺他可以全身心地投入第二本小说的写作之中,一切吃穿用度都由我来提供。

作为客人,他很随和。他的网球打得不错,同时也是桥牌高手。

他是那种浑身散发着活力的人。他的日常举止不是特别的好，但我把这个看做他年轻、精力充沛的必然结果，也没怎么放在心上。他非常健谈，不管来我这里用餐的人多么乏味（当然乏味的人才需要他调动气氛），他都能轻而易举地让气氛变得非常活跃。他的勤奋也深深地吸引了我。在里韦艾拉这个地方，人很容易变得懒散，特别是在夏天，泡个澡，聊聊天，打打网球，打打桥牌，搞个聚会，日程满得让你没有时间工作，但是每天晚上，不管还在进行什么活动，他都溜出去花几个小时写篇文章，正是靠着这些发表在女性报刊上的文章，他才能够勉强度日。我读过一两篇这样的文章，读后有些吃惊，因为这都是一些为迎合大众口味而扭捏作态写出的不入流的作品，但我总觉得编辑要的就是这类东西，我太清楚一个年轻作家想要维持生计是多么艰难，所以也没有过分责备他。

两三年过去了，也许时间更长一些，我已经记不太清了，我听说波特尔正在为一份发行量很大的娱乐小报写闲话专栏。他已经取得了巨大的成功，他写的都是一些装腔作势的无聊内容，有的语言粗俗，有的自视清高，还有的明显三观不正，还有一些内容竟然公然带有宗教色彩。可是呢，大众就吃这一套，他已经成了英国最有名的记者，他的追随者众多，既有女仆，也有美甲师，还有速记员以及商店售货员。他发回的报道万人期待，所以报社专门安排了一个团队来处理他发回的文章。他的文章已经大大提升了报纸的发行量，根据最新报道，大约每天八万份。正因如此，另一家发行量更大的报纸想把他挖过去。他几乎已经成为英国收入最高的记者，而当时他刚刚三十出头。

自从他恶名鹊起，我就很少见他，而且很难想象他曾经在我眼皮子底下混了三年。在南希，记者们吃饭时有他们专门的房间，尽管我认识其中一些人，但我觉得最好还是别不请自到，于是我一个人在餐厅用餐。就在我提到的那个晚上，我正在用餐，忽然收到一张纸条，是波特尔写来的，他说想要见我，这让我多少有点吃惊。我回了一张纸条，上面写着，他可以在半小时内到我的房间来。他进来的时候我们握了握手，他坐在屋里唯一的一把椅子上，我则斜倚在床上。

"感谢您能够接见我。"他开口说道。

"很高兴见到你。"我礼节性地回答。

"有件事我特别想问您，我怕以后再也没有机会了。"

"什么事？"

"我想知道为什么您不再理我。"

我看了他一眼。他的眼神中充满了惶恐。

"我没有不理你呀。"我回答说，同时笑了一下。

"不，我觉得您就是不想理我了，这很明显。我很长时间没有见过您了，我曾给您写过信，询问什么时候可以去拜访您，您却找各种理由来推托。我想请您共进午餐，您也拒绝了。您再也没有邀请我去里韦艾拉同住。我不知自己做错了什么事，惹您这么生气。"

"你没有做错什么，乔治，我也没有生气。"我回答说，语气很缓和。

"我觉得这里面一定有什么事。"

我告诉他确实没有什么,但他一直不信。让我尴尬的是,他开始向我表达谢意,因为我在他从事写作初期确实帮助过他。他告诉我说,他从我身上学到了很多,而且他非常珍视我们之间的友谊。他的用词极尽奉承恭维之能事,搞得我浑身不自然,在床上辗转不安。他提醒我说,他在自己的专栏文章中多次表达了对我的仰慕。

"只要有机会帮您打广告,我都不会错过。"他说。

这倒不用他提醒,每次我读他这些恭维之词的时候就会浑身起鸡皮疙瘩。我无意伤害他的感情。我争辩说,我们两个现在分道扬镳,这都是时局所致,并不是我有意为之。我们都很忙,而且我大部分时间待在法国,他在伦敦认识的那些人我基本上都不认识,所以我们很少见面,这也很自然。我的解释很委婉,但他却很固执,非要问出个所以然来,最后我终于被激怒了。

"好吧,你要真想知道,我可以告诉你,但是这话会有些不中听。"我的语气开始有一些严厉。

"没关系,您说吧。"

"你写的那些东西让我觉得不可思议,我觉得这些东西肮脏至极,不堪入目。"

他吃惊地看着我,我敢保证,他的吃惊不是装出来的。

"这就是您不再理我的原因?"

"没错儿。"

"难道您不明白吗?一个作家的为人和他写的东西完全不是一

回事！"

"那么说的话，我确实不明白你所说的这个道理。如果一个人写的东西不堪入目，我就不想和他走的太近。"

"但是大众就需要这些东西，他们真的就吃这一套。"

"这我明白，我问你，你写这些东西的时候是满怀真诚的，对不对？"

"那当然，我当然是真诚的。"他加重了语气。

"我也看出来了，我相信，要是一个人心口不一，他也不会像你一样取得这么巨大的成功。我相信你是真诚的，如果你的内心并不真诚，写东西的时候只是想着这些可以吸引读者的眼球，而自己边写边窃窃地笑，仿佛读者马上就会进入你的圈套，那我也不会把你看作一个值得尊敬的人，而是有一种透过你的写作方式更加看清了这个世界的感觉。我会觉得你就是个流氓，但是我会放声大笑，就像是笑话那些用西班牙囚犯的老把戏而逃脱惩罚的骗子们一样。但悲催的是，这些东西都来自于你的内心，所以它们也可以走进读者的内心。在你身上，你的人品已经和你写的这些东西融合成一个整体了。"

我不想再多说什么，他很聪明，不会听不明白。我看到他很沮丧，于是就想换个话题，把他的思绪引到别处去。

"不管怎么说，你真的这么在乎我对你的看法吗？你现在很成功，钱挣得也不少，很多人都极其崇拜你，就算没有我，你还是会有一大帮朋友。"

"这些我知道，现在我敢说，所有的英国女公爵都想包养我，这个国家的所有要人都迫不及待地想跟我套近乎、拉关系。有时，我会描写他们请我去参加的宴会的情景，他们会装得很生气，而且就算是装也装得挺吓人，但实话告诉您，我要是没有提那个宴会，而是写了其他东西，他们才真会暴跳如雷。"

"那你为什么还这么在乎我？我可没有那些人那么重要。"

他沉默了。我能看得出他很激动，我很抱歉惹得他这么不高兴。

"您不明白。"他有些抽泣。

我当然明白，我的心里就跟明镜似的。我知道他有着极强的自尊心，我的这些言行会让他从崇拜者那里得来的艳羡目光瞬间黯然失色，这让他难以忍受，故而十分气恼。

最后我对他说："请原谅，我必须走了。我得赶紧换好衣服，七点钟必须出门。"

他说了声晚安，然后就离开了。另外我还得再加一句，他参观完前线后所写的文章被翻译成了法文，很受法国人喜爱，这些文章在好几家报纸上登载。后来，他为了搜集新闻素材，做了很多十分冒险的举动。他这个人很有勇气，也可以说这叫鲁莽，他坚持要去各处冒险，而他的编辑也不想失去这么一位能挣钱的撰稿人。我敢确信，他面对危险时绝不会犹豫不决，而是会带着他那标志性的尖利笑声，嘴里还会冒出各种俏皮话来。他的冒险经历也被他写进了文章里，这确实让人感觉毛骨悚然，而且很多话读起来也确实让人不齿。

16

之后那个星期，我去参观了军火库。每个工人都在很努力地工作，工作时间很长，没有一天休息时间。我忍不住问道特里先生，血肉之躯能否承担这样的重荷？他告诉我，这也是实在没有办法。现在想起来，这绝对是一个严重错误，一个人可以每天工作12个小时，一周工作7天，但是，这不能持续的时间太长，假如积年累月这样运作，工作质量必将明显下降，工作者的士气也会受到严重影响。很不幸的是，大量技术工人都已经应征入伍，要么在桥梁处驻守，要么在擦洗军营的地板，如果他们能够走进工厂，必将会创造更大的价值。我曾要求上面允许我和工作人员自由交谈，这一请求很快就获得了批准，速度之快让我丝毫不怀疑他们的诚意。但是，之后不管我去哪儿，身边都会跟着两位工程师，一位来自陆军，一位来自海军。如果我说的话对方不太理解，他们就会帮着解释，他们做的事似乎是好意，但是这种尾随的方式其实让我很苦恼。我就像是一个暴徒，旁边有两位警察押解。各个工厂的上层人物对我都非常友好，但每次我停下来和工人交谈时，他们和那两位工程师也会停下来，这时候，要是我相信这些工人会有问必答，畅所欲言，那我就是一个傻蛋。不过，有时候确实能听到只言片语的真话。在一家工厂里，我听到厂长对我的一个同伴说，有六十多位工人已经被送进了监狱，理由是蓄意破坏或者进行共产主义宣传；有一次，一位厂长告诫我，最好别去某几家工厂参观，因为那里不会给人留下好印象；还有一次，有人直截了当地跟我说，禁止和工人交谈。

参观完毕之后，我的总体印象是：法国人正在尽其所能弥补自己在武器方面的严重不足，而工人们也在竭尽全力完成这一目标，但是也有少数工人，我不知道他们的态度有多么强硬，但是可以确定的是，他们的不满情绪很高，似乎已经难以压制下去。我发现，我无法从任何人身上得到令自己满意的答案。我隐隐约约感觉到，很多工人都有一种担心：工厂主们在利用战争逐步剥夺工人在社会主义政府当政期间所获得的诸多权利。但这只是一种感觉，并没有确凿的证据。但是我有理由相信，他们这些担心并非毫无由来。

17

我的下一项任务是去采访法国西南的阿尔萨斯 - 洛林地区（Alsace-Lorraine），一些位于危险地区的居民都已经被转移到了这里。采访结束后，我返回了巴黎，我来到情报局，告诉他们说，要是让我写的是关于德国宣传攻势的文章，那我现在手里的材料已经足够了。但是这并不是我此行的目的，所以我现在不知道自己该写什么了。他们有些漫不经心，对我说，是啊，他们也知道那个地方的情况一团糟，确实他们办的事儿一点也不光彩。那些可怜的人们被告知，要在两个小时内火速离开自己的住处，只需拿一些随身物品，然后他们被塞进了牛车里，花了三天的时间，有些人不止三天，不管白天多热，晚上多冷，昼夜兼程。到了普瓦捷（Poitiers）和昂古莱姆（Angouleme）之后，他们就被随意安置在了当地的农村，有些人由于一路颠簸，病得很重，死在路上的人也不在少数。

在离开自己的房屋之前，他们被告知，只要锁上大门就好，随后会有部队来保护他们的财产安全，绝对不用担心，一切都会安然无恙。但是，几个星期后，他们惊愕地发现，自己房中的财产早已经被那些士兵洗劫一空了。其中有一个小镇的镇长必须回自己的办公室去办事，他告诉我说，办公室里什么都没有了。他本来有一个很大的图书馆，现在里面早已空空荡荡，这些书数量不少，要想都运走，没有车辆是不可能办到的，所以只能得出一个结论，那就是：军官们也参与了抢劫。他家里的所有银器、亚麻布做的各种衣服和其他用品全都不见了，连墙上的画都被人拿刀从画框里割下来带走了。知道这些后，所有的难民都愤怒了，很多人都想回去保卫自己家里仅存的东西，但是法国当局不想让这些人看到自己家里的惨状，所以不许他们回家。

他们的住宿情况很差，富有的地主和资本家拒绝为他们提供住宿，而刚刚来到这里的各个城镇的镇长或者市长们也不愿征用这些吝啬鬼的房屋，因为怕在下一次选举中会失去他们的选票。卡米耶·肖当（Camille Chautemps）全权负责难民的生活，他看起来很忙，实际上也是太胆小，或者说就是太冷漠，所以他没有采取强硬措施来保证难民们的基本权利。他们被安置在破破烂烂的茅草屋里。我敢说，你们家的猪圈都比这个强。有些屋子房顶漏水，有些人被安排在马棚、牛棚或者羊圈里，还有的被安排在废弃多年的工厂或农场中。难民们被迫整天挤在一起，有时候两三家同住一间屋子，没有基本的卫生设施，也没有水，离这里最近的水井在三百码（大约270米）之外。另外，也没有地方做饭，除非你知道怎么用土方制作一个最原始的炉灶。他们还必须忍受严寒，因为他们从家里出来的时候都非常慌乱，只穿着夏天的衣服。他们的鞋子也早已穿烂了，只能穿用毛毡制作的拖鞋，在泥泞的道路上艰难行走。还有，他们买不到木头，所以没办法去修补漏雨的房子，当然也不能做床，于是只能睡在冰凉梆硬的地板上。为什么买不到木头呢？原来，黑心的木材商人预料到战争爆发会让木材价格暴涨，于是各个囤积居奇，哪管他们这些难民的死活。所以，他们只要有一个垫子就谢天谢地了，我看到很多人只能睡在杂草上。

所有这些都充分证明了法国当局的愚蠢无能，无视民众疾苦，极端自私。这些政府部门完全缺乏基本的政治常识，阿尔萨斯-洛林的民众对政府失望至极，他们的利益被完全忽视，他们遭受的苦难并非完全不能避免。我听到不止一个人这样说："要是法国人一直这样对待我们，我们情愿去投靠德国。"在写作本书的过程中，我一再告诫自己，一切都要实事求是，不能虚构任何情节，但是我所看到的一切事实很有可能会引发一些不必要的谣言，我本应只写这些难民本身的勇气与善良，其他的一概不提。对于他们所遭受的不公正待遇，我尽量轻描淡写，而把重点放在他们如何在这样恶劣的生活条件下发挥自己的聪明才智，让自己的临时住所尽量整洁、舒适、有序。他们在临时搭建的炉灶上也可以做出可口的饭菜。而且，这里的人们对待彼此都十分友好，在难以忍受的生活境遇下创造出了难得的温情。在参观访问的过程中，我经常被这些人的顽强、勤劳、诚实和幽默所打动。

在我去参观难民的过程中，有两件小事一直留在我的记忆里。

有一天，我开了一天的车到处跑来跑去，到了晚上，有人带我去森林深处的一座大庄园里用餐。这座庄园以及周围的森林都属于一位法国男爵。这位男爵有一个听起来很响亮的加斯科涅地区（Gascon）非常典型的名字。他的妻子是美国人，他们有两个孩子，这两个孩子都不太爱说话，他们为孩子们找了一位英国家庭教师，这位教师同样少言寡语。餐厅的墙上挂着这位男爵祖先的画像。这个地方远离城镇，他们也很少去巴黎。男爵整天忙着照管这片森林，而他妻子整天忙于参加一些慈善活动。这里的场景——茂密树林中的一处古老庄园，还有四条通往各处的宽阔马路——正好与巴尔扎克某些小说中的场景吻合。夫妻两人很少与外界接触，平常只能见到附近的农民和林场工人，虽然日子看起来也算生机勃勃，但不管怎么说，总显得有些与世隔绝。男爵四十多岁的年纪，看起来和蔼友善，诚实正直，他曾在一战中负过伤，现在还没有应征入伍，但他认为这是早晚的事。于是我问他，要是他走了，这片树林由谁来照料。

"噢，我可以很放心地交给妻子，她对森林的了解不比我少。"

他妻子个子不高，体态丰满，五官精致，顶多四十岁。她来自美国中西部的某个州，但是现在她的衣着打扮和言谈举止与法国人已经几乎没有任何区别。我不禁惊叹：一位美国女士竟然能够如此入乡随俗，在异国他乡生活得这样如鱼得水。在客厅的桌子上有几张《大西洋月刊》（the Atlantic Monthly），很显然是这位女士的日常读物，而且周围还有不少各类图书。从谈吐来看，俩人都受过良好的教育，但我总觉得那几张报纸并没有引起她的思乡之情。夫妻二人过得很惬意，对孩子也十分满意，他们的生活中充满了田园风光，就像一个童话故事，既有活泼有趣的一面，又有一种略带忧伤的优雅。

我不知道这一家人现在怎么样了。也许德军入侵对他们并没有多少影响，他们依然舒适惬意地住在那座庄园里，周围被无限延伸的森林环抱；也许，这座庄园已经被野蛮的德军士兵占据，他们肆无忌惮地砍伐周围的树木，而这些树木是夫妻二人费了很大心血才一点一点积累起来的，其中倾注了他们太多的感情。当我们开车离开时，满满的月光倾泻下来，在月光照耀下，穿过树林的大路变成了雪白色，被车灯吓到的小动物仓皇地跑到阴影中去。恍惚间，我仿佛刚刚从睡美人的城堡中走出来。

第二段经历则显得有些古怪离奇。这次，有一位女士开车带我在法国四处游走。她当时正在这里从事慈善活动，帮助改善那些难民的生活状况。在那段时间，有不少来自英美的女士在从事类似的活动。有一天傍晚时分，我跟她说我得找个旅馆住下来。

"不用着急，这附近我有一位远房兄弟，他们会很高兴为您提供住宿。他们都是特别朴实的乡下人，待人特别热情，做的饭菜您也肯定爱吃。"

"那太好了。"

她没有提那位亲戚的名字，我也没有问，从她的谈话里我大约听出，他们的生活过得很一般。夜幕降临时，我们来到了一个小镇上，停在一所房子前，在夜幕下，这所房子看起来倒是富丽堂皇，这有些出乎我的意料。接待我们的是一位男士,他又矮又胖,黑红脸膛,长相一般。他穿着颇不合体的黑色服装,一看就是一个典型的法国个体老板。他带我走进了一个房间,里面很温暖,装潢也让人感觉颇为舒适。我还看到里面竟然有一个浴室,便有些喜出望外。他对我说,晚餐在七点半开始。我冲了一个澡,之后便躺在床上睡着了。到了七点半,我走下楼梯,摸索着来到客厅。那里用木头生了一堆火,主人已经坐在那儿等我了。他递给我一杯雪利酒,我舒舒服服地坐进一张大扶手椅里面。

"你有没有在房间里发现一瓶白兰地?"他忽然问我。

"抱歉,我没注意。"我回答说。

"我在家里的每个卧室里都放了一瓶白兰地,就连孩子的房间里也有,他们从来不会碰这酒,我就是想问问还有没有。"

我觉得他的话很奇怪,但也没多说什么。随后,白天为我开车的女士走了进来,身后跟着一位皮肤有些黝黑的瘦高个子女士,她跟我介绍说,这是主人的妹妹,但是很遗憾,我没有记住人家的名字。然后他们开始闲谈,从谈话中我了解到:这家的主人还是单身,而他妹妹带着两个女儿和他在一起生活,因为她丈夫已经应征入伍了。然后我们开始吃饭,发现已经有两个小女孩儿在等我们了,有一位家庭教师一脸严肃地陪着她们。负责斟酒布菜的是一位老管家和一位女仆。这家的主人说:

"今天,我已经为您打开了最后一瓶红酒,金玫瑰庄园(Chateau Larose)1874。"

我从来没见过这种红酒,所以很是期待。酒的味道确实不错,我想,作为那位女士的穷亲戚,这家主人过得也还算不错。食品也一样可口,纯正的法国乡村风味,菜量很大,风味浓郁,鲜美多汁,只是稍微有点儿口重。有一道菜味道实在太好了,我忍不住夸了几句。

主人回应说:"我很高兴您能喜欢这里的饭菜,这里的所有食品中都添加了一些白兰地。"

又提到了白兰地,这让我又一次感觉到奇怪。用餐完毕,我们开始喝咖啡。管家拿来几个大杯子,还有一大瓶白兰地。刚才我已经喝了不少红酒,于是心里想:在别人家做客,真是不该喝这么多。于是,当他们问我要不要来点儿白兰地时,我婉言谢绝了。

"怎么回事?"这家主人高声叫起来,身子往后一仰,"来玛迭利(Martell)家做客竟然不尝尝我们的白兰地!"

我恍然大悟,原来这家就是世界上最有名的白兰地生产商玛迭利家族。

他接着说:"您不用介意,这种白兰地在市面上根本买不到,这是我们留给自己享用的。"

知道真相后,我就没必要再假装拘束了。下半夜过得很快,他给我讲述了玛迭利诞生的浪漫故事以及酒厂两个世纪以来的历史。第二天我走的时候,他还邀请我一定要在战争结束后来做客。

这种奇异的故事,我想每一位读者大概都想经历一次吧。生活总会给我们一些惊喜,就像某天我们在大街上走着,忽然看到一群人在翘首期盼的样子,你走过去一问,原来是某位明星一会儿会在这里亮相。也许你本来对这个明星并不是很感冒,遇到他或者不遇到他对你的生活并没什么影响,这就像是大年三十捉住一只兔子,有它也是过年,没它也是过年。但这时,如果你没有什么急事,你依然会停下来驻足观望,等明星来的时候,你也会跟着一起激动。事后的几天里,你也一定感觉这是最近发生在自己身上的最有趣的事,如果你知道身边的某某某特别喜欢这位明星,那就最好不过了,你可以将自己的好运气告诉他,让他对你艳羡不已。

18

我的下一个任务是调查战争期间法国妇女所能承担的一些特殊工作，以及战争对法国人宗教观念的影响。我写的相关文章在当时已经传播很广泛了，所以在此无须赘述。我旅途的最后一站是位于土伦的法国舰队。我对于舰队的描述并未得到法国海军官方的完全同意，我对此感到很内疚，因为他们对我的接待非常周到，我也充分感受到了他们的热情好客。我不经意间注意到，这里的士兵军容不甚整齐，与英国和美国海军形成了巨大反差，这种军纪方面的致命缺陷让我大吃一惊。在英国海军中，上级的命令会被无条件地执行。而在这次参观中，我曾上了一艘法国战舰，无意间听到舰长和一位下属的争吵，最终这位下属还是执行了上级的命令，当然，要不是那位舰长大发雷霆，我想事情也不会这样顺利。但是，最让海军恼火的是，我在文章中写到了他们对于这份职业的态度。我相信他们都很聪明，也有很强的道德感，但我还是有一种印象：他们上船的时候就像是走进办公室，而在潜意识里他们会认为，一天的工作结束后他们必须马上回家。

从这一点上，我冒险得出了这样的结论：法国海军官兵从事这项职业并非出于根深蒂固的而又浪漫的爱国热情。在反复权衡这一职业的利弊后，他们还是接受了这份工作，就像是当律师或者医生一样。也就是说，当海军只是一种谋生手段，而不是一项需要全身心投入的职业。家庭是法国人生活的中心，在我看来，这些人真正关心的不是他们的军舰，而是他们位于布雷斯特或者土伦的家，那里有老婆孩子盼归的目光。我在参观中所见到的一切大致能够证明我的猜想。

19

我在圣诞节前回到了家,马上开始动笔写作。在参观考察期间,白天的奔波让我筋疲力尽,到了晚上根本就不想写东西,而且我也缺乏记者特有的天赋,能够在听到消息后马上转化到纸上,我觉得写这些东西要比写小说难。现在获得的资料太多,反而也成了障碍,我需要反复整理这些资料,把它们整理出一个头绪来。我在一家英文报纸上读到了一位记者写的文章,他的采访经历与我大致相同,尽管文章中很多地方写得很肤浅,而且有些地方也不准确,但我仍然很佩服他,因为他能够迅速抓住一些引人关注的事件,然后迅速写出一篇引人入胜的专栏文章。为了把这些参观中的见闻写好,我真是有点儿呕心沥血。大部分的材料都很无聊,而我却想在其中加入一些趣味性,我也想实话实说,但是上面告诉我,有些事实不能公之于众。出于一个写作者的良心,我还是尽可能地把事实真相陈述出来,虽然这些东西只是出现在报纸上,很多人读完也就抛之脑后了,但我就是受不了自己写出的东西不负责任,虚情假意。作为记者，我还真是不够格。

写作过程中，有一位年轻的法国飞行员从旁边的机场赶来看我，他显得非常灰心丧气。他跟我说，所有军用飞机都要送到他所在的机场接受检测，而生产商只需给负责检测的人塞上几千法郎，飞机就能轻而易举地检测合格。还有一个故事，连我听完都很无语：据说，法国向一家美国公司订购飞机，原计划每个月有五百架送抵法国，但是飞机上有一个很重要的小部件，其专利权属于一位法国生产商，他要求美国公司每架飞机支付一千美元的专利费，这就意味着美国生产商几乎很难从中赚到钱，于是这笔买卖就被搁置下来。很长一段时间后，我才听到了此事的后续报道：在巴黎沦陷的前两天，法国生产商给美国公司打去了电报，答应专利费降为每架飞机五十美元。

文章写完后，我迅速发了出去，同时动身前往英国，因为据说还有其他工作在等着我。当时坐火车从巴黎去伦敦简直是一场磨难，正常情况下全程需要7个小时，但在当时，如果17个小时能够到达，那就谢天谢地了。有时候你上船后会被迫在海上待上一夜，因为海峡内有敌军的潜艇。我就听说有两三个人被滞留在布伦（Boulogne）至少三天。我以前从未坐过飞机，因为只要并非十万火急，我就觉得没必要冒这个险。但我现在已经下定决心，只要情况紧急，我绝对不会犹豫，这次我就打算试一下。但是，到达巴黎后，天气非常糟糕，所有航班都取消了，而且，英国正在闹洪水，很多机场被淹，于是我趁此机会去看望了几位朋友。在这期间，不知是谁提出了一个有趣的提议，那就是我们现在就应该着手起草一份和平协议。他们回想到，一战结束时法国竟然没有一个像样的和平条约，结果相关部门只能依靠有限的数据临时拼凑了一份。这次，法国人不想再被抓住把柄了，于是成立了一个小型委员会，由一位出色的外交家担任主席。这位外交家在这方面很有些才干。当年，阿尔萨斯-洛林被归还法国时，他就为当地政府起草了各项法令。根据提议，这个委员会中需要包含一名法国外交部的代表，还有一名法国军队代表，英国外交部也要派一名代表，英国军队也派了一名代表。我被要求加入这个委员会参与准备，这就需要研究先前的各种合约，最开始的一个就是1648年的《威斯特伐利亚和约》（the Treaty of Westphalia）①。同时需要对人口进行人种学方面的调查，目的是清除少数族裔所引起的纠纷，这就需要频繁前往日内瓦去参考那里的资料，或者向那里的相关人士咨询。这看起来非常有价值，但真正做起来却让人感觉无聊透顶。当然，没有政府部门的同意我是不会参与的，我向情报部长提出了申请，他觉得这件事很重要，于是马上联系了位于伦敦的外交部。国王的回复直截了当：在捕获黑熊之前，没有必要讨论用熊皮做什么。

我发现，我的朋友们对法国军队的战斗力充满信心，他们坚信，英勇的士兵们能够击溃德国的进攻，考验实力的机会终于到了。除

---

① 《威斯特伐利亚和约》是一系列具有重大意义的国际关系条约。它象征了三十年战争结束，奠定了国际关系的基础和国际法则的形式，可以说是现今国际关系的启蒙点。

此之外，在各种沙龙里，我经常听到一些支持纳粹的言论，这让我有些坐立不安。很多贵族讨厌现在的共和政府，他们几乎毫不掩饰地说，从长期来看，与其在布鲁姆（Blum）领导的社会主义政府下苟且偷生，还不如接受希特勒的领导。内政部长萨罗（Sarraut）派人叫来了一位很有名望的女士，正式警告她说，她要是不闭嘴，就会被送进监狱。大资产阶级宣称，如果战争持续的时间过长，法国必定会灭亡，要是持续三四年的话，英国要做好准备承担一切后果。在这段按兵不动的时期，经常有人随意请假。我听说，有些年轻军官到达巴黎后公开宣称，这场战争根本没有必要，纯属浪费时间，就算希特勒占领了法国，只要能让他们平平安安地过日子，其实也没有什么大不了的。听到这话，我十分震惊。我还听说，总司令甘末林和参谋长乔治长期不和，而达拉第对雷诺怀有很深的敌意，因为雷诺阴谋赶他下台，自己当总理。

这里还有一个有趣的故事，总统勒布伦先生安排好了要去参观斯特拉斯堡，行程完全保密，只有几位要员知道具体的安排，甚至连护送他的警察也是在最后时刻才被告知真相的。等他到达莱茵河畔时，猛然看到河对岸的德国边界上竖着一个巨大的标语牌，上面醒目地写着："热烈欢迎总统勒布伦先生！"而一支德国军乐队正在起劲地演奏《马赛曲》。

天气一直都很糟糕，但是对我来说，有必要时刻拿着大使馆赠送给我的公文包，因为有紧急任务等着我，一小时后就要出发。我将要乘坐的飞机隶属于皇家空军（R.A.F）。我两次来到位于布尔歇

（Le Bourget）的机场，最后又返回了巴黎。有一次，我在飞机上待了半个多小时，可后来飞行员告诉我他无法起飞，第三次时他对我说："这次呢，我倒是能起飞，就是不知道还能不能降落。"飞机很小，飞起来东倒西歪的，像要散架似的。更为不幸的是，我可是第一次坐飞机，我们飞得很低，这样就不会被当做敌机。飞越英吉利海峡时，我们的高度从来没有超过一百英尺（约30米），我原来以为只用一刻钟的时间就可以飞越海峡，可是我们飞呀飞呀，飞出了好久还是看不到陆地。我们在海上飞了好久，我甚至开始怀疑飞行员是不是临时改变了主意，打算带我去美国。

过了一个多小时，我们才看见英国的陆地。我们在一个机场上空盘旋了很久，从飞行员的反应来看，他应该是接到了地面的消息，不允许他在那儿降落，最终，我们在苏塞克斯的一个军用机场着陆。这个机场上停满了各种飞机。有人给了我一杯喝的，然后把我带上一辆卡车，直奔附近的城镇。那天是星期天，到达小镇后我发现要等两三个小时才会有火车，于是我雇了一辆汽车。由于洪水泛滥，车在路上耽误了不少时间，到达伦敦时，我饥寒交迫，疲惫不堪，幸好还有机会在皇家咖啡馆（the Cafe Royal）享用了一顿美餐。

20

第二天，我受邀参加了两场鸡尾酒会。这是我在战后第一次回国，还不太适应当时国民的情绪，当然，每个人都在做着一些与战争相关的工作，或者至少想去做类似的工作。大家每天都在谈论这场战争，当时，在我的印象里，大家还并非全力以赴，在随后与各阶层的接触中这一印象变得更为确凿，但是我试探着向别人提起这一印象时，却遭到了严厉的反驳。在一些宴会上，我遇到了一些内阁大臣以及媒体大亨，当我问他们怎么还会有时间出来社交时，他们却说，我们总是要吃饭的吧。饭店里人满为患，在丽兹酒店（the Ritz）用餐时，你几乎可以见到认识的每个人，剧院的生意也不错。伦敦的灯火管制要比巴黎严厉很多，人们对此抱怨连连，说这非常影响生意，又干扰了正常生活。幸运的是，出租车司机已经能够在黑暗中驾轻就熟，喜欢泡夜店的人也没受到太多影响。

人们对张伯伦先生有很多怨言，很多人都说他到后期变得非常傲慢，已经听不进任何人的意见。别人告诉我说，他联合约翰·西蒙爵士（Sir John Simon）和塞缪尔·霍尔爵士（Sir Samuel Hoare）一起掌控了这个国家，而议会已经变得无足轻重。任何人敢对他们有一点不顺从就会被组织秘书长马杰森（Margesson）无情地镇压下去，很多知名的报纸都盲目地支持首相。下议院（the House of Commons）中的反对力量，还有工党（the Labour Party）以及广大人民群众都认为，要想赢得战争，就需要有一个更强有力的内阁。但是他们也知道，张伯伦先生是多么固执己见，他绝不会被人说服主动让位于一个精力更为充沛的领袖人物，除非在海上或者陆地上发生了什么骇人听闻的灾难，他才会被迫辞职。不管怎样，这都注定是一个悲剧。

在这期间，我与张伯伦政府的几位成员频繁见面，我记得一次晚餐后女士们都离开了，我们在餐厅里坐了很长时间，当时至少有三位部长在场，他们饶有兴致地谈起了古典教育的好处，其中两位对古希腊文化侃侃而谈，不禁令我肃然起敬。我从没见过张伯伦先生，但却见过他的夫人。那是在一次大型宴会上，被邀请的有外交人员，还有内阁成员。从样子上来看，张伯伦夫人就像是旧秩序时期（ancient regime）的一位法国侯爵夫人，同时，我做了自己感觉很贴切而有可能会让有些人觉得不是特别恰当的比喻：她特别像《爱丽丝漫游仙境》中的白色女王（the White Queen）。她对我非常恭敬，认为如果我更为努力，同时得到更为适合的题材，我将会在写作中取得更大的成就；她曾经读过我的《随意总结》（The Summing Up）一书，并且诚恳地邀请我有时间去唐宁街与她一起喝茶，这样她就可以详详细细地告诉我她对这本书的评价，但是我最终还是没有勇气前去打扰。

现在，张伯伦先生已经去世，在他去世后的一段时间里，各家媒体都发表了长长的悼文，盛赞他的品行。在我看来，这些文章都有些夸大其词，他其实执政能力一般，之所以能够坐上这样一个显赫的位置，只不过是因为他所属的党派压制了那些有能力且人格独立的杰出人士，所以，到了该选首相的时候，就只能选平庸之辈了。他的虚荣心很重，要想在他身边工作，首先必须跟他合得来，也就是说，他身边净是阿谀奉承之辈。他内阁中的多数成员资质和他一样平庸，唯一擅长的就是溜须拍马。战争开始后，人们逐渐意识到政府的重要作用，这已经变得非常明显。而他也意识到，工党的那些领袖不甘心在他的领导下工作。到了这个时候，如果他真的爱国，就该自己辞去首相职务，但是他过于自以为是，竟然相信自己有能力在国家危难时助其渡过难关。因此，正像我们大家都知道的，只是到了前面所提过的灾难发生后，他才极不情愿地被迫辞职。后人提起他，也许会认为他诚实善良，但更重要的是，他后期被自负冲昏了头脑，把党派利益凌驾于国家利益之上。由于他的无能和固执，这个国家被推向了毁灭的边缘。

我到达伦敦时，政府刚刚任命了一名新的情报大臣，上一位大臣是麦克米伦勋爵（Lord Macmillan），他是一位杰出的律师，但是由于公众和媒体的恶意批评而不得不辞职。取而代之是约翰·雷思爵士（Sir John Reith），他曾经当过英国广播公司的总监，并由此而闻名于世。他曾给我写过信，信中评价了我所写的一些文章，我在回信时告诉他，法国人听他们自己的广播时都心存疑虑，但是却倾向于相信我国广播中发送的内容。我颇为大胆地向他建议，一定要想方设法保持法国人民的这种信心。在我来看，只有尊重事实，对公众说真话，才能达到这一目的。我本以为他会对我的这种建议不屑一顾，没准儿还会厉声喝止，但他却非常有礼貌地告诉我，我的想法竟然与他出奇的一致。他在竭尽全力保证自己所做的事情不仅正确，而且明智。在人们心目中，约翰·雷思爵士是一名出色的管理者，但问题是，他过于冷酷无情，不仅控制欲超强，而且还有清教徒式的禁欲思想。他在英国广播公司工作时，下属每当谈及他如同暴君一般的管理方式和对员工私人生活的干涉，就会气不打一处来。但是，不得不说，他很适合掌管情报部，因为这里人员臃肿，很多人无所事事，而且与那些要依靠他们获取情报的记者经常发生龃龉。我很快就被他公事公办的作风吸引住了。我回到英国的当天中午，与他约见了一次，我来到接待室的桌子旁打了一声招呼，钟表打十二点铃的时候，有一位传令官招呼我进去，我走进部长办公室的一路上，钟声一直在响。

我已经对约翰·雷思爵士有了一些了解。我发现他的情绪极其不稳定，因为就在这一天，他当上了下议院的议员，并在一群虎视眈眈的高官面前发表了他的首场演说，既是作为议员，又是作为情报大臣。他非常精明，知道要是这些人手里有枪的话，没准会给他来一梭子，所以，他自己也有些心惊胆战。要是他在英国广播公司

（the B.B.C.）的下属们看到了这样的画面，一定乐不可支，因为在他们面前，他永远是一个面目狰狞的大块头暴君形象，这些下属在他面前都会双腿发抖，手足无措，而现在呢，他自己却面对着巨大的敌意和艰巨的任务而抖作一团。我们谈过一次话，主要讨论了在当前形势下我做什么工作能够发挥最大成效，由于他必须要准时赶到威斯敏斯特（Westminster），所以就找来了一位部门主管来安排我的工作。

21

我在英国待了三个月。这段时间里，我没少往情报部跑，这里的工作人员和巴黎情报部门一样，对来访者非常友好，只是他们内部充满了各种矛盾。这里鱼龙混杂，各色人等都可以在这里找到一个职位，有小说家、律师、艺术专家、广告经纪人、一些贵族、出版经纪人，另外还有几位女士，在我与她们接触的有限时间内，我倒是没有发现她们有一些什么特别的资历。有些人在这里工作是因为他们想尽其所能帮助国家打赢这场战争，而有些人则是因为战争剥夺了他们本来的谋生手段。

在我看来，最缺人手的工作就是记者。在记者这一行，同行是实实在在的冤家，就像在其他政府部门一样，这里是施展阴谋诡计的好地方。一个人要想在这里站稳脚跟，就要时刻保持头脑清醒，随机应变，才能保证自己的职位不被别人抢走。一位记者刚才还在紧张忙碌，没准下一刻就会接到被辞退的通知。这里的职位就是这样没有保障，而这与个人的办事能力和工作效率似乎关系不大。那些特别勤奋的人为了证明自己能干，会敲打出一摞一摞的稿件，但是这些稿子交上去之后，有的还没有读就被扔进了废纸篓。而那些精明人发现，能保证不犯任何错误的方式就是什么都不干。于是他们有计划有系统地抵制或者说忽略任何需要他们行动的建议。有一个部门的长官就用这种方式把持他那个职位长达一年之久，而且收入丰厚。但最终结果是，由于这些人的无所事事，情报部本来应该及时向公众传播有关战争进展的最新消息，但现在却几乎完全没有发挥这方面的作用。那些在作战办公室、海军部和空军部的高官不能认识到公众对局势应该拥有知情权，他们封锁新闻，拍摄的照片也不允许发表，结果是外国媒体被迫从德国获取一些支离破碎的信息，当然这样的消息难保不歪曲事实。

我的文章已经引起了极大的关注，于是决定做成小册子向公众出售，只需花六便士就可以买一本。这本小书出版后引起了极大的反响，两天之内第一版印的4万册就销售一空，一个月内就卖出了10万册。这出乎每个人的意料，当然也包括我。与此同时，我也在寻找其他可做的事，情报部门的人们都觉得我可以派上更大的用场，但是却想不出具体应该采用什么方式。我就像马戏团里的一只多才多艺的狗，观众们都很喜欢我的表演，但是我的表演和整个节目的风格却又不太吻合。等待任务的日子实在难熬，我这会儿也没有心情写小说，于是便开始研究艾德蒙·伯克（Edmund Burke）的写作风格，聊以打发时日。我读过他的大部分作品，也看过几本关于他的传记。他的性格反复无常，有时高傲至极，有时又猥琐卑微;他暴躁易怒,虚荣心又特别强。这种多重人格正是他的魅力所在,引起了我极大的兴趣。我想写一篇长文,详尽论述他的个性和作品,但这是一项宏大的工程,此时进行仿佛不太合适。于是我写出来一篇短文,论述他的语言技巧,聊以自慰。随后情报部里面不知哪一位灵光乍现,说可以让我写一些关于英国的文章,就像我写过的关于法国的文章一样。我不太喜欢这种想法,因为在我看来,这其实是在重复我以前做过的事情,但是我现在对各种任务都来者不拒,因为对我个人来说,我可以实地考察一些英国我所不太了解的地方,借机接触一些不同类型的英国人。随后,我开始去各处申办各种必要的许可证,但这看起来不像在法国那样简单。在法国,人们把我看成是杰出的英国作家,所以会尽可能地提供各种方便,而在英国,我只不过是一根该死的笔杆子,整天晃来晃去干扰人们的生活。

我接受的第一份工作是写一篇与舰船有关的文章。在这一时期,海面上活跃着很多小型舰船,其中包括小型舰队、拖网渔船、扫雷舰和导航灯船,之所以让我写这样的文章,是因为政府部门意识到,公众的注意力应该集中在这些冒着生命危险没日没夜为国家默默工作的人们。我不太喜欢大海,但却是位好的水手,尽管我知道我会对出海这事儿心存恐惧,但可以确定的是我不会晕船,于是在内心深处我还是蛮期待这次的冒险经历。不幸的是,等一切都安排妥当了,却赶上纳粹德国入侵挪威,整个时局瞬间改变,军队的首脑们都在为即将到来的战争而紧张忙碌,无暇顾及我这样一根无足轻重的笔杆子了。

最终，我又回到了法国，去做我更为擅长的事。一方面，我要继续写文章，对当地情况进行深入报道，文章会发表在一份发行量巨大的画报上；另一方面，我要从法国发回一些政府所关心的秘密报道，当然，公众对此没有知情权。我在法国人脉很广，我认识的很多人都称得上是消息灵通人士，而且我对很多相关部门也很熟悉，这让我很有自信，觉得完成这样的任务易如反掌。我乘飞机返回了巴黎，这次乘坐的是一架大型客机，但是我在那里待了还不到一周，德国就侵入了比利时与荷兰，原定计划也就泡汤了。

22

我回到法国南部的家中，期待着几周内事情可以安顿下来，然后我就可以返回巴黎工作。里韦艾拉一片寂静，天气很好。我们得到许可，将莎拉号带回了位于自由城（Villefranche）的停泊地点。有关部门不允许我们乘船外出，但我们可以经常去船上享用午餐，然后在防波堤的尽头洗澡。我有一长条的花园地带，当时一直荒废着，我觉得在这个地方种一些球茎植物挺不错的，正好我的那些园丁无事可做，就把这项工作派给了他们。我热切期待着五彩缤纷的鲜花开满整个花园的那一刻，所以对他们的工作进度很关心。在昂提波，有一个专门贩卖球茎植物的商人，他赶过来与我一起商讨我的计划。当然，现在已经不可能去荷兰找郁金香了，但是他却可以给我提供了数量众多的水仙花、黄水仙、鸢尾花等等。我在各处都有一些海芋，我打算把它们也移植过来。我预定了将近两万株球茎类植物，它们到九月份就可以如期而至。

战况不容乐观，但我却并不害怕，我亲眼见过法国军队的实力，也接触过那些聪明、勇敢且一心为国的军官。色当（Sedan）很快被攻陷，很让人感到困惑，也同样让人失望，但是很快甘末林（Gamelin）就被撤职了，魏刚取代了他的位置。我觉得一切都会好转起来。我在巴黎的朋友们给我写信说，局势很严峻，但却不用恐慌，我们注定可以胜利。邮件的送达也开始不规律起来，英国报纸要么会迟到很多天，要么根本来不了。比利时军队投降了，当然，投降是有条件的，而英国远征军在敦刻尔克撤退时损失惨重，各种军备物资都丢在了海岸上，这对我们这些住在法国南部的人来说震动很大，但却没有击溃我们的信心。我们对魏刚信心满满，相信他一定可以扭转局势。不久，我接到英国大使馆发来的一封信，里面装着很多早该到我手里的报纸。这时我第一次意识到，巴黎可能保不住了。紧接着传来消息，政府流亡到了图尔（Tours），德国军队开进了巴黎，此后从英国到法国北部就再也没有什么新的消息，而收音机里却在反复强调，魏刚正在进行战略撤退，一旦时机成熟，他们会马上反击，把侵略者赶出去。我们对此深信不疑，我们相信他会在恩纳河（the Aisne）、索姆河（the Somme）以及卢瓦河（the Loire）附近集结军队。后来政府逃到了波尔多（Bordeaux）。就算到了这个时候，人们还是没有慌乱，他们依然相信法国军队不可战胜。直到我听收音机里讲政府正在频繁召开内阁会议，我才意识到形势不妙，我跟朋友们说我觉得法国人会马上请求停战，他们却都笑我太悲观。

最终结果一出来，着实令人猝不及防、目瞪口呆。雷诺下台了，贝当成为了政府首脑。那天早晨，空气清新，阳光明媚，我们却听着收音机里沉痛而又让人肝肠寸断的声音。老将军在对法国民众发表的演讲中指出，我们现在只能请求媾和。空空荡荡的蓝色大海异常安静，泪水涌出了我们的眼眶，从脸颊上滚落下来。我下楼走到园丁的住处，把这个惊人的消息告诉了他。他和妻子正围坐在小圆桌旁吃早餐，桌子上铺着有方格图案的油布，每个人手里端着一碗牛奶咖啡，还有一大块面包。在一个盘子里放着一块黄油，另一个盘子里是一些水果。听到我的话，园丁放下了手里的咖啡，双手捂住脸痛哭起来，他的妻子是一位45岁的肥胖女人，一听到这消息就大声哭喊起来，泪水从脸颊上流了下来。

"丢死个人了！"园丁嘟囔着说，"丢死个人了！"

园丁抬起脸来，他的脸因为悲伤已经扭曲变形。

"丢死个人了！"他抽泣着，然后握紧拳头，高声大喊，"他们背叛了我们，我们被出卖了！"

约瑟芬哭得很伤心。

"可怜的法国。"她用法语低声说道。

等他们平静下来后，我说出了不得不说的话，尽管知道他们会非常不情愿。我们都知道，意大利人随时可能杀到这里。就像里韦艾拉的所有法国人一样，弗朗索瓦（Francois）对意大利人怀有深深的敌意，由于他对在我这里工作的意大利人（其中包括仆人和园丁）的恐吓言行，我曾经不止一次的警告过他。可他这个人就是屡教不改。他曾经对这里的园丁说过，如果他有枪的话，他会打死这里所有的意大利人。那些园丁脸色铁青，一语不发。要是马上有一支意大利军队开进来，真不知道他会受到什么对待。他在这里的山区有一处小房子，我建议他赶紧带上妻子开车去那里躲一躲，看看事态会怎么发展。

现在，我该考虑考虑自己下一步该怎么办了。一旦意大利人占领里韦艾拉，他们很可能囚禁这里所有的英国公民。戈贝尔（Goebbels）在广播中提到了我写的《一个英国间谍》（Ashenden）这本书，这是根据我在一战中的经历写成的。我把一些事实巧妙地做了戏剧性安排，以使其更具备小说的特点，但是德国的媒体宣传人员把这些当了真，并据此猛烈攻击英国对待间谍活动的方式，同时含沙射影指向我，所以我觉得，我在意大利人手里会比在戈贝尔的同胞手里日子会好过一些。不管怎么说，就算我被投进了意大利人修建的拘留营，也不会有什么好下场。我开车来到位于尼斯的英国领事馆，发现那里有一群神色慌张的人们正在向领事咨询最新的战况。总领事身材高大、四肢柔软灵活，看起来平易近人，但精力却不是特别旺盛，尽管人们围着他就最新消息纠缠不休，他依然显得漫不经心。他用慵懒无力的声音慢吞吞地告诉我们：现在的英国大使馆已经随法国政府搬到了波尔多，他也在热切地等待英国大使馆的消息，以便采取措施使英国公民安全地离开法国。

我驱车回到了费拉海角，整个下午都在等着从领事馆传来的消息，可惜啥也没有，每次打电话都占线。到了下午五点半，我实在等得不耐烦了，便回到了尼斯（Nice）。刚回到尼斯，就接到了领事打来的电话，告诉我说，他刚刚接到大使馆下达的命令，所有的英国公民都要离开，会有两艘运煤船把我们带走。这两艘船刚刚在马赛把货物卸了下来，她们本来是要去阿尔及利亚的伯恩（Bone），现在被临时征用。两艘船现在正停靠在戛纳，明早八点我们要在码头集合，等待上船。我们不能带太多的随身物品，但可以带一个手提箱、一条毛毯和可供三天的饮食。我知道地中海里有意大利的潜艇，便问领事会不会有护卫舰，他说希望会有，但现在还不确定。不管怎么说，这是最后的离开机会，如果不抓住机会的话，政府就撒手不管了。这两艘运煤船都不足四千吨，有人希望不管是在奥兰（Oran）还是在直布罗陀（Gibraltar），海军部能够给我们派一艘班轮，领事要求我去劝说我家附近的英国公民赶快抓住机会坐船离开，并给他们提供必要的帮助和建议，于是我就出发了。

一路走来，我才发现，有些人还真是劝不动，他们不想离开自己现在的家。有两位英国人已经在里韦艾拉长期定居，他们在英国没有亲戚朋友，不知道自己回到英国后该住在哪里。还有些人一想到长途跋涉就心生畏惧，有人直截了当地问我：我们安全到达英国的几率有多大。实话实说，我觉得只有一半的可能，但我随即指出，如果继续待在这里，很可能被关押起来，那样的话不但搞不到钱，连吃的都不一定够。我让他们自己考虑，要不要冒险回国，然后我就回家了。

尽管我在与他们交谈时尽量地做到客观公正，但是我依然能够意识到，自己还是掺杂了一些个人意见，力劝他们回国。我下定决心，一定不能被敌人关押起来。我岁数太大了，经受不了这样的折磨，我宁可自杀，也不愿死在战俘营中。另一方面，意大利人有可能会让我待在别墅里，但我肯定不能使用电话，也不能与朋友们来往，也就是说，我被软禁了起来。战争很可能持续很长时间（我当时还不知道外面已经在猜测，英国在几周内就会沦陷，对我来说，这是根本不可能的），假如三四年我都这样被软禁着，生活空虚无聊，自己的存在也毫无意义，对此我实在没有做好心理准备。我宁愿逃离这个世界，因为它已经不能带给我任何乐趣。白天的活动把我搞得很累，于是我去花园里散散步，也许是平生最后一次，假如我走了，这里的景色我就再也看不到了。我再次扪心自问，是否有必要冒这个险，踏上一段未知的旅程。有一次我在婆罗洲（Borneo）[①]差点溺水，从此以后，我就对溺水而死怀有一种莫名的恐惧。之所以说是莫名，是因为当时我用尽全身的力气好让自己能漂在水面上，这当然是本能的反应。可真正做起来也很累人，于是当时不知怎地有一个想法，还不如死了算了。我现在已经不再害怕死亡，因为，我的年岁也不小了，在我想做的各种事情中，我做得也都不错，以后的日子里，我只能无奈地面对自己体力和智力的衰退，感受越来越深的就是想要享受生活但却力不从心。我当时正在犹豫有没有必要努力抗争一下，还是更为理智点儿，就到此为止。楼上的卧室里有

---

① 加里曼丹岛（Kalimantan Island），也译作婆罗洲（Borneo），是世界第三大岛。位于东南亚马来群岛中部，西部为苏门答腊岛，南部为爪哇岛，东为苏拉威西岛，南临爪哇海，北临南中国海。

一小罐安眠药，我知道它将给我带来必要的解脱，但是从另一方面来讲，还有一半的机会我是能够继续活下去的。我知道，假如我死了，会有几个喜欢我的人感到伤心难过。我还有许多书想写，我还想再多享受几年。在忙碌了一整天之后，我可以舒舒服服地坐在摇椅上，享受这看起来有些奢侈的闲暇时光，而内心不必带有任何负罪感。我在过去的岁月中已经忍受了不少痛苦，就是被淹死，那痛苦也不过是几分钟的事，于是我下定决心，就算是再大的风险，我也要努力去冒一冒。

23

我们匆匆吃过了晚餐,席间我们讨论了一下将来的计划,最后决定由那位美国公民杰拉德留下来照看我别墅里比较值钱的东西。尽管我也没什么价值连城的宝贝,但确实有些东西因为年深日久在一起的时间长了,也就慢慢培养出了感情,看着别墅里这些东西,几乎每一件都可以唤起我在某个遥远的国家幸福快乐的回忆,那里有我的青春时光。随着时间的流逝,它们都抹上了浪漫的色彩。当然,这里面也会有故事,因为每一件宝物的得来都是机缘巧合。房间里的一些家具和艺术品也让我觉得难舍难分,但是它们实在不便于搬运,而且,尽管与它们感情很深,但在我心目中它们也并非不可替代。

我还搜集了很多画作,它们本来分散在世界各地,把它们搜集在一起也确实花费了我不少时间与财力。在十八世纪末十九世纪初,英国有一种时尚,那就是为喜欢的演员画肖像,而且背景就是他们曾经出演过的作品。很多画家都画过此类作品,其中有名的是出生在威尼斯的佐法尼（Zoffany）以及荷兰人德维尔德（DeWilde）。我买第一幅此类作品是在三十年前了，因为我是一位剧作家，那张画儿也确实漂亮，此后我就开始有意识地收集这种作品。当时，没有多少人在意这类作品，所以我买的时候价钱很便宜，一英镑或者三十先令就能买一张。我还花十九英镑买了一张佐法尼最好的剧场画作，它原本属于亨利·欧文（Henry Irving），很多年来一直挂在兰心剧院（the Lyceum Theatre）的演员休息室里。后来这种画的价格逐渐上涨，但只要在市场上看到了，我还是会忍不住买下来，现在我大约有40张油画，水彩画的数量也大概差不多。在伦敦的加里克俱乐部（the Garrick Club）有很多此类剧场画的精品，但我所收集的是私人手中最棒的，现在我们不可能把所有的画都藏起来，所以我选择了其中最好的十几张，和吉拉德商量着怎样把它们放在一个相对安全的地方。

我前面提过，我花了很长的时间来选编一部文集，现在想到要把它们扔在这儿，就觉得很可惜，但是它实在是一个大部头，搬运起来很不方便。不过我也不是特别在意，因为这项工作虽然无聊，但却可以从头再来。而我绝对不可以丢下的是我那些笔记本。我从18岁开始断断续续地写日记，到现在也没有间断。这可是我的一笔很大的财富，没有它们，我的很多书都无法完成。我一有相对较长的空暇时间，就会把这些笔记本上的内容精选一些打印出来，现在已经有厚厚的两大本了，我希望有一天能够把这些出版。我已经销毁了原始的笔记，所以，如果打印稿再丢了，那简直是天大的损失。

杰拉德告诉我，他可以把这些笔记本都藏在船上，我们希望，船头的美国国旗能够起到保护作用。但我当时不知道的是，美国领事馆已经接到了美国国务院的命令，告诉他们，不管美国财物被抢还是被毁，他们都不得参与。

我上楼去书房里拿了一些报纸，看到那张书桌，我不禁心情沉重起来。很多年来，这张书桌陪我度过了不少欢乐时光。我又看了一眼墙上那幅高更的画，这是很多年前我从大溪地（Tahiti）隐藏在蓬蒿之中的当地人的破旧小屋里买来的。我又看了一眼靠在墙边的书架，上面密密麻麻地摆满了各类书籍，这些书不能说话，但我能感觉到它们责难的眼神，因为我就要离它们而去。我现在要选几本在路上读，一时之间还真有点儿犹豫不决，因为它们不能占太大的空间。最终，我选择了柏拉图的《苏格拉底受审始末》（Trial and Death of Socrates）、萨克雷的《艾斯孟德》（Esmond）和夏洛特·勃朗特的《维莱特》（Villette）。后面是两本长篇小说，读起来颇能消磨时光，而且我确实很多年都没有读过它们了。

我的书房在顶层，我走出来，锁上门，又看了一眼下面深色调的地中海海面。然后我下楼去卧室收拾行李。我只能带一个包，所以到底该往里面放些什么，这让我颇费踌躇。我想亚麻布的衣服在哪里都可以买到，而套装制作起来耗时比较长，所以我只拿了感觉够用的亚麻布衣物，而套装却拿了不少。有一件新做的燕尾服，我没办法拿着，这让我很心疼，但我想，也许以后再也用不到这种晚礼服了。关于拿不拿那件晚餐用的夹克我也犹豫了半天，但最终还是把它塞进了皮箱里。我从床上拽下一条毯子来，还有一个枕头，随后我去厨房查看我这三天所要带的饮食，厨师还有妮娜（就是那位特别善于勾人的女仆）都已经哭得不成样子了。我是突然之间做出离开决定的，但是发现家里并没有多少食品可以带到路上享用。我们发现了三四罐腌制的牛肉粒，还有半打儿沙丁鱼。走之前我还要去拜望一位年老的英国医生，他退休后就和妻子住在圣让村（St Jean）的一所小房子里。我去看他的时候，他对我说，只要有糖，人的生命就可以维持很长时间，于是我又在箱子里放了三盒方糖，每盒大约两磅重，我还放了一磅茶叶、几袋空心粉、一罐酸果酱和一大块面包。杰拉德问我要不要带一瓶杜松子酒或者白兰地，我说不需要。到底需要什么，上路之后才知道，我们这些人没一个想到，路上真正需要的还有开罐器、盘子、刀叉、杯子和毛巾，这些最有用的东西反而都被忽略了。

我已经准备好了，随后决定当晚去戛纳，以防止第二天早上警察会关闭道路。不管怎么说，我都不愿在自己的房子里过夜了。我做准备时的动静不是很大，以至于厄尔达（Erda）——我的一只腊肠犬，都没有意识到有什么反常情况。它晚上的大部分时间会待在花园里，和野猫追来追去，我对仆人们说，要是我们被迫放弃这所房子的话，那先要把这条狗杀了。说到这里，我的喉咙里好像塞上了什么东西。车开动了，没有人说话，我的情绪特别低落。没过几英里就看到一只灯笼向我挥舞，于是我们就停下来，让巡逻队检查我的证件。有一次停车后，一名巡逻士兵问我们可不可以带一位英国妇女一起走。这位女士也是明早上船回英国，但她却没有办法去戛纳。我们说当然没有问题，我们很乐意，于是有一个女孩钻进了车里。她带着一个帆布背包，还有一条猎犬。我递给她一支烟，为她点烟的时候我看了一眼。她身材不高，体型粗壮，面容倒是还不错，却有着一头乱蓬蓬的浅发。她神情忧郁，一脸惊惧。她父亲是英国人，现在已经过世了，母亲是荷兰人，现在住在位于卡涅（Cagnes）的一所小房子里。一小时前，她刚刚听说英国公民都要离开这里。我跟她说，恐怕船上不允许带狗。

"我不能扔下它不管！"她一脸的怒气。

我问她为什么要走，她说她已经和一位荷兰小伙子订婚，要是待在法国的话，她可能很多年都见不到她的未婚夫。但其实她现在也不知道自己的未婚夫在哪儿，她现在能想到的是先去爪哇岛（Java），因为那里有她的亲戚。快到戛纳时，我问她要去住哪个旅馆，她说她想在沙滩上过夜。我猜想她可能住不起旅馆，就问她身上有没有带钱，她的回答很肯定。

"我的钱足够使，到前面让我下车就行。"

下车时，她连声谢谢都没有说，就缓慢吃力地走进了黑暗中。后来，我们在船上见到了她，她竟然真的把狗带上了船，因为有一名军官把自己的小包间让给了她。她穿着自己那身衣服在甲板上走来走去，皱着眉头，一副不高兴的样子。她自己没有带吃的，有好心人会把吃的给她。她身上也没带钱，别人会把钱硬塞在她手里，接钱的时候，她经常会耸耸肩，一脸怒气。有人告诉她，到达英国后她的狗要被隔离，她每周还需要支付十先令的隔离费用。

"一周十先令？我哪儿来那么多钱？！"她气急败坏地说。

有几位好心的女士聚在一起，帮她凑够了这笔钱。她恨恨地把钱接了过来，连句表示感谢的话都没有。我从没有见过哪个女孩能够如此善于讲述自己的悲催身世，而又对别人的帮助不知感激。

一走进卡尔顿酒店（Carlton Hotel），就能感觉到这里与众不同。这是戛纳最有人气的酒店，现在灯火通明，人头攒动。人们都穿着晚礼服，有些人已经喝得醉醺醺的了。这个地方给人的感觉是群魔乱舞，有一种末世狂欢的感觉。人们来自各个国家，有的想留在这里，有的则急于逃离。谣言满天飞，有人说德国人会在四十八小时之内打进来。第二天早晨我走到码头上，那两艘运煤船已经在浅水湾等着我们了。

24

码头上已经聚集了不少人，人们还在向这里聚拢，等到开船时，一共聚集了1300人。不同阶层的人们密密麻麻地混在一起，等着从海关通过。即使在这样的危机时刻，法国人也不会变通他们的规则，我们只得从穿着制服的粗壮女人身边走过，他们会在我们少得可怜的行李上留下粉笔的印迹。很多人身体特别虚弱，有些人是从医院里被直接带来的，所以病情还很严重，只能躺在担架上。但这些可怜的人们还得被带回去，因为不可能把他们抬上船，在船上也没人能照顾他们。还有一些老人、退伍士兵、印度贫民和他们的妻子，这些人为国家工作了很多年，现在来到里韦艾拉定居，因为这里气候宜人，生活开支也比较低。还有很多人本来在这里经商，这些人是最可怜的，因为他们要把自己半生创立的产业留在这里，只身一人一无所有地回到英国。其中还有年老的家庭教师、英语老师、汽车司机和管家，甚至还有几位青年工人，他们本来是被派到这里为法国政府做机械工作的，他们的工头拒绝离开，因为再有几天就可以完工了。要是把个烂尾楼丢在这里，他实在感觉良心上过不去。

从我来到码头到登上船，中间一共用了四个小时，很多人直到下午才挤上船。有一位可怜的女士由于高温不幸去世了。我们的船叫作"盐场大门"（the Saltersgate），上面一共有五百人，而他的姊妹船叫作"顶级灰尘"（the Ashcrest），上面有八百人。船上的工作人员花了不少时间想把船打扫干净，可是在铁质的甲板上和每一条洞穴、每一条裂缝里都有厚厚的煤灰，有人告诉我，要从第一个小门进去，门下边的底层舱就是我们的活动区域，至少在到达直布罗陀（Gilbraltar）之前是这样。船在傍晚开动了，第二天到了马赛，当晚我就睡在甲板上。黎明时分，甲板上出奇的冷，于是我又回到了船舱里。铁质的甲板异常坚硬，我把毯子铺在大衣下面，但也用处不大。我侧身躺着入睡，醒来的时候，这边的屁股又酸又麻，于是我翻个身再次入睡，醒来时又酸又麻的变成了另一边的屁股，于是我想平躺着睡，可是这样的姿势让我根本睡不着。底仓一共有七十八个人，有一个小梯子可以通向外面，我忍不住想，要是发生点什么意外，我们根本就跑不出去。到达马赛后，有一艘法国护卫舰开始为我们护航。我们在水面上滞留了一整天，根本不许我们上岸，之后我们前往奥兰（Oran）。

对我们大部分人来说，船上的情况都是以前没有遇到过的，所以在船上待了一整天后，我们才逐渐适应过来。有一位女士上船后告诉负责的军官说，她必须坐头等舱，而另一位女士叫过船上的工作人员（工作人员只有一位）来，问他娱乐室在什么地方。

"我亲爱的女士，在这艘船上，哪儿都可以娱乐。"他的回答倒是很风趣幽默。

还有一位女士，她猛然间发现自己喝的水来自于船上的水泵，便惊恐万状地大呼小叫，说她这辈子从没喝过自来水。不过这样的人终究是少数，绝大部分人面对这样极端的情况都会尽自己所能让船上的日子好过一点。一开始确实有一些混乱，但要知道我们都是英国人，虽然沉闷无趣，但却非常务实。很快，我们就把事情基本摆平了。每个船舱里都选了一位管理员来维持秩序，他们的工作是监督在夜间有没有人吸烟，同时保持船舱的卫生。我们极度缺乏饮用水，于是定下了一个时间，规定只能在这段时间内来取水。喝水的问题解决了，但洗漱问题就更难了。所以，一般一盆洗脸水基本上得有五十到一百人用过，到最后上面会漂着一层肥皂沫，但这也实在没办法。你的手上、脸上和衣服上都是黑黑的煤灰，不管水多脏，你还是会去洗一把的。大部分男人都能想到办法自己刮胡子，而女人的脸也相对干净，她们总能找到什么膏、什么露之类的抹在脸上，不管是自己的还是借用别人的。但是我们无法可想的就是这双手，它们总是覆盖着灰尘，你就别想穿什么干净衬衫，过不了两三个小时就跟连穿一周没有什么区别了，不过这也不完全是坏事，因为接下来你就可以心平气和地连着穿上一周了。对于这种肮脏的环境，我们除了忍受就只有自嘲了。

船上有些人一贫如洗，根本买不起吃的，而有些人上船前根本不知道要带吃的，于是船方告诉我们这些有东西吃的人，尽量不要去动船上的食品供给，但是我们所有人带的食品也只能维持三天，实践证明，这次旅程要比我们预想的长得多。三天之后，我们只能排着队去领配额食品了。所以，三天后，我们大家的日子过得比较统一，因为我们的大部分时间都要花在排队上。在炎炎烈日下排队的滋味我想你能懂得，而且甲板是铁质的，这更是火上浇油，温度让人难以忍受。船上的食品供给也开始供不应求了，于是每天我们的配额都在减少，一般是一小块儿咸牛肉加四块儿甜饼干，或者一小块儿姜汁面包，这就是中餐和晚餐的供给。但是单单排队的时间就需要一个多小时，这段时间，我们真是尝到了饥肠辘辘的感觉。有一次排队时，我听到有一位女士声情并茂地说："我这辈子再也不要减肥了！"

看这些女士们排队，这个景观很是诡异，她们的手脏得够呛，拿着个盘子或者空罐子，但手指上还戴着戒指，脖子上还挂着珍珠项链。她们戴这些东西倒不是为了摆谱儿或者炫富，而是确实没有其他地方可以放。为了打水，空瓶子成了抢手的好东西，要是谁有个空的酱罐子，那就跟得了宝贝似的，你可以拿它当杯子，也能用来装吃的。在这里，我学会了如何用桶底的一品脱水来给自己洗个澡。我只有一条毛巾，还是一位好心的女士借给我的，一周后它就黑得跟农村的锅底一样了。

我前面提到过，我的一位邻居是已经退休的医生，他现在也在船上。我们知道，意大利人有不少艘潜艇在附近，他们只要一有机会就会向我们发射鱼雷。船上有一个瞭望台，上面的巡视员日夜不休地在上面巡逻。船上还有一门大炮，当然配备了一名炮手，炮手是一个活泼开朗的小伙子，他跟我们说，只要一有机会，他们就会向敌人的潜艇打上几炮。船上有救生艇，但也只够装下38名船员，其他的就什么都没有了，既没有小木筏，也没有救生带。很明显，要是我们的船被鱼雷击中，船上的五百多人全都会被淹死。我已经下定决心，要真出现那种情况，我绝不会拼命自救，一死了之最好。于是，我问那位医生朋友，怎么死能把痛苦减少到最低限度。

他说："千万不要挣扎，张开嘴使劲喝水，水一旦冲进你的喉咙，就会让你在不到一分钟之内失去意识。"

我打算到时就听他的，我觉得自己连一分钟都用不了就能给自己一个了断。开船后三天内，我们在海面上没看到过什么，有时偶尔会看到几只海豚。一旦遇到潜艇，船上就会有警报发出，护送我们的驱逐舰赶紧扔下深海炸弹。这时，乘客们都会聚到一起看热闹，这时候，他们更多的是感兴趣，已经完全忘记了什么叫害怕。等一切结束后，我看见有位女士拿着一小包湿衣服从我身边走过，便问她里面装的是什么。

她掩饰不住心中的喜悦："我趁乱搞到一点儿水，洗洗我的脏衣服。"

驱逐舰在我们周围转了一个小时，但已经没有了潜艇的迹象。我们的姊妹舰"顶级灰尘"（the Ashcrest）不像我们那么幸运，她的引擎出了问题，只得返回法国港口修理。在港口上，她们补充了食物供给，但由于维修耽误了一些时间，她在开船出来的时候就没有驱逐舰的保护了。船上的巡逻人员发现了一艘近在咫尺的意大利潜艇，但由于这是在西班牙水域，船长禁止炮手采取行动，可潜艇的指挥官不管这一套，他向船只开了火，炮手随后还击，没过多久，潜艇就不见了。乘客被要求躲进底舱，当"顶级灰尘"放出烟雾弹以遮蔽人们的视线时，他们以为船着火了，因为烟已经透进了底舱，大家静静地等待着，一言不发。

25

每一天都变得越来越长，人们的精神压力也越来越大。一天早晨，一位矮个子司机突然开始胡言乱语，并且还想着跳到海里去。他的脸色铁灰，眼神狂暴而迷茫。两三个人抓住了他，把他带进了一位军官的小格子间，然后由志愿者们轮流看管。前一天下午，我看到一位女士也流露出极度不安的迹象，我上前想去安慰她一下，她便开始浑身颤抖，抬着头四处乱看，好像是在寻找敌人的飞机，然后尖叫了一声摔倒在甲板上。

出现精神错乱的一共有四个人，其中一个以前是位军官，四十多岁的年纪，我认为他神志不清的主要原因是没有酒喝。他倒也没干什么让人不舒服的事情，只是穿着自己随身带的一些很打眼的衣服在船上溜来溜去。有一天，他在胸前挂满了很多小纸片儿，原来这都是用报纸做成的，似乎用来象征他以前的军衔和战功，还拿了一个军官用的轻便短手杖，仔细一看，才看出来那是一把折叠起来的遮阳伞。他走到一群坐在舷墙上的人们中间，对他们说：

"你的纽扣根本就没有擦亮,太不像话了!"

然后他转过身去,似乎在对一个假想的下级咆哮,大致的意思是好多士兵都没有出来,这他妈到底是怎么回事儿。还有一次,他身上裹着一条毯子,显然是把自己看成了一位阿拉伯酋长,然后傲然挺立在自己的堡垒上,巡视着眼前的沙漠,仿佛在等待敌方部落的袭击。随后,他高声叫道:"让他们都来吧,我们毫无畏惧!"还有一次,他又变成了一位贵族女士的随从,当有位女士从甲板上站起来要换个座位的时候,他会忙不迭地帮人家拿着正在编织的衣物,当这位女士坐下时,他又会像古代的绅士一样帮人家铺好坐垫。我想,他是船上最快活的人,因为他一直生活在自己幻想的世界里。到达直布罗陀(Gilbraltar)后,他搞到了一瓶威士忌,这对他来说不知是好事还是坏事,因为喝了几口之后,他很快就恢复了理智,像从前一样再次融入了无聊的现实世界。

但他还不是船上最奇怪的人,最奇怪者是我在费拉海角(Cap Ferrat)的一个邻居家里的大管家。那个人的奇怪之处在于,如果有人跟他说他的举止很反常,他会惊恐万状。当时,我可是花了很长时间才劝他跟我们一起回英国。他个子很高,花白头发,瘦长脸,举止庄重,看起来和蔼可亲,但又很容易让人产生距离感。因为我是他家女主人的朋友,所以他感觉对待我就应该像我正在他们家做客一样。破晓时分,他给我端来了一杯茶,然后就开始帮我清理沾满了煤灰的衣服,然后呢,又开始帮我擦鞋。看到他这样的举动,我也尽量装得若无其事。尽管我们都是在甲板上用餐,他却一直在我身边服侍着，就好像我在他主人家参加晚宴一样。他完全沉浸在自己的世界里，没有什么能够打扰他。在我们遇到意大利潜艇的那天下午，他的女主人正和我站在一起，她打算看一眼船上的潜望镜。这时，他走到女主人跟前，对她说道

"夫人，您现在需要喝茶吗？还是等事态平息下来我再给您端来？"

他的衣服和我们的一样脏，指甲缝里也塞满了煤灰，但是他的举止却给人一种干净整洁的印象。我想让他告诉我对意大利潜艇袭击我们有什么看法，但是他非常了解自己的身份，所以不想对我袒露真心。

"先生，他们这群人很有意思，我们以前从没有接触过这样的人。"这就是我能得到的最坦诚的回答了。

我不知道他晚上在哪儿睡觉。有一次我问他有没有足够的食物，他很礼貌地回答了我，仿佛是在说这不关我的事。

"先生，我没什么可抱怨的。"

我不知道他是否想过，每晚我们去睡觉的时候，生死的几率都是一半一半，不知道什么时候，我们就会葬身海底。在他心目中，这艘拥挤破烂的船就是他的女主人那井井有条、秩序井然的豪宅，我们看不到他对此有任何的怀疑。不管是从言词还是表情，自始至终他都表现得从容不迫，彬彬有礼而又不显得卑躬屈膝。他精神专注，风趣幽默，仪态端庄，偶尔又对自己看不惯的事冷嘲热讽。

船上还有一位八十多岁的女士，她本不想离开自己的家，但在

女儿女婿的劝说下不得不上了船。她确实不适合旅行，让她登上这艘船是一件很残忍的事情，很明显，她的女儿和女婿把这看成了是永远摆脱她的天赐良机。极度的惊吓以及长途跋涉的劳累已经把她打垮，她变得十分脆弱，整天做的事情就是用颤抖的双手梳理头上稀疏的白发，如果她在船上死去，那也不足为奇。船上的小诊所里只有三张床位，有一张已经被一名年轻男子占据，他由于小儿麻痹症而双腿残疾，不可能在船舱与甲板间爬来爬去。开船前两天，他娶了一位年轻漂亮、温柔又能干的女孩为妻，这位女孩儿以前就是他的护士。刚才提到的那位老太太也被送进了这个小诊所，小两口儿便开始照顾她，别忘了，这本该是两人的蜜月期，但是没有人的蜜月比他们的更凄惨了。他们和那位老太太同处一室，而老太太已经奄奄一息，随后老太太就真的去世了。水手们用一件长袍为她做了寿衣，午夜时分就为她下葬了。有一位牧师为她读了一段悼文，新结婚的小两口是主要的送葬者，在那可怜的尸体被扔到海里的那一刻，船停了一分钟，但是并不像你想象的那样在向死者表示哀悼。唉，当时没有这个时间。他们怕的是，如果马上开船，尸体有可能会被卷进螺旋桨里。

在海上航行了五天后，我们被告知将会在阿尔及利亚（Algeria）的奥兰着陆，等待来自直布罗陀的命令。我们希望会有一艘更合适的船过来接我们，"盐场大门"的船长其实很不愿意拉着我们。乘客们都疲惫至极，有一些老人只不过是在苟延残喘，这样的折磨我们已经无法再忍受了。本来在轮船医院的床铺上躺着的是一位年老的寡妇，但她的位置很快被一位癌症晚期的女士取代了，她躺在那里，十分安静，没有呻吟，也没有抱怨，她唯一的希望就是不要死在路上，而是能够回到英国再去世。

船上的情况非常糟糕，食品严重短缺，现有的食品也难以下咽。厕所本来是给三十八名船员准备的，现在船上的五百多人却要共用这为数不多的几个蹲位。

一想到有可能着陆，我们的情况会得到改善，大家都情绪高涨。但是，到达港口后，我们被告知不许上岸，大家的心情又马上跌入低谷。那天早晨，新闻里传来法国投降的消息，当局正在等待命令，随时有可能扣押船只，然后把我们这些难民监禁起来，这一时刻真让人忐忑不安。这一整天是在激烈的商谈中度过的，一边是船长和管辖我们的尼斯副领事，而另一边是法国官员。最终，船长通过他自己的无线设备与直布罗陀取得了联系。他得到许可，可以上岸搞些食品，但要马上回到船上。不幸的是，那天是星期天，大部分商店都没有开门，船长带着船上的一位杂货商乘出租车买回了五百磅面包，以及所有他可以搞到的水果、火柴和卷烟，这些都是我们所急需的，一艘法国护卫舰恰好当晚要驶向直布罗陀，我们与她同行，在周二早上到达了目的地。

这次，我们认为麻烦真的快要结束了。

我们还没下船时就在互相谈论，商量着如何利用这有限的岸上时间，到了岸上的旅馆里，我们一定要抓紧时间好好修整，先洗个热水澡，然后享用一顿像模像样的午餐。我们都期待着这是我们最后一次见到这艘船了。但是，当我们被告知不许上岸时，很多人都崩溃了，看着他们沮丧的样子，我们心里真是难过。很多女士都痛哭流涕，埋怨老天对我们太不公平。我们都已经严重营养不良，在船上忍受了一个星期不舒服的日子，睡眠也特别不好。我敢保证，很多人都不能安心睡觉，主要是因为担心我们的船在夜里会被鱼雷袭击，但是，真正让我们精神崩溃的还不是各种的不舒服、食品短缺、睡眠不足以及鱼雷的威胁，而是船上肮脏的环境。我们都感觉自己污秽不堪，这让我们难以忍受。不能登岸所造成的失望情绪极其严重。有一位军官上船来对我们发表了一次演讲，他解释说，直布罗陀已经聚集了成千上万的难民，已经没有地方可以让我们待了，第五纵队的活动也让人心里很不安。直布罗陀是一个堡垒，这里的大部分平民都已经撤走，最后他重申，政府会尽一切所能来改善我们的境况，我们要学会在困境中求生存。当然最终他说出的那句话还是让我们极度失望，那就是，我们还要坐着原来的船回英国。值得庆幸的是，船长和副领事可以上岸，他们把我们糟糕的境况告诉了政府当局，最终的结果是，孩子、病人和七十岁以上的老人上岸，等待另行安排。这样，船上就只剩下了二百八十人，我们这些人开始尽其所能让船上的日子好过一些。我们还算是挺幸运的，因为上面下令，我们可以五十个人一组上岸待几个小时，这段时间，我们都去冲了一个澡（洗澡对所有人来说都是最大得享受），购买食品、各种毛毯和垫子，还有能用来洗澡的水桶，购买饮料和烟草。船上也做了一些改装，增加了马桶的数量，也建造了一些小木筏，增加

127

了一些饮食补给。

我们的船在直布罗陀一共待了三天，我们是最后一批上岸的人，上岸后我发现，所有的床垫都卖光了，我便买了一床被子作为替代品。我还买了沙丁鱼、饼干、调味酱（这样吃牛肉粒的时候就不会觉得那么难以下咽）、水果罐头、几瓶威士忌和一瓶朗姆酒。现在，船上的空间比以前大了很多，我搬出了底舱，把我们的床铺在了水手长小隔间下面的甲板上，这个地方味道不好，因为食品都储存在这儿，我找到了几块厚木板把它们并排架在三个篮子上，便给自己做了一张很舒服的床。我的同伴来自澳大利亚，他特别心灵手巧，他用一个破旧的酱罐子做了一只水桶，早上起来当脸盆，中午的时候就当盛汤盛菜的盖碗。离开直布罗陀后，各种汤就成了我们的主食。我们还搞到了一把笤帚，然后他用一个饼干盒子做了一个簸箕，这样就可以让我们狭小的空间保持干净。我要感谢我的这位同伴，他让我在旅途的后半段舒服了很多。他身材不高，体形消瘦，尖尖的脸上布满了皱纹。他在一战中曾做过军官，在此前和此后，都当过很长时间的兵。他当过流浪汉、站过吧台、剪过羊毛，还做过工程师和记者。他不知从哪里搞到了一笔钱，在尼斯后面的山上买一间小屋，想着在那里安度晚年。他说自己五十岁，但我觉得他的实际年龄应该更大一些。他现在口袋里只有五英镑，他想着就用这些钱回英国开始新的生活。他确实特别善于利用身边的各种物件儿，在他眼里，没有什么东西是废品，不管是找到一块木头、一块布、一根绳子还有一根线，他都可以派上用场。他有着菩萨一般的心肠，我们的小隔间里没有门，所以当船往北开的时候早晨的风会特别凉，尽管他用一块破布做了个帘子挡在风口，但依然作用不大。有时候，清晨醒来时，我发现他把自己的毯子盖在我身上，而他自己却躺在那儿抽烟，倒不是他不想睡，而是刺骨的冷风让他根本睡不着。

26

有两艘船担任我们船的护卫任务，一艘是驱逐舰，另一艘是单桅帆船。因为别人把我看作是一位有身份地位的人，所以每当发现有潜艇的迹象或者可能会有空袭时，别人都会告诉我。有人告诉我说，如果我们的发动机能够不出毛病，那将是一个奇迹，如果出了毛病，我们就会和那些护卫舰拉开距离。别人还告诉我，这些属于秘密信息，不能轻易告诉其他人，但是说实话，他们要是不告诉我，我会更加感激不尽。除此之外，每天的日子也都算是过得不错了。

一般早餐我吃一块抹了酸果酱的发霉面包，喝一杯茶，然后就开始抽烟斗、读书。很多年来我一直有个习惯，就是每天早上起来都会读一些比较严肃的有思想深度的东西，我觉得这种习惯就算是在这样的环境下也应该保持下来。所以，自从上船后，每天早晨我都会读大约一小时的柏拉图，我以前就读过这本书，他用的是对话体，讲的是审判苏格拉底被处死的经过，但现在读起来却更有感觉。我们现在所处的环境以及所要面临的危险，都使得这本书有了特殊的含义。下午的时候我读小说，用来消磨时间。我已经有四十年没有读过《埃斯蒙德》（Esmond）了，基本的情节都已经忘得光光的。我以前感觉这是一本枯燥乏味没有多少感情色彩的书，但现在读起来却发现完全不是这样的，我发现这书写得不错，还蛮有意思的，其中所显露出来的高贵品质以及侠肝义胆挺适合当前的情况。我同样也喜欢读《维莱特》（Villette），它单纯而富有魅力，也许里边有点滥用巧合的情节，但是那个时候的书基本上都这样，所以我也就不以为意了。而且我还喜欢那种浪漫的调调儿，学校的女校长以及那位性情暴躁的教授也许经常会做一些荒唐事，但是他们的形象的确很鲜活。七点用晚餐，用餐完毕我就开始给别人讲故事，不管谁爱听都行。一开始，我讲的故事是脑子里本来就有的，只是还没有机会写出来，但是讲来讲去脑子里的故事很快就用光了，我只能迅速搜索自己的人生经历。下面就是一个大家都觉得很有趣的故事，听故事时大家都非常投入，这完全出乎我的意料。

有一年夏天，我在慕尼黑参加瓦格纳歌剧节，与我住在同一家酒店的有一位年轻女士，我们曾在伦敦多次谋面，她的名字叫格拉迪丝（Gladys），是一位举止文雅的年轻人，但是她身边的同伴让我稍稍有些吃惊，她身边有两男一女，穿着都特别光鲜，尤其突出的是那位女士。我对她了解不多，所以也不是特别在意，因此看到她和那些朋友在一起，我只是远远的和她打个招呼，其他也就再没什么了。一小时后，我收到她写来的一个纸条，说希望与我在大厅见一面，这让我有些意外。见面后，她对我说自己遇到了麻烦，她和那几位同伴其实也不是特别熟悉,他们从伦敦直接来到了慕尼黑,之后才发现那位女士与其中的一位男士有染,并且他们要求格拉迪丝去满足另一位男士。那位男士说得很直白,她当然表示不能接受,之后那几个人就开始说一些很不入耳的话,还责问她如果不乐意还干嘛来这儿。我只见过一面她那些朋友,但这已经足够让我确信他们是那样的人。我建议她离开那些人,她说她是那些人邀请来的,现在无处可去。她的妈妈五天后到达巴登-巴登,她现在身上的钱只够去那儿的路费。

"你以前是否想过,一些你不太认识的人给你掏车票和房费就只是为了跟你聊天?"我问她。

"这不是不可能,我一直很善于聊天。"她回答说。

我看着她,心里想,有时候说话刻薄点也是很有必要的。

她继续跟我说:"我现在情况很糟糕,那两个男人对我的态度很恶劣,艾米(Amy)整天跟我叨叨,说我假装正经,说我这种人最让人扫兴了。"

她开始咬手绢,我想她接下来可能会哭。

"我不知道我能做些什么,要不要我跟他们谈谈?"

我当然不想跟他们谈,但是我也想不出其他的解决办法。

"我觉得不会起作用,他们就是想对付我,我现在已经彻底绝望了。"

"那你想让我做些什么?"

"这两天能不能让我跟你在一起?"

这让我很为难，我有自己的事情要做，我想着一个人度假，不想受到任何其他人的约束。她觉得在我身边会很安全，我也不会觉得这是什么恭维话。

"我知道您是个好心人，"她又请求道，"我不会给您添多少麻烦的，我们在一起也会过得很愉快。"

"好吧，很高兴能帮上忙。"我回答说。

那天下午，我们去一个英式花园散步，当时我已经是一个小有成就的剧作家，而格拉迪丝却长篇大论地给我上了一堂戏剧技巧课。我给她买票一块儿去看瓦格纳的歌剧，在中场休息时，她侃侃而谈瓦格纳的美学理论，并给我详细解读瓦格纳如何利用不同的音乐动机来表现人物性格。第二天没有歌剧，我们两人便去远足。上午的时候，她借景发挥，给我介绍了一下巴伐利亚的历史，下午的时候又给我讲述了应该如何写小说。她觉得这样的论述还不够具体，于是又开始举例说明，对托尔斯泰、屠格涅夫、陀思妥耶夫斯基三人的小说特色做了非常准确的分析。一天早晨，我们走进一家画廊，她又指出伦勃朗比牧里约（Murillo）的艺术成就更高，这次的讲述还算简洁，但有些地方也略显冗长。她还告诉我如何欣赏丢勒（Albrecht Durer）的作品。我终于明白，那天她为什么说自己很善于聊天。

我们中餐和晚餐都在一起吃，她脑中的各种信息好像取之不尽，用之不竭。有一两次我们见到了她那几位朋友，他们都向我投来恶毒的目光，这让我有点儿浑身不自在，好像是我在拆他们的台。最后，我亲自送她坐上了火车。

"您对我真是太好了，"她说，"您就是我的救命恩人。"

我精疲力尽地回到了酒店。我暗暗下定决心，以后再也不管那些处于痛苦之中的女孩子了，因为她们常常会给我带来更大的痛苦。幸好，此后我再也没有遇到过这种事。

27

谢天谢地！我们终于到达了英国海岸！我们在船上一共待了二十天，从来没有脱过衣服。自始至终，除个别人外，我们这些难民都十分沉着冷静，表现出了巨大的勇气，社会阶层的区分从上船那一刻就完全消失了。这要归功于船上肮脏的环境，在这方面大家都扯平了。但是有些人还是表现出了极度的自私，举例来说，他们会排两次队，从我们少得可怜的食品供给中获取双份。当我们到达奥兰时，我们本以为会离开这条船。我们为船上的工作人员进行了一次募捐，但是当我们发现事情不像我们想象的那样时，一位女士走向轮船的乘务员，要求吃晚饭时给她双份的量。

"抱歉，女士，恐怕我不能这么做。"乘务员回答说。

"我不管，你必须这么做！"她说得理直气壮，"今天早晨，那个帽子传到我那儿时，我可是给了整整一百法郎啊！"

"对不起，女士，我真的没有权利这样做，要是您觉得您捐款了就该有所回报的话，"他说着从口袋里掏出一张纸币递给那位女士,"我只好再把这一百法郎还给您。"

但是,像她这样的人终究是少数,大部分人都表现得非常无私,有时这种无私的表现会让我们感到无比惊讶。他们很急切地想要帮助别人,有些女士随身带来非常名贵的护肤品,她们会主动地分给那些已经没的可用的女士。我们的毛巾和肥皂都是公用的,可以说只要能分享的我们都已经分享了。在我看来,自私的会变得更自私,无私的会变得更无私。我还有必要加上一句:自私的人也有他自私的理由。这段海上经历就要结束了,我在这里要抓住最后的机会,向船上所有的工作人员致敬,他们像狗一样辛勤工作,让我们船上的环境基本上还可以忍受,向那些军官们致敬,因为他们把自己的包间让给了老弱病残,向斯塔布斯船长(Stubbs)致敬,以及一切为我们安全回家做出过努力的人们致敬,他们的非凡勇气、高超技术和坚强意志都值得我们敬佩。

28

再次回到英国真好。我来到伦敦，在多特斯特酒店（Dorchester）找了一个房间，我又脏又累，赶紧冲了个澡，换上干净衣服，吃顿饱饭，然后在床上躺下睡了一觉。出乎意料的是，我发现我的朋友们都在替我担心，我没办法告诉他们我的行踪，有谣言说我已经让德国人抓去了。人们都想知道我是如何逃脱的，于是我就在广播中讲述了我的经历，结果铺天盖地的信件像雪片一样飞来。这些都是在法国有亲戚朋友的人写来的，他们想知道那些亲朋的近况，有些信件写得哀婉动人，但是我没有什么可以对他们说的，也就无法减轻他们的焦虑，这让我自己也很痛苦。

回到英国后，首先给我留下深刻印象的是，全国各处都充斥着乐观的情绪，刚登上"盐场大门"号的时候，我就隐约有所察觉，船员们都是长得五大三粗的格拉斯哥（Glasgow）年轻人，他们的脸上沾满了煤灰，和衣服一样脏，他们说话时口音很重，作为英格兰人，我们很难听懂他们的话，但是他们说话时的感觉，可以让人确信他们的友好，而且他们也非常积极肯干。他们滔滔不绝的说话时，我们明显可以感受到他们那种激昂的斗志。自从战争开始后，他们一直在危险的海域行船，我们在想，他们会不会害怕德国鬼子（Jerry）的炸弹和鱼雷。但他们不怕，他们的信心感染力极强，当有人问他们对法国被攻占有什么想法时，他们的神情兴高采烈，又趾高气扬。

"没关系，我们英国人自己就能把德国鬼子给收拾了。"

在利物浦的时候，不管在什么地方，不管在什么人身上，我们都同样可以感受到这种对胜利的信心，不管是上船的军官、帮我们拿行李的搬运工、街上走着的人们或者餐厅的服务员，害怕德国入侵？没影儿的事。

"我们早晚能把他们揍扁了，当然这得需要时间，但那也没关系，我们扛得住。"

同样的气氛也充斥着伦敦，我发现，整个英国都沉浸在这样的气氛中。这里，田野中的玉米正在变成金黄色，树上的苹果已经压弯了枝头。尽管法国的沦陷是一次沉重的打击，而且希特勒叫嚣，到8月15日他就能来到伦敦和英国人签订和平条约，但有一点可以肯定：英国人民完全没有气馁。这时的英国与几周前我离开时的英国相比大为不同。人们的意志更坚定，斗志也更昂扬，对侵略者的行径也更加义愤填膺。温斯顿·丘吉尔用他自己不可动摇的意志激活了整个英国。对于战争，我们再也不能畏首畏尾。我来到英国后和不少人聊过天，既有一般士兵也有高级军官，既有农场雇员又有农场主人，既有贫穷的妇女也有富有的女士，既有一般职员又有大资本家，不管在哪里，人们都意识到情况是何等危急，同时也下定决心，要持续战斗去争取胜利，并且做好准备，愿意为胜利付出一切。英国人最终意识到，他们不是在为任何其他人作战，而是在为自己的生存而战。为了捍卫自由，他们愿意做出一切牺牲。在这黑暗时刻，他们的勇气超越了一切。

我感觉唯一没有什么变化的人就是外交部的那些官员。我有时和他们一起用餐，听他们谈论战况，竟然如此的随意，有时还略带讽刺。听他们说话，会让你感觉战争就像是在下棋，如果对手走了一步威胁到了你的王后，你当然要躲开，但是与此同时，你也应该佩服人家的战略，如果最终你输掉了，也别放在心上，只不过是玩儿嘛，玩儿得高兴就好，没什么大不了的，下次你还能赢回来。我逐渐意识到，他们的生活是完全封闭的，根本看不到普通人在战争中所遭受的煎熬，所以他们会把严肃的事情看得好玩儿。我希望战后外交部门和领事馆人员能够合并，在这些先生们成为大使馆随员或者进入唐宁街当书记员之前，他们能够在领事馆干上几年，这样他们才可以真正了解老百姓的生活状况，感受他们的喜怒哀乐，这样他们才会相信，不管是高官还是平民，都是由同一块泥巴摔出来的。

我迫不及待地想要参加与这次战争有关的工作，但除了写文章之外似乎也没有什么可以做的。为了收集资料，我接触到了不少要员，他们对这场战争是有一些掌控权的，其中就包括阿兰·布鲁克爵士（Sir Alan Brooke），护国军（the Home Forces）的总司令。他中等身材，膀大腰圆，长着浓密的灰色头发，肉乎乎的鹰钩鼻，鼻子下面是浓密的胡须，双手也同样粗壮有力。在我的印象中，他确实属于四肢发达的那一类，但他那张脸却又颇像知识分子，单从脸上看，他像是一位科学家，而不像是一名军官。假如他穿着便装坐在公交车上，我一定会把他当成伦敦大学的物理学教授。他的声音有些刺耳，但说话流畅，斩钉截铁，我相信，任何人只要跟他待上一小时，都会觉得他头脑冷静，意志坚强，足智多谋。

在法国的时候，我见证了法国人整体士气的低落，我想这在很大程度上归因于战争的悲惨结局。现在我急切地想知道，这些天我在英国看到的民众士气高涨会不会是假象。我需要一位能掌控全局的人给我一个确定的答案，所以当我采访总司令时，我抛出的第一个问题就是，他如何看待英国民众的情绪。他回答说，自己现在除了夸奖与赞叹，已经没什么可说的了。他还举了地方卫队的例子来进行解释。这些人都是自愿参加的，他们都有自己的工作，很多人曾经在一战中当过兵，他们现在的任务是应对敌人的伞兵，防止敌人暗中破坏，保护桥梁、铁路和码头，总起来说，就是防备敌人的一切入侵活动。他们中大部分人都还在继续工作，只是用自己的业余时间来执行任务。政府发布招聘志愿者的命令后，在民众中引起了十分强烈的反应，前来报名的人络绎不绝，相关部门只好喊停，因为现在的装备根本武装不了这么多人。

说完了整个国家民众的士气，下面很自然的我们就会谈到军队的斗志，我敢保证，只要你听到过英国将军用洪钟一般坚定的声音来讲述他在法国指挥自己的军队时的状况，你毫无疑问会被他的信心所感染。在战争中，最容易让军人失去斗志的就是，你奉命镇守某地，战斗已经打响，部队损失惨重，但是不管怎么样，阵地并没有丢，可是上面发来命令，让马上撤退，原因是在侧翼负责支援你们的部队已经溃不成军。然后，你又奉命驻守一块新的阵地，这时候你会忍不住想："这有什么用呢，我们干嘛要在这个阵地上损失这么多兄弟，最后的结果不还是奉命撤退吗？"这就是在弗兰德斯地区（Flanders）一次又一次反复上演的情景。比利时军队投降了，而位于另一侧的法国军队也迅速撤离了阵地，只有英国人还在顽强抵抗，即使需要撤退也退得有条不紊，难怪将军对自己的部队感到如此骄傲。没过多久，当他带领军队撤到海边时，遭遇了一队法国士兵，这时的法国人已经扔掉了武器狼狈逃窜，压根儿就没一点儿军队的样子，完全是一群乌合之众，沿着比利时的公路像难民一样无序地涌动。你可能会觉得，英国军队看到自己的盟军变成了这个样子，肯定会士气大为受挫，但实际上根本没有，他们依然顽强地继续向前。这个民族就是有这样的优势，他们缺乏想象力，感情方面也不太丰富，像猪一样固执，不懂变通，看到让人产生悲观情绪的景象，也会无动于衷，倒不是他们不想受到影响，而是他们根本不懂得如何去受影响。实际情况是，在法国的英国军队从来没有因为前线的压力过大而主动撤退过，唯一的原因就是位于侧翼的盟军已经提前撤退了。他们返回英格兰时几乎一无所有，只有身上那套勉强可以遮体的军装，他们又累又饿，但却依然充满斗志。

在我看来，造成法国战败的一个重要原因是，他们在一个长长的冬天里无所事事，百无聊赖，结果真到了要打仗的时候就全无斗志了。我把自己的想法告诉了布鲁克将军（General Brooke）。我说，如果德军在夏天不进攻英国，那么本身如铜墙铁壁的英国军队就会面临和法国军队类似的情况，那将非常可怕。他回答我说，英军的上层已经在上一个冬天开始解决这个问题，他们会让士兵们有事可做，而又不至于过度劳累，他们会给士兵们提供很不错的娱乐方式，而且还允许他们定期休假到家里去看看。我认为，现在的士兵比二十五年前士兵的文化程度要高出很多，所以建议军队上层不仅要给他们提供动手的机会，还要提供脑力劳动。

将军说："那是自然。我们明白，现代士兵的训练方式与二十多年前有了很大不同，那时候他们只需要会开枪、会走正步就可以了。适当的训练当然是必要的，但是对于一个受过教育的人来说，让他们无休无止地在军营前的空地上没完没了地踢正步，我想很多人都会感到无用又无聊。现代士兵应该成为一名技师，为此，他们需要学习很多东西。这样，他们的头脑就会一直保持清醒，斗志也自然会高涨起来。"

总参谋部一直在积极思考如何让士兵们参加更多的各类活动，这样他们就会非常有成就感，而且情绪也会因此保持稳定。现在看来，他们的这个决定是完全正确的。

29

我们都知道,现在德国最强的是空军,这让他们入侵其他国家时几乎毫不费力。当然,英国也正在努力建造飞机,但是数量足够吗?我们也在从美国购买飞机,但是买的够吗?我常听到有人问这些问题,如果能够就此写一篇文章,那将非常应景。于是,我下定决心要写一篇关于飞机制造的文章。我觉得,没有必要对飞行员们有任何的质疑,他们勇敢无畏,头脑冷静,排除困难,坚韧不拔。他们参加过上百次战斗,全世界的媒体都对他们赞不绝口。我有幸认识了几位皇家空军的飞行员,看到他们如此年轻,我的心不禁一沉:如此的大好年华,却有可能牺牲在战场上。有些人的脸蛋儿如此年轻,一尘不染光洁照人,给他们配备保安剃刀都是多余。但是,他们表现得如此乐观,对战争毫无畏惧,对自己的飞行技术充满信心,经验丰富,足智多谋,年轻的肩膀上扛着一颗老练的头脑。在他们身上,任何溢美之词都不过分。与他们比起来,我忽然有一种自惭形秽的感觉。

我跟其中一位飞行员接触较多,他比其他人稍微年长一些,当年二十四岁。他个子不高，超不过一米六，当然这也是我猜的（他说这正是飞行员的标准身高）。小伙子非常活泼，一双蓝眼睛滴溜溜乱转，一副满不在乎的表情。他有一次执行任务时被敌机击落，差点扭断了脖子，但是在医院里待了几周就回到了战场。我见到他时，他刚从法国执行任务回来，于是给我讲了一堆让人不舒服的故事。据他说，法国投降后想尽办法阻止英国飞机返航，还不给他们提供油气供应，法国人还把卡车开到机场上，阻止那些装满油的飞机起飞，听起来真是让人感觉既生气又替他们臊得慌。但是光讲这些也没什么用，不久前，他刚刚与两架德国飞机交火，其中一架被他击落，另一架的油箱被子弹打开了一条口子，两架飞机离得很近，对方的汽油洒到了他的挡风玻璃上，这样他就无法看到前方，只能回过身来看着后面把飞机开了回来。

"等我回来后，他们对这事儿都特别感兴趣，"他对我说，"有位专家检查了一下挡风玻璃上的油，他说这些油都是劣质汽油，我们在卡车上都不会使用这样的油。"

我问他会不会感到害怕。

他说："那时候不会，在战斗过程中我从来不会害怕，那时候太他妈兴奋了！"他又想了一会儿，"但是我可以告诉你，我也害怕过，有一次我独自执行侦察任务，一个人在天上一连飞了几个小时，天哪，我的膝盖就开始发抖，你会感觉世界上除你之外就没有其他人了，天空大得没有边儿，其实也没有什么可怕的，但是就是有这么一种怪怪的感觉。"

我跟他说:"现在你知道什么叫广阔无垠了吧。"

这小伙子总是非常活泼开朗,喜气洋洋,他的精神状态一直特别好。他有两整天的休假时间,他下定决心,一定要充分利用,绝不荒废一分一秒。他已经非常详细地规划了自己的未来,等着打赢这场战争后,他会去买一艘帆船,四十英尺(大约12米)长那种,然后和一个朋友一起去南太平洋航行。

"在那里生活基本上不用花钱,对不对?"

"嗯,确实花不着什么钱。"我回答说。

"那种日子得多爽呀!"

后来我就没再见过他,也许他现在已经知道了广阔无垠的天空也没有什么好怕的。

先不管这些可爱又可敬的飞行员们,我现在还有其他的事情要关心,我给比沃布鲁克勋爵(Lord Beaverbrook)写了封信,想约他见个面,他当时是飞机制造部门的长官,这个部门刚成立不久,我想知道,勋爵用他强有力的管理手段取得了哪些成就。他是一个执行力很强的人,不管什么事,只要他下决心去做,总能取得成功。他是一个乐观主义者,当然也有着乐观主义者惯有的狂妄自大,不过我们不得不承认,他确实足智多谋,能够随机应变。他这个人精力无限,有这么一种说法,如果你委派他做一项工作,等他已经在这项工作中取得了很大成就时,委任状上面的墨迹都还没有干。很快,我收到了回复,他说他不喜欢约定时间,只要我来他们这个部门,他都很乐意与我见面。之后我去那里时他正忙活着,但是很快就有人带我走进了他的办公室，他当时还有其他客人，但很快就告辞了。在我看来，这是他使用的非常灵验的策略，就是说，要想让人长话短说，言简意赅，说完就走，毫不拖延，最好的办法就是把下一位来访者提前领进办公室。

澳大利亚漫画家罗欧（Low）曾为比沃布鲁克勋爵画过像，英国民众都很熟悉这些画像，但是毕竟是漫画作品，准确度自然差一些，所以每次你见到他，都要修正以前对他的刻板印象。在罗欧的漫画中，勋爵是一个像西方土地爷一样的小怪物，他咧着嘴笑着，看起来十分邪恶。他的个子一点都不矮，大约有一米七五。身体很粗壮，秃顶，满脸褶子，而且皱纹很深。他的脸上一般没有什么表情，但只要笑起来就会笑得很迷人。我见他第一眼时，他一脸严肃地让我坐在桌子另一侧的一把椅子上，手臂在胸前交叉，浓密而突出的眉毛下，那双炯炯有神的眼睛死死地盯着我。

"你想从我这里知道些什么？"他粗声粗气地说。

问题很突然，要是我事先没有准备过的话，很有可能不知所措，于是我赶紧抛出了自己的第一个问题：英国飞机与德国飞机在数量上有多大差距？

"我怎么知道！"他的回答一点儿都不客气，"我不知道德国有多少飞机，我问了很多所谓的专家，十个人会给我十一个答案，但是请你记住一点：我们的飞机数量足够抵抗德国最猛烈的攻击。"

"这真是好消息，您觉得什么时候我们的飞机产量可以达到最高值？"

"没有什么最高值，天空就是我们的极限。"

30

在这一时期，我见过的另一位重要人物是海军大臣 A. V. 亚历山大（A. V. Alexander），温斯顿·丘吉尔当上首相后，海军大臣的职位就空缺了，于是他邀请亚历山大来担任这一职务。他多年来一直是工党中一位很受人尊重的领导人，也是一位很成功的商人，他是合作批发联合会（the Co-operative Wholesale Association）幕后的智囊，这一企业的成功运作，足以证明他的商业头脑。在工党执政期间，他是海军部第一大臣，后来不知出于什么原因，他主动辞职。当政期间，他一直很受民众爱戴。再次步入这间办公室，他感觉如鱼得水，因为这里的一切还是那么熟悉。他五短身材，体格健壮，下颌有一些赘肉，更突显了脸上的坚毅表情。鼻子较短，却对人有威慑力，一双警惕的眼睛机敏的藏在角质架眼镜后面。他的一切动作都干脆利落，但却悄然无声。他不喜欢繁文缛节，一说话就开门见山，直奔主题，听到他说话的流利程度，你就能想象到他非常善于在公众面前进行演讲。

在他宽敞的办公室里，挂着很多大幅的地图，他不时从椅子上站起来，在地图上指点着给我看，他指给我看那漫长的海岸线，这些都是德国人需要花费兵力来驻守的。这条海岸线从挪威的北端开始，一直到法国和西班牙的交界处，英国正在建造各类战船，很多已经到了收尾阶段，不久，英国军舰就可以长驱直入，无往而不胜。说这话时他的下巴猛烈地向前突出着。

他知道我在法国住过很长一段时间，而且我的很多亲属依然住在那里，便与我谈起了在奥兰的英国海军对法国舰队的攻击。①

"这件事让人感到非常遗憾，但是我们不得不这样做，我们还能怎么办呢。我们现在有十四艘主力舰，德国有两到三艘，意大利有六艘，而法国有九艘，三加六加九是多少，您自己算算吧。如果法国的主力舰落入德意之手，就对我们很不利了，我们的海上护卫行动就会遇到很大的麻烦，所以我们必须把它击沉，这也是实在没

---

① 1940年，法国与德国签署了停战协定。英国首相邱吉尔大为不满，他不能容忍强大的法国海军力量有一天成为威胁英国本土或威胁其海上运输线的可能性存在，要么拥有它，要么消灭他。在他的授意下，英国制定了旨在夺取和控制法国海军，代号为"弩炮计划"军事行动。停泊在西非奥兰和米尔斯克比尔等港口的法国舰队拒绝向英国海军交出战舰。英国H舰队随即向法国舰队发起猛攻。参战的英国舰队拥有"胡德"号在内的3艘战列舰、1艘航空母舰、2艘巡洋舰、11艘驱逐舰，港口内的法国舰队拥有4艘战列舰以及多艘巡洋舰、驱逐舰。法国舰队在英国海军的攻击下被动挨打，损失惨重，战列舰"布列塔尼"号被击沉，战列巡洋舰"敦刻尔克"号和战列舰"普罗旺斯"号受重创搁浅，只有"斯特拉斯堡"号战列巡洋舰侥幸逃脱至本土的土伦港。英国的"弩炮"行动彻底消除了法国投降德国后法国军舰的潜在威胁，从而牢牢地将制海权掌握在手里。但是"奥兰"事件也给英法关系蒙上了阴影。

有办法。法国人民永远不会知道我们当时对他们的舰队提出了怎样的要求，他们表现得非常有理性，也非常有尊严。"他突然看了我一眼，"你马上要去美国，是吗？"

"我想会的。"

"想想吧，如果敌军的舰队数量比我们多，我们在与美国人进行商业往来时还能提供什么样的保护？我们不仅仅是在为自己作战，美国人也会从中受益，只要英国舰队在，美国就很安全，要是我们的舰队被摧毁了，唇亡齿寒，美国人难保会坐不住。"

31

到伦敦后不久，我见到了科尔宾先生（Monsieur Corbin）。我与他相识也有一段时间了，经常与他共进午餐，他这个人严肃而冷漠，有点儿拒人于千里之外的感觉，跟他交往，你常会得到一种印象：你越是想和他接近，他的内心感受就会越为尴尬。我下电梯时，他正要进来，就这样机缘巧合地再次相遇了。我们握了握手，他祝贺我安全抵达了英国。我以前见他的时候，他要么是宴会上的贵宾，要么就是宴会的主人，在豪华的大使馆里招待我们这些宾朋。而我现在看到的是一个可怜兮兮的老人，脸色苍白，身心疲惫，国家的沦丧让他显得背都有些驼了，他看上去比以前老了至少二十岁。看到这样的景象，我十分震惊，都不知该说些什么好。我本想表达一下自己对时局的遗憾，但是在这样沉重的灾难下如此表达就算不是雪上加霜，至少也无济于事，我呆呆地站在那儿，傻乎乎地盯着他，一句话都说不出来，直到看着他走进了电梯，我才长舒了一口气。

前边提到过，在1939年末，我为了写那本小册子，花了六周的时间在法国四处游走，目的是告诉我的同胞们法国人正在积极备战，工厂的工人也都在满怀热情地工作，而在军队里，所有官兵都行动迅速，随时准备迎战。在这本小册子里，我忠实地记录了我目睹的一切，我当时的印象就是这样。

现在回想起来，我隐约感觉到，有时候一些很随意的谈话，一些并不引人注意的事件，其实本让我对当时的印象产生一些怀疑，这就像是在风中举起一根小草儿，就会知道风在往哪个方向吹。现在我十分自责，为何当初对这些事情没有多加留意。我为当时自己的感觉如此迟钝而懊悔不已。因此，回到英国后，我有意识地询问了一些身居要职的人，看看他们是否知道一些我们这些平头老百姓所无法获知的消息，也许从这些消息中就可以隐约推测出法国最后的陷落。但是我发现，不但对我来说法国的陷落不可思议，对他们来说竟然也一样。他们也没有预料到，拥有强悍军队的法兰西民族竟然还没有波兰抵抗的时间长。他们做梦也想不到，法国人竟然没怎么抵抗就放弃了自己的首都，打破了自己一次又一次许下的庄严承诺。

到了现在，我本不想再浪费时间去讲述法国沦陷的具体原因，但是我逐渐意识到，也许把这些事情说出来会对美国和英国民众有更大的帮助。导致法国失败的原因不仅仅存在于法国人身上，这可以说是人类的通病，我们多多少少都会犯类似的错误，尽管具体表现形式有所不同。我们只有努力避免这些失误，并对人性的缺陷时刻保持警惕，才有希望逃脱国家沦陷的魔咒。

如果我在这里谈论的有些现象和结论我在前面的讲述中已经提到过，我敬请读者们原谅。对我来说，这个话题极其重要，值得我们一说再说。我还希望读者相信我，下述言论确实具有一定的权威性。没有人会没有来由地承认自己如此缺乏智慧与判断力。我一直对法国情有独钟，在法国有很多朋友。我在法国尽情享受了他们所赐予的善意，他们都很尊重我，而且就算我真说得上有什么成就的话，那在很大程度上也要归功于法国的艺术、文学与文明。正是因为这样，我才觉得有必要把一切都说出来，这其中包含着迷茫与困惑、对私利的追逐、优柔寡断以及信念的破灭，我的内心充满了忧伤，而没有丝毫的敌意。

法国人经常为了一些政治和社会问题进行内斗，这种坏名声几乎尽人皆知。但是他们总是信誓旦旦地说，一旦国家有难，他们就会放弃分歧，形成统一战线，共同应对敌人。这次他们也是这么说的，但实际上这不是真话。在议会中的所谓团结一致只不过是表面现象，透过现象看本质，深层次的仇恨与敌意正如火如荼地进行着，而这都是布鲁姆（Blum）政府遗留的后患。在内阁中，为了一些重要职位，各位部长们正在明争暗斗，背后捅刀子，共产党被迫解散，而共产党在议会中的代表要么被抓，要么被流放，尽管整体来说他们对工人运动起了积极的作用。

法国工人的工作条件一直很差，直到布鲁姆开始对此改革，而他们的所谓改革措施在其他同等国家中早已实施多年。在法国，很少有雇主认真考虑雇员的权利。在巴黎的一座大型百货商店中，雇员们提出的第一个要求竟然是男女员工应该有相对独立的厕所。工人们的工作时间超长，雇员的工资也不足以让他们过上体面的生活。为了进一步表现有钱阶层的思维方式，我想再次引入一段对话。这段对话的主人公是我和我的一位银行家朋友，我的这位朋友善良、正直而且慷慨。一天下午，我去参加了位于拉雪兹公墓（Pere Lachaise）的一次共产党集会。那里的横幅铺天盖地，但上面的标语基本一致，大多写着同样的三个词：和平、工作、福利。当天晚上，我见到了那位朋友，便情不自禁地对他说，很难想象，在大革命发生一百五十年后，法国工人阶级提出的要求还是这么卑微。

"当然了，也没什么可以要求的。"我说。

他对我说："和平自然没有问题，工作当然要有，但说到福利，门儿都没有，他们就不应该期望过高。"

还需要我多说什么吗？我看是没有必要了。当然，布鲁姆政府有些急于求成，每周工作四十个小时的提议在法国根本不切实际。有钱阶层都人心惶惶，连忙把自己的钱转到国外去，法郎开始贬值，政府也随之摇摇欲坠。有钱阶层终于舒了一口气，而工人阶级却满腹怨气，自此之后，有钱一族开始不停地被布尔什维克的梦魇所困扰，战争爆发后，他们所惧怕的正是这样的幽灵。很多大公司都与德国有贸易往来，贵族阶层和大资本家当中有很多很多人羡慕别国的独裁者，因为他们觉得，这些独裁者至少成功抵御了恐怖的苏联社会主义，他们公开宣称，如果让他在德国式的独裁统治以及布尔什维统治之中选一个的话，他们会更倾向于德国人的方式。这些人愚蠢至极，他们竟然相信，就算德国人攻进来也不会动用他们的财产，而他们坚信，一场共产革命将会夺走他们的一切。

现在我们来说说军队方面。法国军队一向被认为是欧洲第一强，而总参谋部也被认为最具有执行力。我们就来说说这些军人，在那个漫长的冬天，法国军队毫无动作，战争动员令刚刚下达时所燃起的战争热情早已消失殆尽。官兵们更为忧心的是读到家中的来信，信中告诉他们说，家里的农场因为缺乏劳动力已经濒临破产，商店也完全没有了顾客，不管是什么买卖，现在都处于崩溃的边缘。于是他们就会想，我们与其坐在马奇诺防线后面无所事事，还不如回家照看自己的农场、工厂或者商店呢。而当战争真正开始的时候，他们已经完全没有了斗志。退一步说，如果有优秀的指挥官，他们的仗也可能会打得更为有效，只可惜这也是他们的弱项。法国此时已经发生了重大的变化。但这些还不够，民主制度归根结底要依赖个体的道德水平，如果民主与腐败纠缠到了一起，那注定是要失败的。如果你没有机会在法国常住，你就无法了解那里的腐败问题有多严重，这在法国的各个阶层非常普遍，这个国家正在经历一场集体的道德沦丧。对享乐主义的追求简直疯狂到了极致，而对于所谓的荣誉，大家的内心深处完全瞧不起，很多年轻军官都受到了这种风气的影响。他们会去巴黎度假或者回家，然后自己琢磨：干嘛要打仗呢？如果有可能的话，只要挣得够多，他们宁可为希特勒服务，他们想要的只是平静的生活以及自己的私利，如果希特勒能够给他们提供这些，那干嘛还要关心自己的国家、自己的军队。法国是一个伟大的国家，没有人可以征服法国精神，就算在德国人的统治下，那依然还是法国，这种情绪在战争中得到了充分的体现。当然，战争中不乏英雄行为，很多军官忠于职守，战死沙场，但是我也听说了很多让人丧气的故事：有些军官把部队丢在前线，自己乘车仓皇逃到安全地带；也有些军官完全不管自己部下的死活，一心只想着把老婆孩子从德军有可能占领的区域带出来。众所周知，上百万的难民不仅阻碍了部队的行动，而且也加重了法国民众的悲观失望情绪，所以这里我需要再次指出，这是降低法国军民士气的重要原因之一。

大家也都明白，甘末林（Gamlin）能力有限，他之所以能够掌控军队的最高领导权，只不过是因为他是一名成功的政客。让人不可思议的是，法国人对总参谋部充满信心，其实，这些人年事已高，老迈不堪，他们完全没有吸取上一次大战的教训，而且还盲目自大，他们无法从德国入侵波兰中了解德军的战斗方式。位于前线的将军们亲口告诉我说，波兰之所以沦陷就是因为他们拒绝接受法国总参谋部的建议，他们还告诉我，法军只需坐等德国人攻击马其诺防线，然后借机一举击溃他们。当马其诺防线完全失去作用后，他们就乱了阵脚，完全不知所措。他们也没有对士兵进行培训，教给他们如何应对德国的装甲部队，尽管逃亡法国的波兰军官尽其所能向法国人描述了自己在战争中通过惨痛的失败所获得的宝贵经验，但是那些法国将军根本瞧不起波兰人，对他们的建议法国人才懒得去听。所以，后面的事情也就顺理成章了。法国人被德国的先进战斗方式所震撼，完全失去了抵抗能力。福煦（Foch）[①]曾说过："要是法国有危险，就去把魏刚找来。"魏刚将军赶来救火，但他看了看整个局势，然后告诉雷诺（Reynaud）[②]说，情况已经无法挽回。雷诺将此事报告给了我的一位朋友，然后又加了一句：

"要是我的总司令是位失败主义者，我还能做些什么呢？"

魏刚曾是一位出色的参谋，他曾经声名显赫，但也正是因为怕毁了自己的好名声，他不愿意去冒巨大的风险。他这个人虚荣心强，野心勃勃，充满热情而又独断专行。由于年龄的关系（他已经70多岁了），他从总司令的职位上退了下来，之后他频繁出现在巴黎的各种沙龙里，竟然也沾染上了当时席卷全国的对于共产主义的恐慌。作为虔诚的天主教徒，他对同胞的堕落忧心忡忡，他不知从哪

[①] 斐迪南·福煦（Ferdinand Foch, 1851—1929），法国元帅，第一次世界大战最后几个月协约国军总司令，公认的协约国获胜的最主要的领导人。一战爆发后参加了多场战斗。在取得一系列胜利后被任命为北部集团军司令，并一直任职到罗伯特·内维尔接替约瑟夫·霞飞出任法军总司令，之后被调往法军总部。1918年被任命为协约国最高司令。1918年代表法国在贡比涅森林签订对德停战协定，后又在巴黎和会上发挥重要作用。生平有不少著作，曾提出胜利在于意志的观点，后来认识到军队新装备和机械化程度具有决定性作用，强调歼灭思想和集中优势兵力原则。

[②] 保罗·雷诺（Paul Reynaud, 1878 — 1966），1940年出任法国总理。他主张法国抵抗纳粹德国，但因国内绥靖势力，又摇摆于鸽派和鹰派之间。德国于1940年侵入西欧且法军溃败之时，任魏刚为法军总司令，且组建魏刚防线，但一天即被德军突破，而后在巴黎不设防后同意并采纳戴高乐的将政府迁至波尔多和图尔并在之后转移的建议，且和英国首相丘吉尔三次会谈，且向罗斯福求救，但双方都出于政治和经济角度未给予帮助。但雷诺宁愿辞职而不愿休战，在贝当当权后被捕并一直遭到盖世太保和维希政府的拘禁，囚禁在奥地利，1945年获释并恢复原职，并任国防部长等职。

里得到了这样一个极具神秘色彩的信念：法国必须经历一场巨大的考验才能重获新生。当战争的灾难来临后，他的这种信念变得更为具体：法国要为自己的罪过付出代价。也许吧，也许这是事实，但是作为军队的最高指挥官，这样的心理状态绝对会导致战争的失败。当他对此失去了希望后，他又将全部精力放在了重整军队上面，他认为这样的话就可以维护社会秩序。

关于贝当（Petain）[①]，我没什么好说的，他岁数太大了，而且身心疲惫顽固，又极端自负。从本质上说，他也是一个失败主义者。他总是倾向于法西斯主义。在很多人看来，他这人缺乏决断力。对于总参谋部，我也不想多说什么，他们确实很无能，而且官僚作风严重，经常会让一些讲求实干的军官遇到很大阻力。有人跟我说，他曾看到一份很重要的文件就放在跟他的办公室同一层的某个屋子里，这份文件是要发给他的，但直到一星期后他才拿到，而两间办公室之间的距离顶多十米。还有，在一些急需武器的地方却没有武器。我明明看着工厂里生产出了一排排的坦克，可德国人进攻时这些坦克都到哪儿去了？大量的坦克就堆放在工厂的空地上，为什么会这样？只有一个可能的答案：这些坦克不是用来保家卫国的，而是在工人游行时残酷镇压用的。

---

① 亨利·菲利浦·贝当（Henri Philippe Pétain）（1856—1851），法国陆军将领、政治家，也是法国维希政府的元首，总理。他曾在第一次世界大战期间担任法军总司令，带领法国与德国对战，被认为是民族英雄。1940年任法国总理时，因向德国投降议和而在1945年4月被捕，同年8月因叛国罪被最高法院判处死刑，后改判终身监禁。

现在来说说这些政客。他们的故事既让人痛心，又让人困惑。提到他们，下面这些关键词个个用得上：追名逐利，背信弃义，优柔寡断，心怀恐惧以及尔虞我诈。那些被辞掉的部长们会密谋陷害他们的取代者，内阁成员之间也互不信任。曼德尔（Mandel）是其中最有能力者，但他却得不到重用，只是因为他是犹太人。以前的政府高官都与敌人有所往来，这无异于叛国。妇女在其中发挥了重要作用，当然不是什么好作用。据说德波特夫人（Madame de Portes）——雷诺的情人——想方设法进入了内阁会议。据可靠消息，有一次，她坚持要见雷诺，负责守卫的军官不得不对她使用武力；还有一次，当英国大使想劝说雷诺与英国结盟时，她猛然打开门，大喊：

"请您不要答应！请您不要答应！"

正是德波特夫人引诱雷诺将鲍迪安（Bauduin）带入了内阁，并任命他当上了外交部长，这一举动简直是一场灾难。鲍迪安是一个银行家，新天主教徒在重建社会道德方面与雷诺意见基本一致，但是没有人相信他是真心的。在与英国大使和波兰高官（大家一定要记住，与英国签订的协议一样，法国与波兰也郑重的签订了协议，保证不会单独与德国媾和）的谈话中，他扮演的就是一个大骗子的角色。他不让波兰代表看到停战的具体条款，而这些文件就摆在他面前的桌子上，尽管内阁已经决定要接受这一停战协议，但却告诉他说他们不会答应。政府将迁往非洲继续抵抗。

说了这么多又有什么用呢？这些人目光短浅，被战争的威胁吓得魂飞魄散，而且心中只有自己的私利，没有国家的安危。当他们不忍心炸毁自己重金建造的桥梁和工厂，而是让它们落入了德军的手中时，他们的事业就已经失败了；当他们没放一枪一炮就眼睁睁地看着巴黎沦陷时，他们的事业就已经失败了。恐怖的气氛已经笼罩了整个国家，包括军队，没有人能够抵挡得住。这首先是一种道德上的堕落，随后才导致了现实层面的失败。

我可以用三言两语来概括法国沦陷的原因，总参谋部能力有限，军官们虚荣心强；在现代战争中信息不畅，而且勇气不足；士兵们心怀不满，三心二意；普通民众整体上愚昧无知，他们对政府心存疑虑，而且从来就不认为战争和自己有什么关系。法国的有产阶级更怕布尔什维克更甚德国人。他们首先想到的是怎么保住自己口袋里的钱。政府昏聩无能，腐败丛生，而且从某种角度来说，对国家也并不忠诚，所以不能说法国的战败是个奇迹，这样说就错了，它不战败才是奇迹呢。

这次已经没有了克列孟梭（Clemenceau）[①]或者福煦来创造奇迹了。但是，能不能说法国就真的被征服了呢？军队已经被打败了，但还有成千上万的民众呀，他们明白到底发生了什么，就算现在还没有看到，但他们也很快就可以体会到生活在德国人的铁蹄下是什

[①] 乔治·克列孟梭（法语：Georges Clemenceau，1841年9月28日—1929年11月24日），法国政治家、新闻记者、法兰西第三共和国总理，法国近代史上少数几个最负盛名的政治家之一，他的政治生涯延续了半个多世纪，与法国多次重大政治事件紧密相连。为第一次世界大战协约国的胜利和凡尔赛和约的签订作出重要贡献，被当时欧洲人称为"胜利之父"。

么滋味，莫非他们就不能做点儿什么让自己得到解放？反正我是不信。法国人勇敢而又充满自豪感，我一直在想，当他们从屈辱的绝望中恢复过来后，一定会有新的领袖崛起，意志坚定的人们会紧紧跟随他们的步伐。

我无法相信法国人会屈从于纳粹统治者对他们的奴役。我们这些热爱法国的人不必丧失希望，这些人渣会被一扫而尽，正直爱国而又充满勇气的法国人中会一浪一浪地扑来。我认为，当时机成熟时，他们有能力把统治者掀翻，恢复法国的独立地位，像以往一样成为国际大家庭的重要一员。

谈论这个话题时，我的态度是极其严肃的。我们能从这一悲剧中学些什么？我们可学的很多，但有些非常明显，不用我在此赘述，我只想强调一点：如果一个国家尊重任何东西胜过自由，那它就会失去自由。具有讽刺意味的是，如果他们看重的是享乐或者金钱，这一切也都会失去。如果一个国家要为自由而战，要想赢得战争的胜利，就必须具备下列品质：诚实、勇气、忠诚、远见以及自我牺牲精神。如果不具备这些品质，丧失自由的责任就应该完全由自己承担。

32

回到英国后,我的那些朋友对我格外重视,他们不断邀请我去用餐。很快我就发现,席间有两个话题最让他们感到不安,一个是关于某位高级军官的无能,我们都知道,民主政府的缺点之一就是,一个不称职的军官也可以在这个职位上很舒服地赖上很长一段时间,要想把他赶下去确实需要费点儿事,但是尽管可能需要花点时间,最终还是能够办到的。在我回来后不久,这位军官就被安排到了一个有名无实的职位上,被另外一位能力出众者取而代之。

另一个话题就是关于第五纵队[1],大家对此事谈论得非常热烈,这在我看来也很自然,德国的舆论宣传力量就是要制造一种印象,他们的特工正在不知不觉中四处活动。他们这样做的目的就是要制

---

[1] "第五纵队"一词,出现在二战前夕,西班牙叛军首领佛朗哥在纳粹德国的支持下进攻马德里。相传,当记者问佛朗哥哪支部队会首先攻占马德里时,他手下一位司令得意地说是"第五纵队",其实他当时只有四个纵队的兵力,"第五纵队"指的是潜伏于马德里市区的内奸。此后,"第五纵队"成为内奸或内线的代名词。

造恐惧、绝望、彼此的不信任以及各种困惑。公众很自然地会相信各种让人听起来瞠目结舌的谣言。当你听到一个谣言后，你会习惯性地添油加醋，让它听上去更为可怕，这简直是一种难以抗拒的诱惑。人们很愿意接受自己听到的这些东西，然后再加上一点自己的想象。但是不得不承认第五纵队是造成波兰、挪威、低地国家和法国陷落的原因之一，所以当我在文章中写出自己的一些真实的想法时，读者们还真的需要一点耐心。

我阅读了一些关于第五纵队的机密报告，而且还很幸运地接触到了一些相关人士，他们的工作就是在英国监督这些人可能的行动，并采取必要措施来打击他们。我不能说出他们的名字来，我只能说，从外表上看来，他们跟我们在小说里看到的特工形象完全不一样，如果你在现实中遇到了他们，你永远不会想到他们竟然是干这一行的。其中有一位又高又瘦，脑袋很小，举止刻板，猛一看特别像是一位数学老师；另一位体态丰满，灰白头发，一张灰色的满月脸，穿着很朴素的灰色衣服，他很会讨人欢心，笑起来很阳光，声音也十分轻柔。我们设想一下这样的场景，天突然下起了大雨，你急急忙忙地跑到一处屋檐下避雨，而身边站的就是他，你会把他当成什么人呢？也许是个卖车的，也许是一位老茶农。

第五纵队的目的就是在敌国的土地上通过平民的活动来为战争做准备。从某种意义上来说这也是战争的一种形式，但是从来没有人像德国人这样做得如此卓有成效，他们会根据各个国家的具体情况来制定不同的战略。在入侵之前会采取严密的步骤来影响公众舆论，收集相关信息，并进行破坏活动，而这些活动在很多情况下，由于当地政府的玩忽职守而变得轻而易举，且成效显著。举例来说，在挪威，德国的汉莎航空公司官员假装想要调查修建一条航线的可能性，竟然在出兵前三周内将当地的机场做了详细的调查。为了传递信息，他们还创造了很多匪夷所思的办法。在比利时，有一些商品广告被贴在了墙上，而其实广告的背面就是地图和有用的情报信息，而在每天的报纸上，德国特工都会通过带有密码的广告向国内发送相关消息。在南斯拉夫有一些支持纳粹的媒体，他们也通过广告形式来发送一些具体的情报信息，例如，这个地区的住宿情况、供水情况以及交通设施，而这些就像是为度假者提供的旅游信息。

一旦德国人开始实施入侵行动，第五纵队就能发挥更为决定性的作用，他们会通过传单、电话信息或者口口相传来传播虚假信息，从而迷惑当地群众。他们还会试图占领重要据点、飞机场、政府建筑、无线电台、邮局和警察局。在荷兰，德国平民通过窗户和屋顶往驻扎荷兰军队的军营里放火。第五纵队的另一项重要工作就是为入侵者带路，当然这需要对当地十分了解。不管是白天还是夜晚他们会通过无线电和其他各种信号形式来引导本国的飞机或者船只前进。

在这儿我想讲一个我所知道的具体例子。在英国的一个河口地区，有一片很小的土地，这个地方虽小但却是交通要道，可以通往一座重要城市，这里驻扎着一些人，他们的任务是阻止敌机着陆，他们经常遭到轰炸，而且生活也非常孤单。基督教青年会（the

Y.M.C.A.）[①]在这里开了一家小餐厅，这些人可以在这里喝茶或者喝咖啡，也可以坐在这里聊聊天，写写信。为了帮助餐厅的工作顺利进行，还来了一位英国牧师。这位牧师人很好，也很正直，很快树立了一种受人尊重的形象。他知识渊博，同时也很善于与人来往，他经常把香烟和糖果分给这里的士兵，因此很受他们的欢迎。他对这些士兵的一切事情都很感兴趣，所以总是很乐意倾听，听他们讲训练营中的情况。士兵们还会跟他说，他们的朋友们驻扎在哪里以及他们有可能被派往何处。晚上餐厅关门时，他喜欢抽一会儿烟斗，这也没什么好奇怪的，这里的天气很热，所以他会拉开窗帘，打开窗户，他点烟斗的时候，用的是大头耐风火柴，这种火柴的亮光可以维持很长时间。有人告诉他说，这样做很危险，但他说他在闷热的餐厅里待了这么长时间，真的需要透一透气，点根火柴不至于有什么危险吧。半小时后，敌人发动了空袭，你也可以说这是一种巧合，但是发生过几次后就显得很奇怪了，那些士兵开始找他，并且开始审问他，最让他不满的是士兵们逮捕了他，并搜查了他的房间。他对这些士兵的兴趣确实很明显，因为他把他们说的很多话都记入了下来。他被带回了自己的房间，门口还派了士兵来把守，他整晚在屋子里走来走去。第二天早晨，有一辆车就把他带走了。从此餐厅中不见了那位和蔼可亲、慷慨而又充满同情心的牧师，士兵们对此倒不是很在乎，让他们后悔的是，当时怎么就没有找个机会把他干掉。

[①] 基督教青年会是全球性基督教青年社会服务团体，已具有160多年的历史。

33

没有必要夸张第五纵队在英国所起的作用。如果对间谍到了草木皆兵的地步，那确实显得有点傻，但是，如果对于这样一种明明在其他国家已经起到了巨大破坏作用的势力完全忽视的话，那才是最为愚蠢的。在英国，所有公民可以分为三种：英国公民、敌国公民以及中立国公民。中立国公民很容易对付，而敌国公民可以被监禁起来。这些人的数量很大，大规模的抗议活动就是他们发起的。他们之中很多人反对法西斯，反对纳粹，有些是犹太人，他们逃亡英国是为了逃脱被投入本国集中营的命运，在他们看来返回家园的唯一方式就是打败轴心国集团。很多人身份显赫，他们准备为他们提供避难所的这个国家付出自己的努力。很多人品格高尚，他们在本国纳粹分子的手下受了不少折磨，所以很难相信他们会为纳粹服务。媒体这时充满使命感地承担起了自己的责任，充分运用各种谩骂手段来反对政府如此严苛地对待这些可怜的人们，人家在来这里之前预想着，这样一个崇尚自由的民族，肯定会热情招待自己，但是到达之后却发现自己被囚禁了起来，这实在让人难以忍受。他们最终肯定会返回自己的国家，如果他们在这里遭受了不合理的待遇，那对他们回去时内心肯定充满愤怒，这就很可悲了。从另一个方面来说，有一些被占领国的教训我们也要吸取，有一些德国人表面上看起来反对纳粹主义，他们会非常周到地照顾这些难民，但后来却发现他们一直在为纳粹效力。据说，盖世太保在难民中安插了间谍，而其中有一些竟然是犹太人。现在处于战争期间，如果在有些方面不采取必要的防御措施，那简直就是一种犯罪。敌国难民遭受囚禁所带来的不满情绪最终有了一个结果，幸运的是这对于英国的名声还是有帮助的，所有的第三类难民（他们被认为是值得信任的）都被释放了，但仍然有几千人还在被关押期间，这其中有很多人（也许是第二类难民中的大多数，法院认为他们比较可疑）对纳粹主义怀有深深的仇恨，而且把英国看成是友好国家，这些人值得我们的一切同情。最难处理的一类人是一些英国公民，他们是从德国或者意大利来到了这里，现在已经在这里住了很多年，可以被看成英国人了，而且还有的本身就出生在英国。根据最新通过的一项议会法案，如果有充足的证据表明这些人可能有叛国行为，那么他们会被逮捕，而且可以不经审讯就被关押起来，但他们有权上诉。在我写作这本书的时候，大约有一千二百人已被逮捕，其中大部分人都提起了上诉，法院也在认真审理他们的案件，但是通过上诉可以获释的可能性很小。英国的法律一般对于犯罪嫌疑人是很宽容的，所以一旦你被逮捕，就说明你的问题就已经很严重了。一开始他们会被关进位于布里克斯顿（Brixton）或者旺兹沃思（Wandsworth）的监狱，随后他们会被转移到内政部（the Home Office）控制下的军用集中营里，他们可以穿自己的衣服，而且也不用去做任何苦役之类的工作，他们可以读报纸，会见客人，收发信件，这种待遇相当不错了。如果你想了解纳粹是如何对待政治嫌疑犯的，你可以去读斯蒂芬·洛伦特（Stefan Lorant）写的《希特勒的囚徒》（I Was Hitler's Prisoner）。

第五纵队的成员有男人，有女人，甚至还有儿童。法国人抓到了一个十二岁的小女孩，她躲在烟囱后面给德国狙击手发出信号，告诉他法国人的位置。这些人可以伪装成牧师、护士、警察、公交车售票员、童子军（Boy Scouts）、铁路工人或者出租车司机。他们有时候会穿着英国的军服，海军、空军、陆军的都有。在德国入侵荷兰前，德国人购买了大量的荷兰军服，这些军服在荷兰纳粹分子的帮助下走私出境。这些东西不久都派上了大用场。有一次，一群穿着荷兰军服的士兵，点着了一艘鱼雷快艇——英国的鱼雷快艇，这些士兵是快艇的船长从荷兰的一个码头带回来帮助他们撤退的。还有一次，一位第五纵队的成员伪装成一位荷兰警察，告诉一群与大部队失去联系的荷兰士兵说，他们的同伴就在转角处，等这些人走过去才发现，有一群德国士兵正在等着他们，这些德国人很快就把他们全部歼灭了。还有一种伎俩，就是让一位德国妇女待在路边，她会向卡车挥手要求搭车，卡车一旦停下来埋伏起来的德国军人就会冲出来杀掉司机，开走卡车。这些都是兵不厌诈的具体体现。但是德国人用的有些伎俩确实让人难以忍受，就算你觉得自己是铁石心肠也会感到脊背发凉。举例来说，占领荷兰后，第五纵队的成员会穿上便装，在大街上边走边唱荷兰爱国歌曲，无知的民众就会聚集在一起，这时不知从什么地方会伸出一只重机枪向群众狂扫。如果他们遇到的是一名荷兰军官，这些人就会向他敬礼，等他转过身去之后，就会开枪把他打死。

让人感到欣慰的是，有时候纳粹的这些险恶伎俩并不能完全奏效。我收集到了三个相关例证。在荷兰的某个海军基地，指挥官发现有两个人穿着海军军服悄悄地跑进了造船厂，他把所有的人都聚集起来，挨个点名，但却没有发现那两个人，于是他告诉自己的手下，明天任何人不许向长官行礼。到了第二天，有两个人依然在对长官行礼，他们就把这两个人抓了起来，发现正是第五纵队成员。还有一个例子，荷兰人发现，一到晚上，第五纵队成员会通过灯光发出信号，告诉德国的飞机可以在这里空投伞兵，一艘荷兰的巡逻船意识到了这一点，他们在听到飞机的引擎声后也发出了同样的灯光信号，于是伞兵从天而降，全都掉进了海里。在波兰的罗芝市（Lodz），第五纵队成员收到了来自布雷斯劳（Breslau）电台的信号："艾舒尔芝医生（Dr Eicholz）的同志们，开始工作吧。"于是他们开始准备炸毁铁路和桥梁，并夺取电话交换台。这些人的装备包括手枪、定时炸弹、保险丝、雷管，还有罐头食品，这些罐头只不过是伪装，上面装的是肉、蔬菜或者油，而底部装的是炸药。开始行动的最终命令是通过电报发送给这些人的各位首领的,电报上写着:"母亲已去世,快准备花圈。"当局觉得很奇怪,怎么会有这么多人同时收到这样的消息,这也体现出德国人创造力的贫乏,最后二十四人被抓,后面的情况我就不知道了。

34

我没有义务告诉美国人民他们是多么幸运,因为他们基本上不会遭遇到第五纵队所搞的各种破坏活动,美国人民完全有能力照管好自己,像我这样一个外国人最好少管闲事。但是不管怎么说,如果有人想开车通过一座摇摇欲坠的大桥,你当然有理由拦住他,告诉他这样做很危险。他可能就是不愿绕道,就是要冒这个险而且还真的安全通过了,然后他就会嘲笑你,说你是胆小鬼,但即使这样,该说的话还是要说的。现在英美两国的利益紧密相连,两国人民都不能无视对方的安危。当然,我们不能期望两个民族做到完全的融合,但是至少我们有着相似的语言、相似的文化以及相似的道德标准。这些依靠的并不仅仅是两国人民的意见一致,更因为我们居住在相同的土地上,呼吸着同样的空气,这是我们所无法逃离的。

现在有很多的德国人和意大利人居住在美国,我毫不怀疑他们对于美国的喜爱与忠诚,很多人逃离欧洲是因为那里的生活状况让他们无法忍受。他们逃离了可恶的专制统治,在这里重获自由,因此他们心甘情愿的接受美国人提供给他们的黄金机会,与美国人同甘共苦。但是,他们真的可以完全忘掉自己的祖国吗?他们与祖国的感情、与同胞之间的感情真的就那么脆弱,可以轻易被割断吗?假如说你是一位因为政治原因而逃离祖国的人,然后去罗马尼亚住了半辈子,感觉自己的生活也非常惬意,不知什么原因美国和罗马尼亚决定开战,你的内心深处会不会有一种原始的情感升腾起来?这种情感如此强烈,以至于你忘掉了你在自己的祖国所遭遇的一切不幸,于是心中还是希望美国可以获胜。我觉得自己心中会有这样的感情。首先我们要承认这种感情的存在,然后再尽可能想办法去帮助这些既危险又可怜的人们。

千万不要忘记,德国人非常冷酷,只要他们提出某种威胁,他们就会尽其所能实现他们的诺言,不要指望他们会对你手下留情。假如说,你是一位德国移民,你的父母还在德国,突然有一天,盖世太保[①]的特工(不要以为这里就没有,这里不但有人数还不少呢),来告诉你说,你必须做点什么来给美国的军队制造一点麻烦,如果你做了,他们会保证你的父母衣食无忧,如果你不做,他们就会被投入集中营。遇到这种情况,你会如何选择?你是那种意志坚强的人吗?在这里,我们必须考虑人性的各个方面,不要指望每个人都

---

① 盖世太保是德语"国家秘密警察"(Geheime Staats Polizei)的缩写 Gestapo 的音译,由党卫队控制。它在成立之初是一个秘密警察组织,后加入大量党卫队人员,一起实施"最终解决方案",屠杀无辜。随着纳粹政权的需要盖世太保发展成为无所不在、无所不为的恐怖统治机构。纳粹通过盖世太保来实现对德国及被占领国家的控制。

意志坚强，他们人性中脆弱的那部分很容易显现出来，如果他们屈服于盖世太保的威胁，我觉得我也不会责怪他们，我只是为此感到难过。我们必须承认，对于一般人来说，遇到这种情况，都不要去奢望所谓的民族大义。

另外，一定要记住，德国人是一个严谨的民族，他们不善于随机应变，但是却组织严密，深谋远虑。跟他们比起来，我们英国人就傻得可怜。我习惯于快要采取行动时才制定计划，而他们决不允许意外的发生。下面我讲一件真实的案例，通过这件事，你就可以看出他们会为减少偶然性做多么充分的准备。英国某地有一个飞机场，战争开始后频繁遭到轰炸，飞行员们都搞不懂德国人是怎么发现这里的，因为这个飞机场的位置很偏僻，而且伪装得也很好，从空中根本看不到。但是德国人一来，就可以轻易地发现并且准确投弹，地方卫队接到一项任务，就是要熟悉附近区域的每一寸土地。有一天，两位工作人员来到了一处很大的房产旁边，这里距离飞机场大约有一两英里的距离，已经荒芜了很多年了，里面有一个很大的马厩，还有一个大花园。由于常年无人照管，这里已经长出了齐膝高的杂草，他们挺费劲地趟着草走过去，到了一处之后发现，这里的土地有些异样，杂草也比其他地方的矮，他们觉得很奇怪，于是进一步细细的搜查起来。他们发现，这里有一片地曾经被耕种过，继续往前走一段，则惊讶地发现这片耕种过的土地有一个很奇怪的形状。他们的调查继续进行，很快了解到了事情的来龙去脉。原来，三年前，有一群来自荷兰的园艺师租种过这里的土地，他们打算在这里试种郁金香，当然实验失败了。开战前不久，他们放弃了实验，返回了荷兰，这所被废弃的房子，可以在几英里外看到，而这些淳朴的荷兰园艺师做实验的区域正好像是一个巨大的箭头，直接指向飞机场。德国人之所以做到精确打击，现在终于知道是什么原因了。很奇怪，英国飞行员从来没有注意过，我想只有你知道那有箭头你才会注意。

下面是我所知道的另外一个小故事。有一对英国夫妇，他们没有孩子，有一个德国小男孩想来这里学习英语，他们很高兴地就答应了，因为那个德国家庭付的钱也不少，小男孩儿很招人喜欢，两口子都愿意和他待在一起。这种关系双方都很满意，于是每年夏天小男孩儿都会过来，这对英国夫妇几乎拿他当自己的亲生儿子，小男孩儿对他们也很尊重。战争开始的时候，男孩儿十六岁，两口子怀着沉重的心情把男孩儿送到车站，他们想给男孩儿一份儿分手礼物，于是便买了一些这个年龄的孩子会喜欢的东西，比如领带、手绢和围巾。他们把这些东西装在一个包袱里，在男孩儿上车时交给了他。那位女士泪流满面，吻着男孩儿的脸跟他说再见，男孩儿也显得很心痛。然而，火车刚一开动，他就把那个小包袱扔在了男人的头上，然后探出车窗在女人的脸上吐了一口痰。

真是捉摸不透的德国人。

35

看起来，我在英国也没有什么事情可做，于是我决定去美国，但是现在不管做什么都不会像以前那样轻而易举，首先我得取得去美国的签证，为此我得证明我在美国有生意上的往来。我不知道美国公民是否意识到了，他们的领事对于想去他们国家的人是多么的满腹狐疑。当他们问我去美国的目的时，我实话实说，告诉他们我想见几个朋友，并在那里游玩一番，领事告诉我，这个理由不充分，我必须从出版商那儿拿到一封信，上面需要写明我需要去纽约商谈图书出版的问题。外国人去美国可以是去赚钱，而不能是仅仅是去花钱。在美国国务院的官员看来，一个外国人去美国绝不仅仅是为了玩乐，这种想法倒是挺实在，不过也实在得有些过分。即便是这样，我也能够找到充分的理由拿到签证，但是在护照办公室正准备给我出国许可的时候，他们又告诉我，还得拿到情报部的许可证。因为作家就会遭到这样的质疑，另外还需要有财政部的许可证。

伦敦开始遭到空袭，我这本书并不是要假模假样地只关心所谓的历史重大事件，只要这种事件与我无关，我就绝不会写进书里，但不幸的是，它已经影响了平常人的生活，而我就是这样一个平常人。白天的空袭并没有造成多少不便，只要空袭警报响着，人们一般不会上街，如果空袭警报结束了，人们也不会太注意到它。一开始，只要警报一响政府机关就会关门，工作人员就躲进防空洞里，但是这非常影响工作，于是后来下令说他们的工作不受空袭警报的影响。大的商店都已经关门了，而小商店还在继续营业。一开始防空洞的利用率很高，但后来有一次我去一个防空洞，看有多少人在里面，结果发现基本上空着。伦敦人很快习惯了警报，街道上就像以前一样熙熙攘攘，而妇女们也会若无其事地去买东西。有一段时间，空袭警报特别频繁，你都分不清哪些是开始，而哪些是解除警报。我在多切斯特酒店（the Dorchester）的顶楼有一个房间，一天下午，我正躺着床上读书，忽然听到了警报声，随之而来的是头上飞机的轰鸣。我正在琢磨要不要躲进一楼的大厅里，这时一位女士打来了电话，她并没有什么特别想说的，只是感觉很孤独，想找人聊聊天。但是我觉得这个时机不太合适，所以我想尽快结束谈话，但我注意到，女人要是拿起话筒来就很难放下，最后我不得不听她杂七杂八地聊了半天，最后，她非常气恼地对我说：

"这倒霉电话什么毛病！我根本听不清！哪儿来的这么大杂音？"

"是空袭警报。"我心平气和地说。

"有吗？不会吧？我还以为是警报解除了呢。你能听到飞机的声音吗？"

"可以呀。"

"哪儿呢?"

"就在我头上。"

这时,位于海德公园(Hyde Park)的防空炮响了起来,声音震耳欲聋,电话那头儿寂静下来,随后缓缓地响起了一个声音:

"也许我该挂了。"

"确实。"

"我会再打给你的。"她的口气非常坚决。

随后,德国人开始在夜晚实施空袭,我印象里第一次是在九月初的一个周六,随后他们来得就非常有规律了,从入夜开始一直持续到黎明。头两天晚上,我睡在自己的房间,我的房间在十二层,防空炮距离我不到一百码(约九十米),那声音震得人耳膜生疼,炸弹也会落在酒店附近,酒店就会拼命地摇晃,就像是一只狗从海里爬出来,然后抖落身上的水一样。所以这种情况下根本睡不着觉,于是我把自己的傲慢放进口袋里,也走进了防空洞。第一天晚上,我睡在三张椅子上,我觉得这个地方有点儿太局促,想了想没有什么理由可以阻止我让自己更舒服一些,于是我去赛福瑞芝百货商店买了一个床垫,我把床垫拿到防空洞里,把它放在一个很方便的地方。我在顶楼的房间里换上睡衣,拿了几个枕头和一床鸭绒被,然后走进了防空洞,我曾经在"盐场大门"号上的铁质甲板上睡过三个星期,现在的条件简直是奢侈,我睡得像孩子一样香甜。我不时会被海德公园传来的防空炮声惊醒,这虽然是噪音,但这让我对我们的安全充满了信心，所以很快就又睡着了。早上五六点钟的时候，外面发出了解除警报的声音，人们纷纷起床，这也就把我吵醒了。我走进隔壁的厨房，让厨师给我一杯咖啡，他会给我讲晚上所发生的新闻。跟他闲聊一阵后，我走到自己的房间再睡上一小觉，直到吃早餐的时候。

36

一开始，伦敦的社会生活并没有发生太多变化。我曾去过一个宴会，这次的经历一直留在我的记忆中，因为它确实与众不同，宴会是在威斯敏斯特的一间很古老的小房子里举办的。过去几年里，这个地区的一些老房子变得非常时髦，这一部分是因为这些老房子有镶嵌式的墙壁和漂亮的烟囱，这使得这些房子个性十足；而另一部分的原因是这里很安静，也接近议会大厦。宴会上一共有十个人，用餐完毕后，我们上楼来到客厅，发现女主人真是很用心，由于当时的情况，很多乐手都非常穷困，为了给他们提供一点儿必要的钱，有些好心人，就会时不时地雇用他们。当时的客厅里有三位乐手，分别演奏钢琴、大提琴和小提琴。我们舒舒服服地坐在扶手椅里，他们便开始演奏海顿（Haydn）的一首奏鸣曲。刚演奏了一小会儿，窗外的警报声就划破了夜空，几分钟后防空炮开火了，听起来离我们很近，可以推测，德国飞机离我们不远。但是这几个乐手在继续演奏，没有人真正注意窗外地狱般的嘈杂声，一曲终了，我们全都热烈鼓掌,就好像除了美妙的音乐外其他一切都没有发生。炮火仍在继续,他们又开始演奏另一首曲子。那个夜晚我们玩儿得很高兴。由于警报还没有解除,我们不能无限期地待在这里,所以我们开始各自回家。

到了晚上,在一些偏远地区很难叫到出租车,而在街上走也有些不方便,倒不是怕炸弹从天上掉下来,而是因为街上落满了防空炮的炮弹碎片,很多人都顶着钢盔在街上走来走去,有一个人曾经跟我在多切斯特酒店一起用餐,回家的时候经过皮卡迪里(Piccadilly),看到离自己五十码(约45米)的地方落下一颗炸弹,他赶紧扑倒在地,事后他跟我说:

"幸亏当天没有下雨,要不我的衣服就全毁了。"

很多人参加完宴会后都会留下来过夜,所以多切斯特的休息厅里挤满了人,他们一直睡到早晨警报解除,这些人中有的确实是为了用餐,有的就是到这里来寻找避难处,因为他们住的地方周围无处可藏,有的来这里是因为这里比旅馆的条件要好一些。也有些人根本不向当时的情况屈服,很少有人在晚上穿礼服,但是我认识一位老夫妇,她家的老爷子非常绅士,曾经在国家机关供职,而且很有声望,这对老夫妇每天都穿得一丝不苟,让人根本感觉不到这是在战争时期,他们经常和朋友们来多切斯特用餐。到了晚上十点,不管空袭的炮声多么密集,他们都会叫一辆出租车,然后悄然回家。有一次,我们一起参加宴会,那位女士责怪我穿衣服不够正式。

"我就是不明白,仅仅因为有空袭,男人就可以穿得不像绅士吗？"她说。

有一次，我的一位老朋友和我一起用餐，她是一位非常聪明的女士，我们谈到很晚，然后她对我说：

"你看起来很累了，我也该回家了。"

那天的空袭特别强烈，我告诉她不该去冒险。

"别说废话，给我叫辆出租车，什么空袭不空袭的，我才不怕呢。"

我只好按照她说的去做。第二天早晨我一醒来，就收到了她的来信。信是用铅笔写的，信里说，出租车司机把她送回家后，她考虑了半天，觉得在这样的夜晚让司机在街上乱转实在不合适，于是便把他留在了家里，和他聊了一个晚上。谈话中发现，这位司机不仅性格开朗，而且还特有幽默感，正是这位司机把她的信交给我，当然这时空袭警报已经解除了。

一开始，穷人中有很多怨言，因为飞机经常轰炸的就是他们的住处，他们会愤愤不平地问：

"为什么希特勒不轰炸西区？"

确实，在当时，穷人是空袭最大的受害者。有钱人住的房子非常坚固，只要躲进地下室里就可以高枕无忧。一旦炸弹落下来，他们逃跑的几率很高，顶多受点儿皮肉伤。如果炸弹落的位置离房子很近，那也只会把窗子震碎，其他的也没太多影响。而工人阶层住的那一排排的小房子就像是薄脆饼干一样，根本起不到保护作用。在路中央落一颗炸弹，整条街的房子就都完蛋了，所以成千上万的人很快无家可归。他们在银行里没有存款，所以也住不起旅馆，买不起生活必需品，他们在农村里也没有朋友，真是无处可去。他们承受着威胁和各种生活上的不便。但他们很有勇气，也极富幽默感，我就认识一位住在伯茫西（Bermondsey）的女士。她住在郡议会的一所大房子里。这个地方本来是贫民窟，后来被拆掉了，于是盖起了这所房子，这位女士寡居多年，有两个孩子，小儿子去了农村，大儿子已经报名参军，所以整个房子里就她自己，显得空空荡荡。伦敦遭受空袭后她也不愿意离开，因为在她看来，这是等了很多年才能住上的好房子，不幸的是，房子被炸掉了。面对这样的不幸遭遇，她只不过说了下面的话：

"哎呀，这房子太大，我根本付不起房租，我本来就想着搬到一个小地方去住，可是要搬的话，还得把家具都搬走。现在好了，德国鬼子把它炸毁了，我也算无房一身轻了。"

有一天早晨，一位刚刚从工作地点回家的男士正在吃早餐，他一边吃一边对妻子说：

"宝贝儿，能不能把窗子关一下，早晨的空气还真有点儿凉。"

他妻子咯咯地笑起来。

"亲爱的，哪还有什么窗子，我忘记告诉你了，窗户昨天就被炸飞了。"

那个人笑得前仰后合，震耳欲聋。

很快，西区也开始受到轰炸，邦德大街（Bond Street）两旁的人行道以及邻近的街道上满是散落的碎玻璃。我有位朋友住在奥伯尼（Albany）的一座古老而又浪漫的房子里，诗人拜伦（Byron）

就曾经在这里住过。有一天，从天上飞下来的炸弹把他直接从床上掀了起来，然后重重地摔在地上。三十年前，追求时尚的年轻人都来伯灵顿拱廊（the Burlington Arcade）买衬衫和领带，现在这个地方也已经成了一片废墟。走在十八世纪梅菲尔住宅区（Mayfair）的古老街道上，看着在原来漂亮的老房子中间裂开了一道宽宽的缝隙，真是让人唏嘘不已。而且，还时常可以看到在破碎的地板上挂着一个烟斗，或者在一个小钉子上孤零零的挂着一件外套。虽然轰炸带来了巨大的经济损失，但人们却都能够以超然的平静来对待这些。一天早晨，一位女士来到多切斯特酒店，她在爆炸中被直接炸出了自己的房子。她的所有家具全都报废了，衣服也都没有了，当然，除了身上穿的这一套。不过，她的精神状态很好，对曾经的危险经历不以为然。她坐下来准备吃早餐，要求在咖啡里加点儿奶油，但旁边的人告诉她，奶油已经吃光了，她立刻大发雷霆。没办法，奶油是她的最后一根稻草。

"我从我那该死的房子里被炸了出来，什么都没有了，现在你们竟然告诉我已经没有奶油了！没有奶油，这个国家就该进地狱！"她大喊大叫起来。

人们尽量像往常一样工作和生活。有些人的房子在晚上遭到了轰炸，他们被炸出了房间，可到了早上，他们像什么都没发生过一样去工作。有一天，我去英国银行，正赶上它刚刚被敌机轰炸。基本上所有的窗户全都震碎了，有些办公室乱得出奇，可银行照旧营业。有些人的办公室被完全毁掉了，他们只好搬去其他地方办公，而找这些新办公地点稍微带来了一些不便。我有个朋友住在梅达谷（Maida Vale）（位于伦敦西部的一处富人居住区），每天早上十点都会有一位杂货商准时来给他送货。这家小杂货店里有一对夫妻，他们的儿子和儿媳，以及一位还没有出嫁的女儿。他们都住在杂货店的楼上。他们的女儿很聪明，有一天，她把一家人召集在一起，对他们说：

"我们不该都住在一起。要是哪天遇上炸弹袭击，我们都得死掉，那样的话买卖就没人打理了，这会让很多老主顾失望的。我们应该分开住。"

这个想法听起来很不错，于是儿子儿媳搬到了邻近的街上住，女儿也搬走了，就剩下老两口继续住在杂货店上面。没过几天，商店果然遭到了轰炸，老两口被从废墟里扒了出来，幸好伤得不重，并很快被送进了医院。他们的一对儿女聚在一起商量下一步该怎么办。他们想的第一件事情就是不能让老主顾们失望，于是他们来到两三条街外的另一家杂货店里，问店主能不能让他们借用一下这家店来继续做生意。这位店主很爽快地答应了。于是，就在当天的早上十点，准时准点，年轻人出现在我朋友的门前，就好像压根儿没有飞机轰炸这回事儿一样。

很多人都离开了伦敦，可也有一些人就是不愿离开。其实，他们也不是在这里有多少产业，他们就是喜欢待在人多的地方，或者说，他们觉得冒着飞机轰炸的危险待在伦敦是一件挺刺激的事。空袭确实可怕，但与一战时的情况相比，似乎也不算什么。而且，人们心头蓄积的更多的是愤怒。我听说，在东区有一个人，在空袭最猛烈的时候走在街上，突然踩到了一具尸体，他便怒不可遏地大喊大叫，朝头上的飞机挥舞着拳头。人们的心理变化很微妙，有时我们都很难猜透。大家都有点儿认命，我发现，有这样一种很普遍的心理，如果炸弹注定要落在你身上，那你就别想跑，跑也跑不掉。但也有人存在侥幸心理，认为炸弹一定会落在别人身上，而他自己一定会安然无恙。不管男女，大家的情况都差不多。我就认识这样一位男士，他身材高大，平时说话也底气十足，可这种气势被空袭完全给压住了。他晚上睡不着觉，白天也没办法正常工作，空袭一来，他就吓得四肢瘫痪，在防空洞里一躲就是几个小时，别的什么也不干，只是窝在那儿看侦探小说。不久，他就搬离了伦敦。一战的时候，他在法国，当时炸弹落在了他所在的建筑物上，绷扎所里除他之外所有人都被炸死了。我还了解到，有些女士已经被空袭吓得魂飞魄散，但她们却死也不肯离开伦敦，因为他们的丈夫或者儿子还待在这里。她们对亲人的爱远远超过了对空袭的怕。不过，总体来说，神经紧张的人还只是少数，绝大多数人都变得越来越有活力，他们都有点儿享受动荡所带来的刺激感，彼此还经常开开玩笑。我离开英国后，有一位老妇人写信对我说："不知道是空袭不像以前那么猛烈了，还是我已经习惯了，反正现在我睡得很踏实。实话实说，比起空袭来，我的那些女婿们更烦人。"

37

有一天，我来到了伍尔韦奇（Woolwich）。我们开着车在路上走着，这时响起了警报声，但和往常一样，没有人特别注意。车子照样往前开，行人继续朝前走，不时能看到躲在门廊中的三三两两的人抬头看天，希望能看到飞机，这也基本上是空袭所造成的最大影响了。我们最终到达了一个大的军火库，这时空袭警报解除，正是吃午饭的时间。我来这儿不是要参观这里的建筑，我来是要参加一个音乐会，音乐会将要在一个小餐馆中进行，而与此同时，工人们也会在这里吃午饭。

表演者已经在等着了，有两个女孩儿，都穿着廉价而且色彩艳丽的舞台服装，这里还有一位喜剧演员，一位钢琴手，还有一个人，既会拉小提琴，也会弹吉他。这种音乐会经常在夏日的英国海边举办，天气好的时候，他们就露天表演，温度转凉以后，他们就会搭一个帐篷。要是某年的夏天天气很糟糕，这对他们会是一个毁灭性的打击，因为无法表演，他们的生计就会很成问题。也许你会想，他们在冬天干什么呢？到了那个时候，就连偏远地区的歌舞杂耍场子也不会请他们去表演，也许这些女孩儿在圣诞节前后能够表演一些童话剧，客观地来说，他们的演出确实很一般。两个女孩儿中有一个年龄不超过三十，长得还算漂亮，而另一位完全是中年妇女，浓妆艳抹也遮不住一脸的褶子，头上横七竖八地插着一些羽毛，头发也是漂白过的。那个喜剧演员年过五十，他告诉我说，他的儿子在敦刻尔克（Dunkirk）撤退中受了伤。这样一个小型表演队的身上散发着一种悲剧气息，但是他们自己不觉得，他们工作起来兴致很高，而且也非常投入。这样一份工作让他们感觉很自豪。

工人们涌了进来，他们在长长的桌子两边找到了自己的位置，每个人手里都端着一盘子吃的，这些都是分发处分给他们的，他们一边吃一边准备看表演。他们中大部分都是女士，有些人随身带着毛活儿，很快男人们也涌了进来，他们为了欣赏演出匆匆吃完了午饭，然后成群结队地涌进了屋子的两侧和后面。他们吃的饭菜很不错，我敢这么说是因为后来我自己也吃了，饭菜的种类很多，而且价格也不贵，我吃了牛排布丁、蜜糖派，还喝了一杯咖啡。演出一共持续了二十分钟，开场照旧是一个合唱，随后那个喜剧演员带上了一顶圆顶高帽，以表明自己的身份，然后开始表演，两位女士中比较年轻的那位拉了一段六角形手风琴，年龄稍大的那位浓妆艳抹的开始唱歌，她的声音很小，而且还感冒了，但唱起歌来精力还很充沛，观众们逐渐进入了状态，开始跟着她唱起来，很快这里就不再是那种排练好的正规音乐会，变成了全民大合唱，而这正是观众们所喜欢的形式。接下来的时间里,人们都开始唱那些很熟悉的歌曲的高潮部分,音乐会就此结束。演员们急急忙忙去另一个餐厅赶场,他们在二十四小时内要表演四场,两场在白天,两场在晚上。每个餐厅每周都会有这样一次音乐会,但即使这样,观众们还是不满足,所以,人们会争取给他们更多的表演机会。

我不知道是谁想到的这个主意——就是举办这样的小型音乐会,给工厂的工人带来一些娱乐。但是我知道,当劳工部长厄尔内司特·贝文(Ernest Bevin)得知这个想法后,他马上看到了其中的价值,并立刻付诸实施。正是因为听了他的建议,我才想到亲自来到餐馆看看这种表演有多受欢迎。贝文的工作很出色,他看起来不像英国人,块儿头很大,胖脸,脸上肉很多,而且中间部分有一点往里凹,皮肤黝黑,深棕色的眼睛闪闪发亮。第一眼看到他,你会误把他当成意大利人,他的声音响亮悦耳,一说话就充满激情,他对自我很看重,你跟他谈话总会反复听到第一人称单数。就我来说,如果有人在我面前表现得自高自大,我也不会感觉受到了伤害,我发现,很少有政治家会表现得非常谦逊,而我也不认为谦逊在他们身上是一种美德。一个人如果到了某个位置上,而这个位置又要求他承担很大的责任,那么他只有相信自己的判断力才能做出有效的决断。他必须相信自己做出的每一个决策都是正确的,自己的判断力远超常人,所以,尽管贝文确有自高自大之嫌,但我却不认为那是一种缺陷。

他的职业生涯可以称得上辉煌。贝文出生在布里司托尔

（Bristol），父母都是普通工人，11岁的时候就开始工作了，干过很多不同的工作，其中就包括码头工人。在战争开始的时候，他是运输与普通工人联合会的秘书长，也是工会委员会的成员之一。对于这两个职位所给予的巨大权力，他感到非常满意，因此一直拒绝进入议会。他对劳工阶层的影响力很大，直到温斯顿·丘吉尔突发奇想任命他为劳工部长，他才答应进入下议院当了议员。尽管他的很多同僚都讨厌他特立独行的办事风格，但是他真诚的爱国热情、雄辩的口才和旺盛的精力都给人留下了极好的印象。欧内斯特·贝文（Ernest Bevin）努力劝说各级工会接受一些能够使劳动力得到更合理配置的改革措施，这些改革进行得很顺利，换了第二个人就不会这样一帆风顺了。这些改革措施意义重大，因为这意味着工人自愿放弃了某些权利，而这些权利都是他们经过长期斗争才获得的，因此格外珍视，但是请不要以为贝文只是想着充分利用劳动力来生产战备物资，社会服务行业不仅没有减少，反而也增加了。现在我们需要关注一下关于劳工部的一件很有趣的事情：它创立于1917年，当初只是贸易委员会的一个分支机构，它的各种活动尽管影响很大，但实施范围却很窄，战争爆发后，它需要处理的事物瞬间增多，于是工作人员也增加了很多。这里的公务人员都业务熟练，精明强干，但其实他们大多都并非专业人士，虽然这么说，我们必须承认的是，这些人拥有一些特殊的资质。

英国的公务人员都是一群聪明人，严格认真，诚实友善，责任心强。但不幸的是，他们却沦为了官僚体制的奴隶，要是说他们对于建设性的努力有一种出自本性的敌意，这话也不为过。他们有一种无与伦比的能力，就是阻挠一件事的完成。他们羞于承担责任，而且他们发现，能够不犯错误的最稳健的做法就是什么都不干。那些不得不与他们打交道的人很快就会郁闷地发现，这些办事人员不会把自己看作是为公众服务的，而是把自己看成是办公室里某台机器的主人。他们办事的方式让人感觉他们有着绝对的权利，而且他们在行使这些权利时，会表现得十分礼貌恭敬，而且还带有一种残酷的坚定意志。下面我想举一个关于官僚作风的小例子。这听起来有点儿不可思议，但我反复向一位诚实可信的人去求证，最终证实了这一事件的真实性。作战办公室的一名将军要去办理一件公事，急需一辆汽车，他需要写五份申请书，而且申请书上必须有一位和他军衔一样的官员签字，然后这些申请书被送到了一名办公人员手上，如果这名办公人员认为有必要，他就可以拒绝这一申请。

劳工部长充分利用了公务人员的这一特权，所以他们部门所雇佣的人员多年来一直在关注工业问题，因此比起其他部门来，这里的办事人员对实际的了解还算比较深入，他们用自己的专业知识真诚地与部门里的各位领导紧密合作，结果就是，这个部门的办事方式很灵活，而且敢于尝试一些有创意的好点子，另外也鼓励了人们的进取心。

38

工人们已经达成了一致,同意为了赢得这场战争而放弃很多得之不易的自由权利。他们工作起来非常努力,工作强度之大对他们的生命安全都有可能造成损害,每天要工作很长时间,而且放弃了周日的休息和夏天里的假期。战争结束后,他们肯定会争取获得回报,这自然很容易理解,只要一个人稍微有一点儿理性,就会确保自己所付出的辛劳能够得到回报,那么回报具体指什么呢?很有可能的情况是,在即将到来的大选中,工党会占据下议院的大多数,工人阶级将获得自己的权利,接下来的问题就是,他们将会怎么使用这些权利呢?

我既不是预言家,也不是政治家,我的观点并没有太多价值,我所能做的就是告诉读者,对于自己接触的人我对他们的观点有怎样的想法,这其中包括工厂里的技术工人、工头以及工党领袖。这些工人领袖不是那种年纪轻轻头脑容易发热的所谓革命者,他们不管从年龄还是心态上都很成熟。他们通过与成功的大企业合作或者以主席或者秘书的身份管理工会事务从而展现了自己非凡的才能。他们能够团结一致，主要是因为心中有一种渴望，希望能够改善工人阶级的工作和生活状况，保证他们有工作，同时也有适当的休息时间。还有，当他们年老体衰的时候，国家会发给他们足量的养老金。在伍尔韦奇兵工厂（Woolwich Arsenal），我遇到了一位先生，他的主要工作就是保证工人的福利，为他们解决困难，并且处理相关的劳资纠纷。我和他进行了一次谈话，他人很聪明，而且充满同情心。我问他，工人怎么可以接受这么长的劳动时间，而且还取消了他们的假期，限制他们的权利。他很友善地告诉我，工人们早已意识到了，这样的状况是必然的，在成千上万的工人中，对于这样的改变基本上没有多少怨言，这确实让人感觉很吃惊，他们的心里只有一个目标——赢得战争。

"不过，"他接着说道，"一旦战争结束，他们就会要求拿回自己的自由和权利，如果到时候他们不能如愿以偿，那麻烦可就大了，在他们的内心深处，他们想改变的实在太多太多了。"

有一次，我问海军大臣亚历山大，战争结束后，他希望英国变成什么样子，他用两句话概括了自己的愿景：人人有工作，贫富不悬殊。

我和很多人都交谈过，他们的头脑都非常的清醒，也非常理智。我发现，在他们的想法中，没有那种可以让自己感到十分恐怖的事情。在他们看来，战争结束后，马上会有一次经济复苏，但是呢，随之而来的又会是经济的滑坡，就像是上次的经济滑坡一样，但是这次不管怎么说是有前车之鉴的，他们相信一定可以避免经济滑坡所带来的灾难性影响。不言而喻，战后我们得过上一段苦日子，会有大笔的债务等着我们去偿还，一还就不知道需要多少年。工人们预料到在很长一段时间内，超出的工作时间还会继续，只有当经济状况稍微有一些好转后，每周工作四十小时的理想状态才会正式纳入议事日程。工人们希望能够有一些政策，将一些生活必需品的生产由私营变为国有，他们希望国家贸易的受益者不仅仅是某些个人，而是整体劳动人民，这有可能会带来革命，但在我的印象里，这种革命不会以暴力的形式出现，而是大家协商的结果。同时我也发现，富有阶层完全可以意识到工人阶级所表现出来的无私、务实和勇气，所以不管这些有钱人将来需要做出多大的牺牲，他们都会心甘情愿，以保证工人阶级能够得到他们问心无愧的各种福利。我听到一些上层人士宣称，他们自己的时代已经成为过去，他们会非常顺从地接受生活方式上所可能出现的变化，甚至可以说，他们在满心期待这些变化的发生。

39

回到英国后,我发现每个人工作起来都像闪电一样神速,那些能力比较差、办事不上心、松松垮垮、拖拖拉拉的人几乎很少见到,也许是很多人把自己伪装成了工作努力办事高效的样子,但不管怎么说,总体来看,整个社会的运转平稳而高效。在我看来,整个国家都十分团结一致,这是我前所未见的。我逐渐形成了这样一种观念:战争的危机摧毁了英国社会生活中的一块顽疾——等级观念。我在伯芒西有不少朋友,这是伦敦较为贫穷的街区之一,很多年轻人都已经应征入伍,他们惊讶地发现,自己竟然喜欢当兵的感觉。在军营里,他们的住所条件不错,饭菜也非常可口,这是他们以前没有料到的。他们每天都需要在户外进行训练,这让他们的身体颇为强壮。当他们回家探亲时,身上的军装让他们有了一种荣耀感,他们非常明显具有保卫国家的意识,而且这身军装还会吸引不少的漂亮姑娘。不止一位母亲在谈起自己当兵的儿子时都会带着一种困惑的表情:"真是奇怪,当兵之后他长大了不少,更像个男子汉了。"

我曾经问过几位从这里走出去的年轻士兵，当然语气尽量委婉，尽量不要伤害他们的感情。我的问题是：他们怎么看待和他们一起当兵的那些富家子弟。

他们大多回答说："他们挺好的，大家都平起平坐，没有谁瞧不起谁。"

我也遇到过军营里的富家子弟，他们也很喜欢军队的生活，他们很容易地就跟屠夫的孩子、面包师的孩子以及其他手工业者的孩子们打成一片了。他们同吃同睡，一起工作，一起玩乐，很是享受在一起的生活。我相信，正是他们的这些做法使不同阶层之间的关系变得更为和谐融洽。人们一般都会认为，就是这些富家子弟歧视工人子弟，于是造成了强烈的阶级意识（至少在英国是这样），其实这是一种偏见，恰恰相反，面对这种情况，心理上容易出问题的正是那些下层子弟，他们有着强烈的阶级意识，时刻带着不信任的眼光来与富家子弟相处。幸运的是，那些富家子弟用自己的幽默感和解决实际问题的智慧打消了他们的疑虑。我就认识几位这样的年轻人，他们在军营里生活得快乐无比，他们的长官希望他们能够尽快晋升，脱离军营，走上领导岗位，而他们自己倒颇不情愿，因为舍不得军营里的这些好兄弟。

英国人一直有一种印象，觉得自己到了国外会更受欢迎，因为他们每月领的补贴比较丰厚，而且性格上也很平易近人，还有，他们喜欢各处旅游，不管到哪儿都能够把自己的生活安排得很舒服，这是他们信心的主要来源。但在这场战争期间，他们发现上述想法只不过是一种幻觉，这对他们来说不啻是一种巨大的打击。我们必须得承认，他们确实有许多优秀品质，但是他们不太会跟当地人打成一片，而且有时还很害羞。有时候，我们会看到在国外的英国士兵努力地想讨当地居民的欢心，但却总是弄巧成拙，适得其反。看到这样的场景，我们忍不住会可怜他们。我们英国人经常被认作狂傲自大，而且这种说法并非完全毫无由来，也许这是我们最致命的缺点，似乎这是英国人性格特点里面很自然的一部分。以前人们总会以为，这种傲慢自大只存在于上流社会和中产阶级里，但实际上，就算在工人阶级中，这种情况也很明显：一个技术工人的妻子碰上一个普通工人的老婆，前者有时会犹豫要不要跟后者建立友情。我就听说过一个这样的例子，在伯茫西有一个非常漂亮而且性格也很不错的女孩，嫁给了一位印刷工人，但是他丈夫的家人却非常瞧不起她，因为她的家在一条有名的穷街陋巷里，实际上，在我看来，她娘家的房子和婆家的一样简陋，没什么本质区别，而且两家的距离还不到一英里。

实际上，权势阶层的傲慢自大是由他们在教育上享受的特权慢慢培养起来的。一百多年来，英国的私立贵族学校已经成为英国人生活的一大特色，很多人都认为，英国人的优良品质就是受其影响而逐渐形成的。据说，威灵顿公爵曾说过，英国人在伊顿公学的操场上就打赢了滑铁卢战役。现在显而易见的是，那些父母已经无法掏出足够的钱来供自己的儿女上这些昂贵的学校，他们现在绞尽脑汁，能使每个月收支平衡就蛮不错了。这些贵族学校要想继续存在，就必须恢复自己刚刚建校时的理念，那就是，无论贫富，大家都可以享受一样的教育资源。只要工人领袖们愿意，这些贵族学校就可以转变成像法国公立中学或者像德国的高级中学那样的办学机构，这未尝不是一件好事。

如果大家在一起接受教育，无论贫富，无论地位高低，那些所谓的阶级意识自然会慢慢消失殆尽，这就扫清了大家相互了解的最大障碍。不管他们的出身如何，成长环境怎样，只要在同一所学校里学习，一起完成同样的任务，一起进行同样的体育活动，那他们的地位就是平等的。我真心希望，他们在长大后无论从事什么工作，无论生活状况如何，他们都可以保留那份在学校里无意中获得的平等感觉，这要比他们独自待在家里没有机会与不同阶层的孩子接触好上几百倍。

40

到现在为止，我的各种手续都已经办理齐全了，我在等有哪架飞机可以带我去里斯本（Lisbon）。一天下午，我离开了伦敦，坐火车来到了布里司托尔（Bristol）。第二天早上，很早我就开车来到了机场。坐上飞机后，我问飞行员，我们有没有可能被迫着陆。

"那我们也太倒霉了。"他回答说。

我们飞到了海面上，窗子都关上了，其中有一段路由"喷火"战斗机护航，六个小时后到达了里斯本。这架飞机上有很多邮件，乘客却很少。我很幸运，从某种意义上来说我的一生都很幸运，因为不管走到哪里，我都能够遇到勾起我好奇心的人。飞机上的乘客中有一位美国人，我们很快成了朋友，这是一位举止粗鲁的年轻人，身高体壮，看起来笨手笨脚，大胖脸，一脸的天真无邪，大眼睛里面满是友好之意，头发乱七八糟的，就像一个墩布。他穿的衣服肥肥大大的，戴的帽子也有些惊世骇俗。他对我说，他和一群其他美国人（我记得他说有四十人）曾在格拉斯哥大学（the University of

Glasgow）。战争开始时。他正准备参加期末考试，现在呢，他已经滞留在英国很长时间了，正想着如何逃离。我问他为什么来格拉斯哥（Glasgow）学习，美国的好大学也不少哇。他说，在美国，要想进一个好的医学院很不容易，除非你有钱有势。我听起这说法来觉得很奇怪。在我看来，美国经济发达，又标榜民主，不应该出现这种情况，但是我没有理由怀疑他说的话。我发现他从未去过欧洲大陆，所以只会说英语，身上只带着有数的几块美元。我知道里斯本是难民的天堂，经常人满为患，所以提前打电报预定了宾馆的房间。他对于今后完全没有计划，不知道以后要去哪里，也不知道靠什么生活，我从未见过如此无助之人。

我觉得我不能把他一个人扔在这个陌生的城市，所以等我们着陆后，我建议他可以先去我预定的旅馆，在那儿，就算他找不到房间，也可以在我预定的房间里先待上一阵儿，要么睡在沙发上，要么用椅子搭个床睡。但是等我到了旅馆，我才失望地发现，连我自己都没有房间。我们回到出租车上，恰好司机会说西班牙语，我的西班牙语也算是不错，于是就请求他带我去城中各大主要旅馆碰碰运气。所有的地方都人潮汹涌，满坑满谷。我们在各处游荡了两个小时，终于在一个膳宿公寓找到了一个有两张床的房间。房间里脏得要命，床单之类的让我心存恐惧，生怕一躺上去就会染上什么致命的传染病。吃的东西也是一塌糊涂。但是唯一的好处就是价格便宜，这正符合我们的要求。那个美国小伙子当然没什么钱，而我离开英国时也只允许带十个英镑。里斯本难民那么多，几乎个个都想坐飞机或者乘船去美国，所以我实在想不到自己会在里斯本滞留多长时间。与一个完全的陌生人朝夕相处，这几乎是我人生的第一次，让我充满了好奇。那个美国小伙子待人还算和善，也羞怯地表达了对我照顾他的感激之情。我们几乎时刻形影不离，我们需要在警察局门前排很长的队，让他们检查我们的护照。排队的人来自欧洲各国，有波兰人，比利时人、捷克人、法国人、德国人。所有这些外国人在里斯本的日子差不多少，那就是没完没了地排队，在里斯本的一周内，我至少排了十二个小时的队，去接受各种检查，申请各种许可。我一直没有问美国小伙伴的名字，他的无知总会让我目瞪口呆，他可是大学毕业生啊！除了他的专业知识，他对其他一切都一窍不通，这样一个人怎么能够适应美国高度竞争的生活呢。更为严重的是，他根本意识不到这一点，谈来谈去，我的火气再也压不下去了，便厉声对他说：

"宝贝儿，我怀疑你的脑子完全是空的。"

他羞涩地笑了一下，这笑容悠远绵长，竟然透露出一种很奇特的吸引力。

"我确实孤陋寡闻，我十二岁的时候就开始给人跑腿儿挣钱，所以没有时间学东西。"

他的回答让我感觉很糟，我真希望自己当时能忍住不生气。他后来给我讲了他所从事过的各种职业，这些职业都非常无聊，而且使他这个人染上了一层悲剧色彩，但是为了上学，他又不得不去做。我很奇怪，美国社会怎么会是这样子，一个有理想又很努力的苦命男孩，为了自己的理想职业，竟然要如此长时间地从事单调乏味的工作，以至于几乎耗损了他的全部精力。当然，我们不能说他完全无知，他至少懂得一些医学知识，就凭这他拿到了大学毕业文凭。他曾经很骄傲的拿出来给我看过，但除此之外，我真的可以说他一无所知。他不像是受过大学教育的样子，真正受过教育的人不会像他那样，这些年来，他在忍受着双重的劳役，其中一重是获取专业知识，而另一重就是挣钱养活自己。在这一过程中，青春时光连带着激情与梦想悄然从手边滑过，现在，他已年近三十，却仍然像十六岁的孩子一样懵懂无知。我曾问他，既然对这个世界如此缺乏了解，有没有可能只会成为一个混饭吃的医生。在我看来，他的人生注定是一个经典的失败者案例，这就不仅让人产生疑问：他们为什么还要来到这个世界？也有一些资质平平的人，他们能力虽差，但却信心满满，可以理直气壮地向别人炫耀自己的平庸。而他却相反，他有一种出自骨子里的谦逊，他注定会是一个悲剧人物，不过我也管不了那么多了。整整两天后，他找到了一艘驶向纽约的轮船，于是他拖着自己惯常的极其笨拙而又无精打采的脚步一步一步挪出了我的生活。我想，如果第二天我们在街上相遇，也许压根就互相不认识了。

总结

1

    这本书既不是自传,也不算是回忆录。在此之前,我已经通过各种方式,将自己人生中遇到的各种人和事写进了自己的作品里。有时候,如果某段经历可以用作某部作品的主题,我就会虚构一系列事件来表现这一主题;而更为常见的是,我会把很多熟识或者只有几面之交的朋友当作人物原型来加以塑造。在我的书中,事实与虚构相互交织,现在回过头来看这些作品,我已经很难将二者截然分开。就算能够回想起那些事实,我也完全没有兴趣把它们记录下来,因为我作品中的描写要有趣得多;而且,这些事实确实相当乏味。我这一生过得丰富多彩,有些时候也确实趣味盎然,但是说实话,其中并没有多少冒险成分。我的记性并不好,就算是一个非常精彩的故事,如果不听上两三遍,我基本上什么都记不住;而要想讲给别人听的话,还得再多听上几遍,就连自己讲过的笑话也是如此,所以我只得不停地创编新的笑话。我很明白,如果没有这种缺陷的话,我与别人的交往会更为通畅。

我从来没写过日记。现在想来，在作为剧作家首获成功的那一年，我要是有写日记的习惯该多好，因为这一年中我结识了各界很多要人，我的日记将会是一份十分有趣的档案。那时候，很多贵族和地主都卷入了发生在南非的动乱，普通民众对他们的信心也已消失殆尽；可这些人对此并无意识，他们依然保持着原有的自信。我当时经常光顾某些政客的宅邸，在他们看来，谈论如何管理大英帝国就像是谈论自家的私事。大选还未举行，他们就在讨论汤姆是否应该执掌内政部，或者迪克是否愿意去爱尔兰，这在我听来感觉十分古怪。我想现在该不会有人去读汉弗瑞·沃德夫人（Mrs.Humphry Ward）[①]的小说了，那些小说确实很无趣，不过在我的印象里，有几本小说确实很生动地描写了当时统治阶层的生活面貌。当时的小说家很看重这一阶层，就算他们连一位贵族都不认识，他们还是竭尽全力去描写上流社会的生活。如果有人拿起当时的戏单，会惊讶地发现，戏中有那么多人物带有贵族头衔。那时的戏院老板认为，只有这样的人物才能招揽观众，而演员也乐于出演这样的人物。

不过，随着贵族势力的衰微，观众对他们的兴趣已经大不如前了。现在看戏的人们更乐于在戏中看到与他们同阶层的人物，比如富商，或者负责处理国家事务的专业人士。现在有一条不成文的规

[①] 玛丽·奥古斯塔·阿诺德·沃德（Mrs. Humphry Ward,1851–1920）的笔名，英国社会改革家、小说家。她创办了伦敦第一所残疾儿童学校，是支持妇女接受高等教育运动的领导人之一。

定：剧作家不该随意在剧中加入贵族角色，除非这一角色与主题密切相关。而在当时，让观众对下层民众的生活产生兴趣还不太可能。不管是小说还是戏剧，只要与下层民众相关，都会被认为污秽肮脏。我倒是很想知道，要是有一天下层民众取得了政治权利，人们会不会也开始时时刻刻关注他们的生活，就像当年关注贵族阶层或者富有的中产者一样？

在当时那段时间里，我结识了很多上层人物，从他们的身份地位来看，他们一定自认为自己将会名垂青史。可接触之后我发现，他们远没有我当初想象得那么出色。英国是一个政治国度，我经常受邀去一些宅邸做客，而谈论的话题总是与政治有关。我也有幸见到了一些政要，但却没有在他们身上发现什么特殊的才能。于是我得出一个结论，或许这是一个过于轻率的结论：治理一个国家并不需要什么非凡的才能。自此之后，我在很多国家都接触过一些身居高位者，可他们的思想之平庸总让我感到困惑。我发现他们缺乏生活常识，也没有什么真知灼见或者奇思妙想。我曾一度认为，他们之所以能够身居要职，多半凭借的是出色的口才。在一个民主国家里，如果你不能抓住民众的耳朵，就基本上不可能爬上权力的巅峰；可问题是，口才好的人不一定有思想。我看到过不少这样的人，他们看起来并不聪明，但处理政务却很成功，于是我逐渐明白：治国需要一些特殊才能，而这种特殊才能并不包含在我们认为的一般能力之中。同理，我也见过这样的人：他们在商业领域特别出色，但在很多其他领域却完全没有一点儿常识。

另外，我在这一时期听过很多人的谈话，谈论的内容和说话的水平都非常一般，很少有值得细细玩味之处。谈话内容一般都很浅显，气氛却很融洽。谈话中很少涉及一些严肃话题，因为他们有一种共识：在大庭广众下谈论严肃话题会让气氛很尴尬，而对于"高深"的惧怕也会让他们尽量避免他们本来很感兴趣的话题。就我的判断，这些谈话大多属于应景的寒暄，其中鲜有值得回味的妙语。这会给人一种感觉：有文化只是让人可以装模作样地谈论废话。整体来说，一贯给人留下深刻印象的谈话者非埃德蒙·戈斯（Edmund Gosse）莫属，他博览群书，尽管很多时候浅尝辄止，但谈吐却非常睿智。他的记忆力超群，幽默感出众，而且还时不时带上那么一点儿尖酸刻薄。他与斯温伯恩（Swinburne）交往很深，所以谈起他来总能让人听得入迷。他还经常谈论雪莱（Shelley），尽管他很有可能并不认识雪莱，但他的谈话中总透露着两个人交情之深。这么多年来，他一直和很多重要人物来往密切。我觉得他这个人很虚荣，而他却喜欢心满意足地观察这些名流的荒谬之处。我敢保证，从他口中所讲述的这些人的故事比现实中的他们更为有趣。

2

我很奇怪很多人对于和名流见面怀有极大的热情，见到名流之后，你就可以和朋友去吹嘘你的这些经历，仿佛也因此获得了某些名望，而实际上这只能证明你的身份低微。而那些名流们早练就了一套技巧来应对他们生活中偶遇的平常人。他们总像是戴着一个面具，而且这个面具总能吸引人们的注意。他们会小心翼翼地把真实的自我隐藏起来。不管人们希望他们在社会上扮演什么角色，他们总可以扮演得很好，这也是长时间训练的结果。不过，要是你以为他们在公众场合的表现就是他们内心的真实写照，那你就傻到家了。

我曾深深地被几个人吸引，但是我被他们吸引的主要原因与他们本人关系不大，而仅仅是为了自己的工作。我并不像康德所提倡的，把每一个人都看成是一个终极存在，而是把他们看作为我写作所用的材料，我一直对于无名之辈的关注多过那些名人，这是因为无名之辈往往不会有过多的伪装，表现的是真实的自己。他们没有必要创造一种公众形象来保护自己，或者吸引世人的目光。他的个人癖好更有机会在有限的活动空间中展露出来。因为他们很少出现在公共视野中，所以他们也想不到有什么事值得去隐藏。他们会毫无顾忌地展露自己的癖好，因为他们就从来就没有想过那也算是癖好。不管怎么说，作家就是要描写讲述这些芸芸众生的故事。在我们看来，那些国王、独裁者或者商业大亨远不令我们满意。不错，讲述这些高官显贵的故事会是一次引人入胜的冒险，但是尽管我们尽力去做，换来的依然是失败，这表明，这些人在芸芸众生中实属例外，无法形成一件艺术品可以立足的牢固根基。他们的生活无论怎样都显得不真实，而平常人的生活才是写作中更为肥沃的土壤，他们的表现经常出人意料而又独一无二，这些变化多端的素材让我们取之不尽。伟大人物一般性格比较单一，而小人物才是各种矛盾元素的统一体，从他们身上，你可以获得无穷无尽的创作素材，他们的生活就像是一座富矿，永远都会有新东西在等着你去发掘。在我看来如果要去一座荒岛上待一个月，我宁愿与我相伴的是一位兽医而不是一位首相。

3

在这本书中，我将努力梳理我在人生中的各个阶段所产生的各种想法，而这些想法的主题都是我自己深感兴趣的。不过我从中得出的结论又会让我的思绪跌宕起伏，就像是在波涛汹涌的大海上，一艘被打翻的小船的残骸随波而动。如果我能把它们井然有序地记录下来，自己也可以对此看得很明白，而这些想法也会有一些连贯性。我早就想这样做，而且不止一次，每当开始一段历经数月的旅行时就下定决心，马上开始动手。这样的机会似乎很理想，但问题是我的脑中经常充斥着各种散乱的印象，我会遇到很多奇怪的事，遇上很多让我的想象爆棚的人，于是我就没有时间整理归纳了。当时的情景体验如此真切，我根本没有办法调整心绪去认真审视他们。

阻止我下笔的还有另外一个原因，那就是我讨厌以自己的身份来记录自己的思想，尽管我从自己的视角出发，写了很多东西，从这个角度来说我是一位小说家，但是换一个角度我又可以把自己看成故事中的某一个人物，我更习惯于让我笔下创造的人物来替我说话。我可以决定故事中的人物在想些什么，这比决定自己该想些什么要更为稳健，前者会给我带来快乐而后者简直是一种苦役，我避之唯恐不及。但是现在呢，再去逃避就说不过去了。

年轻的时候，日子显得十分漫长，长得让你想象不到这些岁月也有终结的一天。而到了中年，因为我们对人生有着各种俗套的期待，所以也很容易找个借口，不去做那些该做却不想做的事情，但是总有一个阶段，你会考虑到死亡即将来临，不时会有同龄人离我们远去。我们都知道，人总有一死（苏格拉底也是人，但他也已死去），但是这在我们看来只是一个逻辑推理的概念，直到随着年龄的增长，我们才会慢慢意识到大限将至。随便扫一眼《泰晤士报》，就会发现六十多岁的人已经可以归入不健康人群。我曾想过，要是这本书还没写完我就死掉了，我会感到十分遗憾，于是决定马上动笔，等此书完成后我就可以异常平静地面对未来，因为已经有了一种功德圆满的感觉。我不再找类似"我还没有准备好"之类的理由，因为这只不过是自欺欺人的借口。既然这件事对我来说如此重要，那就应该马上去做。各种意识层面的信息已经全然聚拢到我的脑子里，这使我很欣慰，我要做的就是把它们统统写下来，然后脑子里就可以去装别的事情。我希望这不是我写的最后一本书。一个人写完遗嘱后，并不意味着他马上就要死掉，写遗嘱只不过是提前做好准备，把自己死后的事情处理妥当，这样，人生的最后阶段就可以过得轻松惬意，不再有什么遗憾或者恐惧。写完这本书后，我能够更清楚地认识到自己所处的位置，接下来的岁月中，我会安然去做自己喜欢做的事。

4

书中所讲述的很多事情我在以前也说过，这是很难避免的，这也是为什么我把这本书命名为《随意总结》。一位法官在总结一桩案件时，他会把摆在陪审团面前的证据重新简要地陈述一遍，并对各位律师的陈词进行一番评论，而并不提供新的证据。我已将自己的整个人生写进了自己以前的书中，因此，本书中所说的很多话都可以在以往的书中找到，很少有什么我从未触碰过的自己兴趣范围内的话题。现在我要做的只是将自己的所思所感组织成一幅连续的画面，偶尔我会将自己的某些见解铺展开来，因为在以往的小说和剧本中没有足够的空间。

此书自然会以我作为讲述的中心，其中谈论的每个话题对我都很重要，有些就是关于我自身，我会原原本本地讲述他们对我的影响。但是，其中并不涉及我所有的日常行为。我必须坦陈，我不会完全敞开心扉，也不可能让读者完全了解我的私人生活。就算我自己非常好客，我的别墅四周还是有院墙的。在有些事情上，我需要有意识地保护自己的隐私。没有任何人可以讲出关于自己的一切真相，原因很多，其中之一就是虚荣心，它会自动地让你无法讲出全部真相。另外还有一个兴趣导向的问题。卢梭在《忏悔录》中记述的一些事情让当时的读者目瞪口呆，他在描述中非常坦诚，而且也过分夸大了这些事件的价值，使得这些事情完全超出了在他生活中的意义。这些事件只是他人生种种经历中的一小部分，那些也许可以体现他的美德的经历，或者很难说清是好是坏的经历，都被他抹去了，因为在他看来这些事太过普通，根本不值得记录下来。就有那么一部分人，他们不关注自己的良好行为，却不时被自己的恶行所折磨。这部分人就喜欢书写自我。他们隐去了自己的一些优良品质，写出来的只有软弱、放纵与邪恶。

5

我写作这本书也是为了解除灵魂中让我感到尴尬的某些观念，它们已在我心中盘桓良久，总让我寝食难安。我无意劝说任何人，我没有那种说教的本能。当我了解了一件事的来龙去脉之后，我感受不到那种一定要去讲给别人听的强烈欲望。我并不在乎人们是否和我意见一致。当然我认为自己是对的，但也会有一些错处；不过，就算我认识到自己是错的，也不会让我心生怒火；就算我的想法跟主流观念有所不同，我也依然泰然自若，我对自己的直觉还是蛮有信心的。

我在写这本书时，自然会认为自己是位重要人物，当然我确实也是——对我自己而言——世界上最重要的人物。尽管我没有忘掉也没有考虑类似绝对观念（the Absolute）这样的大字眼儿，但从常识来分析，我自己也只不过是沧海一粟，完全无足轻重。就算我从来没有存在过，宇宙依然会照常运行。尽管在书中我会强调自己某些作品的重要性，那也是就事论事，只是为了讨论某些主题提供方便。

我认为，很少有严肃作家（在这里我指的并不仅仅是写作严肃的作家）会对自己去世后作品的命运完全无动于衷，如果能想到后面的几代人还会饶有兴味地阅读自己的作品，而自己在本国文学史上还有点儿地位，就应该感到很知足。我们不会去奢望成就不朽（文学作品至少要等到几百年后才能评判其是否不朽，而这与学校建筑之不朽比起来也不算什么了），但就我所知，这种有些谦卑的奢望也不一定能够实现。根据我的亲身经历，很多曾经在世界文坛掀起巨大风浪的作家（他们掀起的风浪比我大得多）很快就被人们淡忘了。我年轻的时候，乔治·梅瑞狄斯（George Meredith）和托马斯·哈代（Thomas Hardy）似乎有变为不朽的潜质，可是现在，年轻人对他们基本上也没什么印象。不时会有一两位评论家写下几篇关于他们作品的文章，让读者产生好奇，从图书馆里借几本他们的书来看。但是，不管怎样，他们的作品都不会像《格列佛游记》、《项狄传》和《汤姆·琼斯》那样恒久流传。

在书中的后半部分，我的表达会显得很武断，那只是因为我不想在每句话前边都加上"我想""在我看来"这样的字眼儿，因为这会让人觉得厌烦。书中的一切都是我的个人意见，读者自行取舍，如果您有耐心读完整本书，就会发现，只有一件事值得确信，那就是：很少有什么事值得确信。

6

我当年毫不犹豫地投身于写作事业，因为在我看来这是世界上最自然的事情，就像鸭子戏水一样。但是，当我成为作家后，一直对这个身份转变感到很惊奇，我想不出自己怎么会成为作家，也搞不明白自己怎么会对写作如此迷恋。一百多年来，我的家族一直在从事法律行业。根据《英国人物传记词典》，我的祖父是股份有限律师协会的两位创始人之一。在大英博物馆的图书馆里，有整整一排他写的法律著作。他只写过一本与法律无关的书，那是一部短文集，是他曾经发表在一些严肃杂志上的短文合辑，其中涉及的是他对于礼法的理解。他匿名出版了这本书。我曾经有这本书，装帧很漂亮，封面是用小牛皮制作的，但是我从未读过这本书，而且后来也找不到了，我真希望自己当时能够好好读一下，这样我就可以了解我的祖父是怎样一个人。他在法官胡同住了很多年，因为当时他是刚才提到的那个律师协会的秘书。退休后，他搬进了肯辛顿三角地带（Kensington Gore）的一栋房子里，从房中可以俯瞰海德公园。

有人送给他一只托盘、一套茶具、一件咖啡器皿，还有一只银质的分层装饰盘。这只盘子体型巨大，制作考究，但是我们这些后人一直把它当成一种累赘。

我小时候曾见过一位老法官，他告诉我，他有一次受邀与我祖父共进晚餐。当时他还只是一名见习生。我的祖父正在切牛肉，仆人把一盘连皮一起烤熟的土豆递给他。在常人看来，连皮一起烤熟的土豆，如果再多加上一些黄油、胡椒粉和盐，绝对是一道人间美味。可我的祖父却不喜欢这样的吃法。他从桌子首端的椅子上站起来，从盘子里把土豆一个一个拿起来，然后朝墙上的每一幅画扔去，随后，他一句话也没有说，坐下来继续用餐。我问这位朋友祖父的举动对其他人有没有什么影响，他说根本就没有人注意。

他还跟我说，我祖父是他所见过的最其貌不扬的小个子男人。有一次我去位于法庭胡同的律师协会，想亲眼看看我祖父有没有那人说的那么难看。那里面有他的一幅画像，假如说我那位老朋友所说的属实，那么画家肯定是极度美化了我的祖父。画像中的祖父眉毛浓密，下面有一双漂亮的黑眼睛，两眼烁烁放光，只是略带嘲讽的表情。下巴显得很坚毅，鼻子很直，红色的嘴唇微微向前凸起。一头黑发，发型酷似阿尼塔·卢斯小姐（Miss Anita Loos），而且仿佛正在风中飘扬。他手里握着一只羽毛笔，身边摆着一摞书，很显然都是他自己写的。除了他穿的黑色衣服之外，其他地方看起来并不像我事先所想的那么威武严肃，反倒有一点点搞笑。很多年前，我在翻弄我叔叔死后留下的各种文件时，无意中找到了我祖父年轻时写的日记,那是在十九世纪初,当时他正在旅行途中,他在描写位于沙夫豪森(Schaffhausen)的莱茵河(the Rhine)瀑布(在我看来,这个瀑布完全没有他所描写的那么壮观)的时候,向万能的上帝表达了感激之情,因为在创造"这个巨大的瀑布时",他让自己那些"生活困窘的人类在与上帝的宏大创造进行对比时体会到自己的渺小"。

7

我很小的时候，父母就相继去世了。母亲去世的时候我八岁，父亲去世时我十岁。我对他们没有什么印象，只是后来听别人讲述过他们的故事。我的父亲在成年后去了巴黎，成了英国大使馆的一名律师。他的办公室就在圣奥诺雷大街（the Faubourg St.Honore）上，但是他住的地方当时叫作德安丁大街（the Avenue d'Antin），那是一条能够通向圆形广场（the Round Point）的宽阔街道，两边种满了栗子树。在当时人看来，他是一个伟大的旅行家，他去过土耳其、希腊和小亚细亚，还去过摩洛哥，最远去过非斯（Fez）[①]，当时很少有人去过那里。他收藏了大量的旅行类图书，在位于德安丁大街的公寓里，到处都是他旅行时带回来的奇珍异宝，包括从希腊带来的塔纳格拉（Tanagra）小雕像和罗德岛上（Rhodes）的陶瓷器皿，还有土耳其匕首，刀柄是银质的，上面有各种各样的装饰。

父亲和母亲结婚时已经四十岁了，而我的母亲比他小二十多

[①] 非斯（Fez），摩洛哥北部城市。

岁。① 我的母亲绝对称得上是大美女，② 而我的父亲却只能非常遗憾地被归入丑男之列，③ 有人告诉我说，在当时的巴黎，他们是公认的"美女与野兽"。我的外祖父是一名军人，死于印度，而我的外祖母在挥霍了大笔财富之后，最后定居法国，靠有限的津贴为生。她是一位很有个性的女人，而且也确实有些才华，她用法语写过供少女们阅读的小说，还为专门在客厅中表演的民谣乐队写过音乐。我经常在脑中想象，她写的这些小说和歌曲一定很受欢迎，受众起码类似于奥克塔夫·弗叶（Octave Feuillet）剧中那些出身高贵的女主人公。我有一张外祖母的小照片，照片中她是一位中年妇女，穿着裙衬，眼睛明亮，面容镇定，还稍稍流露出一些幽默感。我的妈妈个头不高，一对棕色的大眼睛，头发是那种鲜亮的金红色，身姿曼妙，皮肤白皙，当时是很多男人的梦中情人。她有一位来自美国的好朋友，名叫安格尔西女士（Lady Anglesey），不久前刚刚去世。她告诉我说，有一次她问我妈妈："你这么漂亮，有那么多人追求你，你为什么对这么一个又丑又矮的男人如此忠心，最后还决定嫁给他？"我妈妈回答说："因为他从来不会伤害我的感情。"

我只见过母亲写过的一封信，那是在收拾我叔叔的遗物时偶然

---

① 作者的这一说法并不准确，根据黑斯廷斯所著的《毛姆传》，1863年10月1日，39岁的罗伯特·毛姆与小他16岁的年轻女子伊迪斯·玛丽·斯奈尔结婚。

② 伊迪斯漂亮得像个洋娃娃，头发是鲜艳的赤褐色，白皙的皮肤毫无瑕疵，深棕色的大眼睛，身材娇小，腰肢纤细。

③ 罗伯特·毛姆身材肥胖，脸色蜡黄，白眼球同样呈现黄色，下巴像皮球一样滚圆，还留着浓密的络腮胡子。

找到的。我的叔叔是一位牧师，所以我母亲希望他能够成为她某位儿子的教父。母亲的表达很简单，却很真诚，信中说，她希望叔叔的这种身份能够给刚刚诞生的孩子带来深刻的影响，这样孩子长大后会敬畏上帝，因而人品端正。她是一个小说迷，在位于德安丁大街公寓的弹子房里有两个大书柜，里面都是平装本小说。她患有肺结核。我记得我家门前总会拴着一头驴，因为当时的人认为驴奶能够治疗这一致命的疾病。夏天的时候，我们经常去多维尔（Deauville）居住，那并不是一个多么时尚的地方，只不过是一个小渔村，与特鲁维尔（Trouville）比起来稍显逊色。在她人生的最后几年里，我们冬季会在波城（Pau）度过。有一次她躺在床上，我印象里是刚刚经历了一次大出血之后，她意识到自己可能活不了多久了，突然想到自己的孩子长大后会不记得她的长相，于是她叫来一位女佣，让她帮自己穿上用白绸缎制作的晚礼服，然后去照相馆拍照留念。她一共生过六个儿子，但只有四个存活了下来，之所以生这么多，倒不是她母性强烈，而是当时的医生认为分娩会让得肺结核的人强健起来。她去世时只有三十八岁。[①]

母亲去世后，她的佣人开始照顾我，这时我才有了一位法国保姆，随后又被送到了一所法国学校。我的英语说得很差，记得有一次，别人告诉我，我从火车的窗口看到外面有一匹马，我竟然用法语喊道："看那儿，妈妈！那儿有匹马！"

我觉得我父亲很懂浪漫，他总想着自己建造一所房子，夏天的

[①] 根据黑斯廷斯的《毛姆传》，1882年1月31日，毛姆的母亲去世，享年41岁。

时候过来度假。为了实现这一梦想,他在苏雷纳(Suresnes)的一座山顶上买了一块地,从这里可以看到一望无际的大平原,而目光的尽头就是巴黎。从这里有一条路可以通往一条河流,河的旁边有一座小村庄,这就很像是博斯普鲁斯海峡(Bosphorus)的一座别墅。① 在顶楼,四周全部是门廊。有一段时间,每个周日我都会和父亲下山,乘坐一艘观光船沿塞纳河(the Seine)顺流而下,看房子的施工进展。屋顶安装好以后,父亲买了一对古老的火钩子来进行装饰。他定制了大量的玻璃,然后在玻璃上刻上了一种标记,据说这种标记能够对抗"邪恶之眼"(the Evil Eye),这是他在摩洛哥找到的。房子整体是白色的,而百叶窗被涂成了红色,花园也都安置好了,房间装饰一新,而我的父亲却无福消受这一切,他很快就去世了。②

---

① 毛姆的父亲在年轻时去过小亚细亚,即现在的土耳其,而且对那里的建筑印象深刻。

② 1884年6月24日,罗伯特·毛姆撒手人寰,享年60岁。

8

随后我离开了那所法语学校，开始每天去上英语课。教我英语的是一位英国牧师，他的公寓就位于英国大使馆下属的一座教堂里。他教我英语的方式很简单，就是让我高声朗读《标准晚报》上面的刑事案件，或者关于法院庭审的新闻。我记得有一次，有一则关于火车谋杀案的新闻，火车是从巴黎开往加莱，新闻对谋杀细节的描述让我充满了恐惧。我当时应该是九岁，很长一段时间里，我的英语发音都不太标准，我永远忘不了在预科学校时，只要我一读课文，班里的其他孩子就会嘲笑我的发音，让我十分难堪。

我一生中只有两次印象深刻的英语课，但这些都没有发生在学校里。我在学校里也写过文章，但却不记得有哪位老师手把手地教我如何遣词造句。我上面所提到的两次英语课都是在我人生后半段发生的，所以恐怕不会对我产生什么重大影响。第一次就发生在几年前，我当时在伦敦待了几周，找了一位年轻女士来做我的临时秘书。这个女孩儿长得相当漂亮，却非常害羞，当时她正在与一位已婚男士处于热恋之中。我当时写了一部小说，名叫《寻欢作乐》，打印稿在一个周六早上放到了我的书桌上。我问她愿不愿意在周末的时候把稿子带回家帮我修改一下，我当时的意思是让她修改一下打字时常犯的一些拼写错误，另外，我在手写的时候有时字迹会比较潦草，打字员由于认不出来也会拼错一些词。但是这位女士实在是有责任心，她真的以为我要她好好地去"修改"。周一早晨，她把稿子拿了回来，附带有满满四大页的修改意见。我必须承认，第一眼看到这样的修改意见，我真有点儿气不打一处来，但是我转念一想，也许我真的可以从人家的修改意见中学到不少东西呢。人家费了那么大劲，咱总不能置之不理吧。于是我强压住怒火，坐下来细细阅读。

我猜想，这位女士一定在某所秘书学校上过课，当年他的老师怎么修改她的文章，她就如法炮制对我的小说进行修改。这四页大纸上的字迹整整齐齐，语气既严肃又犀利，由此可见，她学校里的英文教授说话也是这样直来直去，不加掩饰。她的老师一定喜欢用标线，这是毫无疑问的，而且他也绝对不允许句子含义出现任何的模棱两可。他的这位好学生不喜欢在句子的末尾处出现介词。如果她在某个地方加了一个叹号，这表明她不喜欢我那种过于口语化的表达方式。她还觉得，同一个词不能在一页纸上出现两次，如果出现了，她一定会找一个近义词来替换。如果我沉溺于书写结构复杂的长句，她就会批注："说清楚点儿，最好把这个句子切分一下。"如果我在两句之间加了一个分号，以显示两个句子之间不同寻常的关系，她就会批注："这儿应该用句号。"如果我大胆地使用了冒号，她就会非常尖刻地评论道："这种用法太过时了！"但是，最让我受不了的是，她这个人完全没有幽默感。在有些地方，我觉得自己开了一个不错的玩笑，她却评论道："事实真的是这样吗？"总而言之，我可以确定的是，她那位英文老师要是看了我的小说，肯定不会给高分。

我的第二堂英语课来自一位大学教师，他不仅聪明而且极富魅力。当时我正在修改另一本书的打印稿，他恰好与我待在一起。他主动要求读一读我的小说，按常理来说这是件好事，可是我却有些犹豫。因为我知道，如果以他极高的眼光来看待此书，那我写的东西很难入他的法眼。我知道他在伊丽莎白时期的文学方面造诣颇深，比如，他对《艾斯特·沃特斯》(Esther Waters)的崇拜已经无以复加。但这也让我怀疑他这种欣赏口味会不会使他对于现代人写的东西产生偏见。我对十九世纪的法国文学了解颇深，受这种风格的影响，我感觉我很难达到他的标准。但当时我急切地想提高书的质量，所以确实也希望能从他的批评中获得教益。

实际上，在我看来，他的批评意见还是比较宽容的。我读起他的修改意见来还是感觉很有意思，因为我能感觉到他是在用修改大学生作文的方式来修改我的小说。这位老先生有一些语言天赋，这与他从事教育行业有关，他的品位也无可挑剔，最让我印象深刻的是，他特别强调某些在阅读时所带来的冲击力。他喜欢用感情色彩浓烈的词，而不喜欢用较为平和的词来取代。举例来说，我在书中写道:"有座雕像矗立在某个广场。"他建议我改为:"雕像立于广场之上。"我没有按他说的改,因为我听到这样的押韵方式就感觉耳朵不舒服。他还有一种观念,那就是我们用词的时候不用过多考虑如何让句子平衡,而要更多考虑的是怎样使我们的观点平衡。这个说法有一定道理,如果一种观点被非常唐突地表达出来,很有可能发挥不了应有的效果。但这也是一个很微妙的问题,因为如果这个原则被过分夸大,就有可能带来一堆一堆的废话。一个演员有时会对编剧说:"能不能在我的台词里添一两个词?要不然的话,我会感觉在台上说的话完全没有意义。"听着这位老先生的建议,我忍不住想:要是在我年轻的时候能得到这些诚恳而睿智的建议,那我写的东西会比现在强很多。

9

无论是过去还是现在，我的写作才能都是靠自学得来的。在我很年轻的时候，我会一遍遍重读自己写的故事，希望能够从中看出我具备哪种类型的写作天赋。这种天赋就像是一种压箱底儿的存货，以此为基础，我开始通过思考扩展自己的故事。这种方式带有一些傲慢的成分，那或许是因为我比较年轻，同时也有一种焦躁不安，那应该是我本身性格的缺陷。但是现在我要谈一谈自我表达的方式，在我看来，我天生就有一种把东西写得清楚明白的能力，而且写对话对我来说也是信手拈来。

亨利·阿瑟·琼斯（Henry Arthur Jones）[①]曾读过我的第一部小说，读完后他告诉一位朋友，照这种趋势发展，我将会成为非常成功的剧作家。当时他本人已经是很有声望的剧作家了，我觉得他在我的小说中看到一种很直截了当的东西，同时还有展示场景的有效方式，而这种方式恰好可以给读者带来走进剧场的感觉。我的语

---

① 亨利·阿瑟·琼斯，1851—1929，英国戏剧家。

言很一般，词汇量有限，语法方面也经不起过多推敲，一些搭配也非常老套，但是，写作对于我来说就像是呼吸一样属于一种本能，我一写起来就停不下手，没有时间考虑自己写的到底怎么样。很多年后我才恍然大悟：这种精巧的技艺是需要经历很多磨难才能够得来的。这一发现得来实属不易，因为我很多时候确实能感觉到，把自己脑子里的想法落在纸上有多么困难。我可以很流畅地写出一段对话，但是需要描写某个场景的时候我就会犹豫不决，不知如何下笔。我经常会花上几个小时来写有限的两三个句子，这些句子怎么改也无法理顺，悲催的是没有人来帮我，于是我会犯很多错误。前面我提过有一位很有魅力的大学老师指导过我的写作，要是他能够常伴我身旁，我在写作中会节省很多时间。他会告诉我：你在这方面很有天赋，所以应该朝这方面发展，不要去做自己能力达不到的事，那只会徒劳无功。可在当时，人们喜欢的都是那些华而不实的文体。人们为了追求文章结构的层次感，会加入一些所谓具有闪光点的词语，而句子中也会牵强附会地加入一些具有异域风味的名词术语。理想中的句子就像是一块挂满了各种金饰的锦缎，虽然沉甸甸，却依然能够挂得起来。当时的年轻人对沃特尔·佩特尔（Walter Pater）非常着迷，我的常识告诉我，那种东西没什么活力，在那些貌似优雅而精心设计的句子背后，我能够触摸到那疲惫而病态的人格。我当时很年轻，精力充沛，朝气蓬勃，我需要的是新鲜空气，需要的是不断采取行动，就算是暴力也比没有行动好。我很难适应那种垂死而压抑的气氛，很难和他们一起坐在寂寂无声的房间里窃窃私语，就算声音高那么一点点都显得不合礼法。

不幸的是，在当时我没有听从自己的常识之心，我不断地劝诫自己：只有写出这样的文体才能显出自己的教养。我开始对生活中真实发生的故事嗤之以鼻，不再去观察那些大声说话、张嘴就骂人的粗鲁男人，不再偷窥他们如何乱搞女人，把自己喝得酩酊大醉。我开始阅读《意图》（Intentions）和《道连·格雷的画像》（The Picture of Dorian Gray）之类的作品，开始痴迷于《莎乐美》（Salome）中频繁出现的生僻用词，并用心去揣摩这些词语的色彩与韵味。研究了一通之后，我越来越感觉到自己词汇量的贫乏，于是拿着纸笔来到大英博物馆，写下那些稀世珍宝的名字、那些拜占庭搪瓷艺术品的色调以及那些纺织品所带来的视觉和触觉感受，然后写下一堆一堆结构精巧的句子，把这些名词术语都用在里面。幸好我没找到机会去展示我当时得之不易的"语言功力"，这些东西一直藏在那个破旧的笔记本里，谁要是想去写一些言之无物的东西，我倒是很愿意慷慨地借给他用。当时的人们都认为钦定版《圣经》（the Authorized Version of the Bible）是英语表达的巅峰之作，因此我也很起劲地去阅读，特别是其中的雅歌（the Song of Solomon）。阅读过程中，我会把一些触动我的名言警句写下来，以备将来使用。我还记下了一长串非常少见的华丽辞藻。我研究过杰瑞米·泰勒的《死的崇高》（Jeremy Taylor's Holy Dying），为了模仿他的风格，我经常抄录其中的段落，然后不时逼迫自己去默写。

在闭关修炼了很长一段时间之后，我终于写出了一本关于安达卢西亚的小说，名字叫作《圣洁的天国》(The Land of the Blessed Virgin)。前一段时间，我又重读了这本书其中的一部分。现在，我对安达卢西亚的了解比当时要深刻很多，当时写的那个东西现在看来很多都需要好好修改一番。在美国，这本书还算有些销量，我于是想着要不要重新修改一下。后来发现，这基本上不可能。当时写那本书的人仿佛不是我，而是一个我完全没有印象的陌生人。重读这本书时，我经常会感到心烦意乱。当然，这本书中最让我关心的是写作风格，这算是我的一篇习作，其中充满了欲望得不到满足的悲苦，胡乱引用的各种典故，还有煞费苦心写出来的长句子。这些东西完全不是有感而发，别人读起来明显能够感受到其中的矫揉造作。那种感觉就像是夏天里的温室植物或者是丰盛的周日晚餐，味道浓烈，却让人感觉不舒服。文中充满了各式各样音韵优美的副词，用词也极具伤感色彩。读这样的东西，不会让人想到织有繁复黄金图案的意大利锦缎，倒像是某位三流画家的绘画作品被改成廉价窗帘布之后给人的感觉。

10

在潜意识里，我能够感觉到这种写作风格违背我的个性，同时也违背我那种天生就具备的有条不紊的思维方式，于是我将注意力转向了文艺全盛时期（the Augustan Period）的作家群体。这时我开始迷恋斯威夫特（Swift）的文章，我终于明白，这才是完美的写作风格。于是我开始在斯威夫特身上狠下功夫，就像我先前模仿杰瑞米·泰勒（Jeremy Taylor）的方式一样。我选择的是他的《木桶传奇》(The Tale of a Tub)。据说，斯威夫特在晚年重读这篇文章时兴奋地大叫："那时候我真是个天才！"而在我看来，斯威夫特的天才更多体现在其他作品中，这篇文章中的寓意让人感到厌烦，其中的一些讽刺也非常肤浅，但是整体的写作风格还是很值得称道的，我想象不到谁还能够写出更好的英文。文中没有华丽的辞藻和故弄玄虚的转折，也没有夸张的形象描写，这是一种只有受过良好教育的人才能够写出来的文章，自然朴素而又一针见血。作者完全无意炫耀自己的词汇量，我们想象一下，斯威夫特在写作时总是在使用想到的第一个词，但是由于他思维敏捷，逻辑性强，所以这第一个词总是非常合适，而且摆放的位置也恰到好处。句子的力量与平衡感让具有很高品味的人也挑不出毛病来。我像以前一样抄录了文中的很多片段，然后试着默写出来，我还试图换掉一些用词或者改换词语的排列顺序，后来发现这完全不可能，改过的完全没有原作好，这篇文章可以说是完美无瑕。

但是，完美也会带来巨大的缺憾，那就是有时读起来会缺少新鲜感。斯威夫特的文章就像是一条法国境内的小河，两旁种满了高大的杨树。小河从风景优美、地势略有起伏的乡村流过，这种恬静会让你心满意足。但问题是，你不会因此而产生任何激情，想象力也几乎被完全封闭。如果一直沿河而下，过不了多久，你就会感到厌烦，所以，尽管你很欣赏斯威夫特行文之流畅、言语之简洁、风格之淳朴、格调之高雅，但是在阅读过程中你依然有可能走神，除非他所谈论的话题让你深感兴趣。后来我想，要是我有重新选择的机会，我会选择细细地研究德莱顿（Dryden）的文章。但是我费心费力地钻研了那么长时间的斯威夫特，后来就失去了继续钻研任何其他人的信心。直到这时我才偶然读到了德莱顿。

德莱顿的文章就像美食一般，他没有斯威夫特所带来的完美感，也没有亚迪森（Addison）那种轻松优雅，但他的文章中透露出像春天一样的欢快和闲谈一样的轻松，兴之所至，信手拈来，这些特点让人身心畅快。德莱顿是个很不错的诗人，但是大众却认为他的诗并不善于抒情，反而是在他那些散文中，诗意才随之流淌，四处闪烁着光芒。他的文章至少在英国可以说前无古人，后无来者。他在人生的春风得意时期创作最为活跃，他骨子里有詹姆斯一世时期（Jacobean）流行的语言所特有的振聋发聩和严肃厚重，他从法语中学到了细腻而优雅的表达习惯，他将之转化，不仅可以书写严肃的主题，同时也可以表达日常生活中所产生的点滴思想火花。他是第一位洛可可风格的散文家。如果说斯威夫特的作品让你想到法国的小河，德莱顿则是一条英国河流，它欢快地在山中蜿蜒，穿过忙碌而不嘈杂的小镇，流经安卧在一旁的小村庄，偶尔在某处受阻，然后又带着一股激流穿过林地。这条小河充满活力，变化万端，荡涤着它经过的所有地方，从中你可以闻到英国狂野的气息。

我做的这些工作自然对我有些帮助，我写的比以前好了一些，但进步幅度不是很大，作品依然很死板，而且充满了自我意识。我尝试着在句子中确定一种模式，但却发现这种模式并不明显。我也开始注意文字的排列顺序，但当时却没有想到，在十八世纪之初看起来很自然的语序现在看起来却十分别扭。我试着用斯威夫特的风格来写作，这反而使得我无法取得他那种怎么写怎么好的效果，而这正是我推崇他的原因。我当时的主要精力都放在了写剧本上，每天想的就是如何写出好的人物对话，直到五年后我才重新开始写小说。那时我已经没有了成为文体家的雄心。我放弃了一切关于完善字句方面的想法，我开始完全用自己的风格来写作，不再考虑任何不必要的文字装饰。我想说的话很多，所以不能浪费词句，我只是想把事实记录下来。我开始尝试着在写作中不用任何副词。我觉得，如果你能够找到一个准确的字眼，一切的修饰词都可以省略。在我心目中，我把自己的作品看成一封长长的电报，为了省钱，我绝不能多加任何一个词。在读完校样之后，我就没有再重新读过自己的小说，所以不知道小说是否达到了我预期的效果。我的印象是，这时期的作品至少比以往更为自然，我敢确定，里面的很多细节都很值得推敲，比如说，肯定会有一堆一堆的语法错误。

自此以后，我写出了很多作品。尽管我已经不再系统地研究历史上的名作家（我并非不想，只是精力有限），却继续努力写出更好的作品来。我发现了自己的局限性，在我看来，最理智的做法就是在我的能力范围内取得最辉煌的成就。我知道自己没有多少抒情的天赋，我的词汇量很小，就算花时间去扩大词汇量也不会对我有什么帮助。另外，我在比喻方面也没有什么天赋，我很难创造出一些令人耳目一新的比喻手法来。还有，所谓的诗意和凭空得来的想象力也在我的能力之外，我能够欣赏别人创作的这些东西，比如他们所使用的特别牵强的比喻，还有与众不同的具有暗示性的语言，他们会用丰富的词汇来装扮自己的想法，但是我自己创造的这些东西就不会带来这样的美化效果。而且我已经厌倦了去做那些费了很大力气却依然做不好的事。从另一方面来说，我的观察力超强，我经常可以看到别人很容易忽略的一些问题，我可以用清晰的语言写下我的见闻。我的逻辑性也不错，尽管对于他人作品中的丰富词汇与新鲜创意感触不深，却能够很好地把握文字中的韵律感。我知道我可能永远无法像自己期望的那样写得那么好，但是我依然痛苦地认为：就算我存在这样那样的缺陷，我依然可以尽我所能写到最好。在表达自己的思想方面，我应该追求的目标是清晰、简洁、悦耳，这三者的顺序表明了我对它们的重视程度。

11

有些作家声称,要想充分理解他们的文章含义,读者需要付出一定的努力。我对这样的作家很不耐烦,你可以去读一读一些大哲学家的著作,马上就会发现,就算是表达最微妙的思想,也依然可以写得清楚明白。你可能会觉得休谟的思想很难让人理解,如果你没有接受过哲学方面的训练,你自然不会抓住其中隐含的深意,但是只要是受过教育的人都会发现,你把一个一个的句子分离出来,每个句子的含义都很清楚明白。贝克莱(Berkeley)所写的英文清晰而优雅,英语世界无人能出其右。如果某个作家写东西让人难以理解,只会有两种情况,一种是因为粗心大意,另一种就是有意为之。有人写东西让人看不明白是因为他们没有学会如何写得清楚明白,这种晦涩难懂的情况经常出现在当代哲学家中,有些搞科学研究的人也是这样,甚至有些文学评论家也有这个问题。这就很奇怪了,你肯定会以为,那些整天研究伟大文学家的批评家们应该对文字有足够的敏感度,知道如何把语言写得优美,就算不优美,至少也应该表达清楚，可在他们的作品中你经常会发现，有些句子不读两遍你就根本搞不懂他在讲什么，很多时候你需要去猜，因为，很明显，这些作家的原意并没有体现在他们的文章里。

还有一种导致混乱的情况，那就是作家自己也不太清楚自己想表达什么。他对于自己想说什么只有一个模糊的印象，并没有在脑子里彻底想明白，也许是因为脑力不够，也许就是因为过于懒惰。不管是出于哪种原因，反正你很难指望他用清楚的语言表达一个本来就很模糊的想法。这主要是因为很多作家不会等思考成熟后再下笔，而是一边想一边写。只要一下笔，思想自然就会显现出来。这样做的缺陷是，一旦形成了文字，思想便具有了一种物质性，而这种物质性会使思想难以得到澄清。任何写下的文字都会有一种魔力，它们会自动形成某种思想，进而使你所想要表达的想法无法显现出来。作家应该努力避免这种类似被夺取权利的危险。这种形式的晦涩难解极易被认为是作者有意而为之。有些脑子不太清楚的作家总是倾向于认为，自己的思想要比文章的字面含义深刻得多。如果你相信他们是因为思想太深邃以至于文字无法清楚地表达，那你就是在恭维他们，他们永远意识不到问题就出在自己的脑子里，是自己缺乏把思想表达清楚的能力。这里又会出现刚才所提过的写下的文字所具有的魔力。有时候我们很容易让自己相信，如果一个短语我们不太理解，那它一定会有一些更深的含义。这样做很危险，因为人们会不由自主地将自己囫囵吞枣的理解深深地印入潜意识中，并且永远也不能进一步将其修正或者澄清。只有傻瓜才会费时费力地去寻找文字的深层含义。还有一种形式的有意晦涩难解,就像是给自己的文字戴上了面具,以体现一种类似贵族特权的东西。作者将自己的真正含义用难以理解的语言包裹起来,这样一般的老百姓就完全无法参与到讨论之中。他们的灵魂就像是一个秘密花园,只有一些特殊阶层在克服了重重危险的阻碍之后才能深入其中。不过,这种形式的晦涩难解不仅是一种狂妄自大,而且还显得目光短浅,因为时间会玩儿一种很奇妙的把戏,如果其中并没有多少深意,那么随着时间流逝,其中所包含的那些许的深意也会变成完全的冗词赘语,这样就根本不会有人想到再来读这本书。这种命运落在了很多法国作家精心撰写的作品身上,这些作家都是受到了纪尧姆·阿波利奈尔(Guillaume Apollinaire)的引诱。偶尔透过一束冷峻的光芒看起来博大精深的东西,如果剥去了语言的华丽外衣,被扭曲的事实被重新校正,那你会发现,他的底层其实是一些很寻常的观念。现在,马拉美(Mallarme)的绝大部分诗歌都已经变得很容易理解,你会发现他的思想完全没有原创性,他的很多用语确实很美,而诗句中的各种形象却都已经成为那个时代的陈词滥调。

12

"简洁"这一写作特点并不像"清晰"那样明显。我把简洁作为自己的写作风格，主要是因为我没有把东西写得非常华丽繁复的才能。由于自身的这种局限，我很羡慕那些能把东西写得纷繁复杂的作家，但必须承认，这样的东西读多了也让人无法消化。我可以陶醉于拉斯金的文章，但这种陶醉也只能维持一两页而已，要是让我连着读二十页，那就有点儿腻烦了。那些不断涌动的句子、那些富丽堂皇的修辞方式、富有诗意联想的名词、让句子更有分量更深刻的从句，那种宏伟壮观的感觉就像在无边无际的大海上后浪推前浪，毫无疑问，在这其中一定会有什么东西让你深受启发。如此连缀在一起的语汇会像音乐一样落入你的耳中，这种文章的魅力主要是给人一种阅读快感，而不在于给人带来什么知识或者智慧。音韵之美让你很容易得出这样的结论：管它什么意思，读着舒服就行了。但是文字这种东西有其专断的一面，它存在就是为了表达某种含义，如果你没有注意到这些含义，那我就很怀疑你的注意力，你的大脑一定是在开小差。这种写作风格只适用于某一些主题，如果你用这样一种宏伟壮观的写作风格来描绘一些不值一提的小事，那肯定很不合适。说到这种写作风格，肯定要数托马斯·布朗爵士（Sir Thomas Browne）最为拿手，但就算是他，有时也会掉进我们刚才提过的陷阱里，在《瓮葬》（Hydriotaphia）的最后一章，他讨论的主题是人类的命运，这与那种巴洛克式的华丽语言相得益彰，就在此处，我们这位诺维奇的医生创造了一段在我们的文学史上无人可以超越的文字。但是，当他以同样的华丽语言描写他在瓮中的发现时，效果就很难让人满意了（至少不合我的口味）。如果一位现在作家用这种华美壮观的语言讲述一位雏妓迫不及待地要和一位男青年上床，你读了肯定会恶心得想吐。

如果说语言丰富、用词华丽需要一些天赋的话，那这种天赋并非人人都有。我们同样要意识到，自己写东西并不是天生就可以做到简洁。要想做到这一点，必须有严格的自律精神，并接受严格的训练。我所接触的英语散文中，纷繁复杂的占大多数，很少能见到简洁明晰的。当然也并不总是这样，莎士比亚的写作风格就非常的生动活泼，直截了当，活力四射，但我们要记住：他写的大部分都是对话，是要在舞台上说出来的。我们想象不到，如果他像高乃依（Corneille）一样给自己写的剧本加一个前言,那会是怎样一种风格，很有可能他所写的会像伊丽莎白女王（Queen Elizabeth）所写的信件一样绮丽浮华。但在这之前的文章，比如说托马斯·莫尔爵士（Sir Thomas More）的文章，就不会是这样，那是一种纯粹属于英国本土的文体。

在我看来,《钦定版圣经》对于英国的散文风格有着恶劣的影响。我并未否认它的语言之美,要是那样的话我就太没有鉴别力了,其中有些地方的文字非常简洁,但同样感人至深。但我要强调的是,这是一本来自东方的圣书。它的异域形象总与我们的现实生活大相径庭。其中的夸张手法和倾向于诉诸感官的比喻与我国人民的天性也格格不入。我斗胆说一句:与罗马教廷分裂所带来的一个严重后果就是,这本《圣经》已经成了我国普通民众唯一可以阅读的圣书。那种节奏感,那些饱含力量的词汇,那种夸夸其谈的风格已经成了这个民族感情中必不可少的组成部分。朴素而诚恳的英语被各种各样的装饰物所覆盖,笨嘴拙舌的英国人扭曲着自己的舌头,像希伯来的先知那样说话。很明显,在英语的特质中有一些东西与此意气相投,也许是头脑中本身就缺乏准确性,也许是对于优美词汇那种不知来由的纯真的喜悦或者是一种内在的怪异,以及对于各种装饰的喜爱,到底是什么我也不清楚。但是有一个事实不可否认:从此之后,英语的文章不得不和过于华丽的辞藻进行斗争。

一次又一次,英语的精神不断显现,比如德莱顿以及安妮女王(Queen Anne)时期的作家,只不过他们又一次被吉本(Gibbon)和约翰逊博士(Dr.Johnson)那种华而不实的风格所掩盖。有一段时间,英语文章重新获得简朴的风格,代表人物是哈兹里特(Hazlitt)和雪莱,到了查尔斯·兰姆(Charles Lamb)达到了顶峰,但很快随着德昆西(de Quincey)、梅瑞狄斯、卡莱尔(Carlyle)和沃特尔·佩特尔的出现，简洁之风再次跌入谷底。很明显，那种华丽壮美的风格比朴素之风更有冲击力。实际上，很多人都认为，如果一种风格不能引起人们的注意，那就算不上是什么风格。他们都崇拜佩特尔的文风，但是在读马修·阿诺德（Matthew Arnold）的文章却吝惜自己的时间，不肯动一点脑子去注意作者在表达时所体现出来的优雅、个性与节制。

文如其人，这是大家耳熟能详的一句俗语。只是我认为这句话含义过于丰富，因此很难落到实处。歌德到底是怎样的一种个性？从他的那种文章中可以体现出他的个性来吗？是从他像鸟儿一样轻盈的诗歌中？还是从他那手法笨拙的散文里？哈兹里特（Hazlitt）又是怎样一种个性？但不管怎么说，我始终认为，如果一个人头脑糊涂，写出来的东西也不会太清楚；如果他的脾气反复无常，他的文章也会充满空想；如果他思维敏捷，富于机智，经常能够被身边形形色色的事物触发灵感，那他的作品中就会充满各种明喻暗喻。詹姆斯一世时期的作家所表现出来的夸夸其谈以及吉本和约翰逊博士所表现出来的晦涩难懂之间存在着巨大的差异。詹姆斯一世时期的作家是受到了新进入英语的新鲜词汇的毒害，而吉本和约翰逊博士则是坏理论的受害者。我在读约翰逊博士所写的文章时，每时每刻都充满了喜悦，因为他感觉敏锐，极富魅力，而且充满智慧，如果一个人不是下定决心一定要写出庄严辉煌的文字风格，那么就不会有人比约翰逊博士写得更好。他一眼就能看出哪些才是真正好的写作风格，没有人比他更驾轻就熟地赞美德莱顿的写作风格，约翰逊博士说，他的文风中并无多少艺术成分，他只是把自己的所思所想清楚明白而又充满激情地表达了出来。在《英国诗人评传》的结尾部分，他写了这样几句话："不管谁想获得一种让人感觉亲切而又不粗俗、优雅而又不装腔作势的写作风格，那就必须没日没夜地去阅读亚迪森（Addison）的著作。"但是当他自己坐下来写东西的时候，那又是带着完全不同的一种目的，他错把做作当成了高贵，他的教养还不够深厚，没有意识到简洁自然才是自己个性的最真实表达。

要想写出好的文章，你需要有好的行为举止，这跟写诗不太一样，它需要的是一种受过教育的艺术，诗歌是属于巴洛克的，巴洛克风格充满悲剧色彩，沉重而又充满神秘，这是一种来自于本源的力量，它需要我们思想的深度和洞察力。实话实说，我感觉巴洛克时期的散文作家都是迷失了自己方向的诗人，比如《钦定版圣经》、托马斯·布朗爵士（Sir Thomas Browne）以及格兰维尔（Glanville）。散文应该是洛可可风格的，它需要的是品味而不是力量，需要的是得体而不是启迪，需要的是活力而不是庄严。对于诗人来说形式就像是马嚼子和马鞍子，没有了这些你就没办法骑马（除非你是一个杂技演员），但是对于散文作家来说，形式就像是汽车底盘，没有了它你的车压根就无法存在。最好的散文出现在洛可可时期的最初阶段，这时的文章优美而适度，这并非是一种巧合，因为巴洛克风格总是那么慷慨激昂，读者们读多了也会感觉厌倦，于是开始要求作家应该多一些节制，正是在这种背景下，洛可可风格产生了，这是那些看重文明生活的人最自然的表达，其中的幽默、宽容和常识使得那些占据了十七世纪整个前半段的宏大的悲剧主题变得大而无当，从此以后，这个世界变成了一个更适于普通人居住的地方，几个世纪以来，也许是第一次，有教养的阶层可以舒舒服服地靠在椅背上享受闲暇时光。有人说过，阅读好的散文就像与一位饱学之士闲谈，只有当人们的头脑中没有那些迫在眉睫的焦虑时，这种闲谈才可以进行下去，这就需要他们的生活有足够的保障，而且心灵中也没有巨大的忧虑。他们必须十分看重文明所带来的高雅情趣，他们必须看重礼仪，他们必须关注身边的人（不知大家听没听过这样的说法：一篇好的散文就像是一个人穿的衣服，优雅得体而又不冒犯他人），他们最怕的就是让别人读起他们的文章来心生厌倦。他们既不轻浮，也不沉重，永远保持着那份得体，他们看待"激情"这个词时必须要有批判的眼光，这才是适合优秀散文生长的土壤。所以，那一时期出现了我们整个时代都公认的最好的散文作家——伏尔泰，这一点都不奇怪，而英语作家中却没有人能够达到和他一样的高度，这大概是由于英语本身所特有的诗性特征。伟大的法国作家写文章时所流露出的娴静、持重和准确，对于大部分英国作家来说确实还有很长的路要走。

13

不管你对朗朗上口这一写作风格是否看重，这是我提到的三种写作风格中的最后一种，那要依靠的是你耳朵的敏感度。很多读者——甚至很多广受欢迎的作家——都不具备这种才能。我们都知道，很多诗人都喜欢大量运用头韵，有人鼓励他们这样做，理由是重复某一个音就会带来美的感受，但我认为这在散文中并不适用。在我看来，在散文中我们只有为了一些特殊目的才有必要使用头韵法，如果偶然用上了，那反而会让耳朵不舒服。但是这种偶然使用的情况很常见，我们只能说这种用法所造成的听觉感受并不一定都是冒犯性的，很多作家会很自然地把两个音韵相同的词放在一起，把一个非常怪异的长长的形容词与一个同样怪异的长长的名词搭配在一起，或者是在两个词之间有一连串的辅音，读起来会使你的下巴都要掉下来。这样的现象很常见，但很多人却没有注意。我这个例子只是想证明，如果一位很用心的作家写出了这样的搭配，只能证明他的耳朵并不敏感，文字既有重量，又有声音，还有形象，只有把这三者都考虑其中，你才能写出既美观又动听的好句子。

我读过很多谈论英语散文的书籍，却发现很难从中得到多少真知灼见，因为书中的大部分内容都很含糊，理论气息过重，而且还经常无端指责，但是《富勒英语用法词典》中就没有这些毛病。我们无法否认这本书的价值，不管你的写作水平有多好，你总可以从中学到很多，而且阅读过程一点儿都不会枯燥。富勒喜欢简单直接的风格，而且非常看重常识。他对于浮夸的文风完全没有耐心。他认为短语是语言的支柱，他全心全意地支持写作者合理使用有活力有特色的短语。对于语法逻辑，他并不像奴隶一样卑躬屈膝，畏首畏尾，而是主张在语法基本正确的大前提下，充分发挥写作者的创造力，以使语言不至于刻板到难以卒读的程度。英语语法颇有难度，很少有作家敢于声称自己从来没有犯过语法错误，就是像亨利·詹姆斯（Henry James）这样很用心的作家也偶尔会写出从语法上完全讲不通的句子，如果一位小学老师发现自己的学生这样写，也一定会暴跳如雷，这倒是有情可原的。我们有必要了解语法，也有必要写出在语法上正确的句子，但是更要记住：语法只不过是日常语言规范化之后出现的结果。一切只有在实际使用过程中才能得到验证。如果有两个短语，一个只是语法上正确，而另一个更为简单易懂，我肯定发自真心地选择后者。

英语和法语的一个主要区别就是：在法语中，你可以写出语法正确的句子，而且感觉非常自然；可在英语中，很多时候就不是这种情况。写英文很难，因为有声语言常常会掌控被印刷出来的文字。我曾经花了很长时间反复思考写作风格的问题，而且也从中吃了很多苦。我自己写的东西里面，绝大多数我不管怎么改都依然觉得不满意。约翰逊曾经对普柏（Pope）有这样的评价："他从来不会因为疏忽而忽略任何一个错误，也不会因为绝望而放弃修改这个错误。"我可不敢给予自己这么高的评价。我并不是想写多好就能写多好，我只是尽力而为。

富勒的耳朵不敏感，他没有意识到简洁有时候要让位于音韵的和谐，有时候，为了使音韵和谐或者使句子取得更好的平衡，我会去用一个有些牵强有些陈旧甚至有些装腔作势的词，我感觉这总比那些过于直白过于敏感的词要好，但是我要赶紧加上一句：尽管有时候我们为了音韵的和谐可以做出一点牺牲，但是绝对不能牺牲的是意思的明确。如果你写的东西让人看不明白，那就不如不写。清楚明白、简单易懂可以说是放之四海皆准的法则。当然，也要警惕语言上的干瘪。想一下，你是喜欢露出自己的秃顶，还是戴一顶弯弯曲曲的假发？你就会知道前者所冒的风险依然值得。不过，为了音韵和谐我们还得考虑一种其他的危险：音韵和谐的文章很可能读起来会特别无聊。当乔治·莫尔（George Moore）刚开始写作时，他基本说不上有什么风格，读他的文章给你一种印象，他仿佛是在一张包装纸上用草草削好的铅笔写成的。但是很快他就形成了一种自己独有的带有音韵感的写作风格，他学会了带着神秘的悠然神情写出很自然地落入你耳中的句子，这让他很兴奋，于是便一发不可收拾，这样呢，他便落入了空洞无聊的窠臼，这就像是海水拍打着铺满卵石的海滩，声音如此抚慰人心，你渐渐开始意识不到它的存在，一切都如此的和缓安宁，你的作恶心理油然而生，期待着有一种尖利的声音来打破这如丝绸一般的安逸情景。我不知道读者如何能够对抗这种风格，最好作家本人应该比读者有更强烈的意识来察觉无聊的出现，这样在读者感觉难以忍受之前写作者已经开始厌烦了。因此，写作者必须对自己的风格不断加以审视，这样，如果那些抑扬顿挫的词句不由自主地从笔尖流出，这时就应该问问自己：是不是已经过于程式化了？如果一位写作者已经很难发现自己所形成的语言风格，从那一刻起，他已经开始失去了自己独有的味道，正像约翰逊博士所说："如果你曾经历经磨难形成了自己独特的风格，自此以后你就不太可能完全自由的写作。"我认为，马修·阿诺德的写作风格很适合他的写作目的，对他我总是怀有敬仰之情，但是我也要承认，他的个人风格也经常使人烦躁，他的风格是他一劳永逸磨炼出来的一种手段，就像是一双手只会做一样工作，没办法成为多面手。

如果你能够写得清楚明白，言简意赅，而又音韵和谐，再添上一些生动活泼的字句，那么你的写作风格可谓圆满，你就可以自豪地说，自己的文章足以与伏尔泰比肩。但是我们一定要小心，追求字句方面的生动活泼也会对写作者造成致命的伤害：这就是造成梅瑞狄斯让人厌烦的原因。麦考利（Macaulay）和卡莱尔（Carlyle）的作品风格不同，但同样引人入胜，当然是以牺牲淳朴自然的风格作为代价。他们那种华而不实的语言常常会使读者的注意力无法集中。这种风格使得他们的文章没有什么说服力，这就像一个人拿着一个杂技表演时用的呼啦圈，然后每走两步就要从圈里跳过去一次，那你打死也不会相信他现在正在这里耕田。一种好的写作风格本身不应该带来什么效果，写下的任何东西都应被看作是可遇不可求的一种巧合。我认为当今法国文坛没有人比科莱特（Colette）写的更让人敬佩，她表达时的从容自若让你无法相信她在写作时会有任何的纠结。有人告诉我说，有些钢琴手弹起琴来特别自然流畅，而他们这种风格对于初学者来说肯定要经过长期苦练才可以达到。我相信作家中也有这样的幸运儿，而在这些幸运儿中，我最钦佩的莫过于科莱特。我曾经就此事向她请教，当她告诉我说不管写任何东西她都会一遍一遍地修改，这让我异常惊讶，她告诉我说，有时候写一页纸的东西她会花上整整一个上午，但不管过程如何，关键是我们在阅读时感受到了她的得心应手，游刃有余。对我来说，如果哪一天我也能取得同样的效果，那肯定是经过了长期的苦练，如果单凭直觉选择措词，那就很难做到自然流畅，其中难免会有牵强附会或者空洞无聊的成分。

14

据说，阿纳托尔·法郎士（Anatole France）一直以来只使用他最为崇拜的十七世纪作家的句法结构和词汇来进行写作。我也曾在书中读到过这样的说法。我不知道这是不是真的。若果真如此，我们就可以明白为什么他写的法文虽然简洁优美，却总显得缺乏活力。如果你想表达某一种意思，但最终却没有表达出来，原因只是你找不到合适的措词，就算你写出的语言十分简洁，也只不过是一种虚假的简洁。一个人应该用所处时代的风格来进行写作。语言的生命力很强，而且也在不断地变化，如果你总想着模仿某些古代作家的风格来写作，别人难免会认为你装腔作势，故弄玄虚。如果现在所流行的一些词汇形象生动，表达有力，我就会毫不犹豫地拿过来用，尽管知道这些新潮语言的流行只不过是一阵风，十年之后就没人懂得这是什么意思了。如果一位作家在写作时总是板着面孔，这就说明他在使用那种只在一时一地适用的措辞时会非常谨慎。我宁愿一位作家世俗一些，也不希望他矫揉造作，因为现实生活就很世俗，而作家追求的就应该是原原本本的世俗生活。

我总觉得我们英国作家应该多多向美国同行学习，因为美国人的写作方式逃脱了《钦定版圣经》的粗暴影响，而他们也受到我们英语文化中那些以往的文学大师的影响较少。他们无意之中形成了自己独特的风格，这种风格直接来自于围绕在他们周围的鲜活语言。一流的美国文学作品文字直截了当而又充满活力，体现出悠然自得的神情，这与我们过于文雅的文风迥然不同。美国作家中有很多都曾经当过记者，这是他们的一种优势，他们的新闻报道与我们的相比言辞更为犀利，而且生动形象，热情奔放。我们现在对报纸的态度就像我们的祖先当年对待《圣经》一样，特别是那些发行量很大的报纸，其中所涉及的社会百态是我们这些作家不应错过的，这些都是最原始的材料，直接来自于我们的房前屋后和大街小巷。如果我们忍受不了那人头攒动的景象和臭鱼烂虾的味道，远远地躲开，那真是愚蠢至极。不管我们多么想逃离，实际上都无法从关于日常生活的文章中真正逃离出来。但是这里面也存在一些问题，在一段时间之内，新闻报道的风格特别容易趋同，所有的新闻都像一个人写出来的似的，虽然客观，却没有个性。我们需要读一些其他种类的东西来弱化这一影响，我们只有与距离我们并不太遥远的某一时期的作品保持经常的接触，才可以做到这一点。只有这样我们才能树立一个标准，藉以检验我们自己的风格，同时树立一个我们大致可以实现的目标。

15

我时不时会问自己：如果将整个一生全心全意用于写作，我会不会成为一名更出色的作家？很小的时候，具体多大我已经记不清楚了，我就暗下决心：既然生命只有一次，我就一定要充分利用，努力发挥其最大效能。仅仅只是写作还是远远不够的。我想为自己的人生制定一份蓝图，其中写作自然是很重要的一部分，但同时也要包含其他一切适合于人类的活动，在功成名就之后，我就可以坦然地面对死亡。

我有很多身体缺陷，比如，我的个子不高；虽有耐力却没有多少体力；经常口吃；在别人面前很害羞；健康状况也不好。另外，我没多少运动天赋，而这在英国人的日常生活中是很重要的一部分。不知是出于上面的某个原因还是出于本性，我在与他人相处时总是本能地想要回避，很难与他们建立亲密的关系。我喜欢一个一个的人，但只要有一群人聚在一起就会浑身不自在。我没有那种第一次见面没聊几句就马上跟别人勾肩搭背、称兄道弟的本事，这么多年米，我尽管已经学会了被迫与陌生人接触时制造一种和谐友好的气氛，可还是很少在第一眼看到某人时就对他产生好感。不管是在火车上还是在游船上，很难想象我会主动与身边的人搭话，常见的情况是我要等到别人先开口。由于身体虚弱，我会尽量避免与那些喜欢喝酒的人打交道，一旦稍微多喝一点儿，可能那些体质较好的人就会开始跟别人称兄道弟，热络得不可开交，到了这种时候，我的胃早已承受不了，只能像病狗一样瘫在旁边。不管对于一位作家还是一个普通人来说，这都是很大的缺陷。我只能努力做到最好，当然也说不上完美，在某些具体情境之下，这是我能希望的最好的结果，我天生力量有限，只能尽力而为了。

亚里士多德一直在努力寻找人类的特殊功用，他认为，既然人类的成长与植物的生长、野兽的感知能力有类似之处，而且只有人类具有理性，那么他的特殊功用就只能是灵魂的活动。从中，亚里士多德得出结论：虽然人类与动植物有一些共同的特征，但实际上他应该去追求其他物种所无法拥有的一些特质。一直以来，哲学家和伦理学家都对人类的身体感到疑虑不安，他们指出，我们身体的满足总是非常短暂，但是满足就会带来快乐，不能因为它不能持久就否定它的存在。我正试图运用这种方式去体验所有的感官愉悦。我并不害怕过度，适量的过度行为会让人体会到兴奋的感觉，它能够消解由于一直保持适度状态所带来的麻木，它能够使机体得到滋养，使神经更为放松。当身体沉浸于快乐之中时，精神也常常最为自由。人体所能感受到的最为极致的快乐莫过于两性之间的交合。

我认识一些人，他们认为这是他们人生中最大的成就，现在他们年事已高，但依然认为自己的人生并未虚度。知道他们的这种价值观后，你也就不会觉得他们的行为有多奇怪了。我很不幸，由于自身在这方面过于挑剔，我很难让自己沉浸于这种快乐之中。我一直在努力践行中庸之道，因为我很难被他人取悦。我常常看到有些人很容易让自己的欲望得到满足，我并不是特别羡慕他们的成功，而是惊叹于他们口味如此之重。很明显，如果你对自己吃的东西完全不加选择，那你基本上也不会挨饿。

绝大部分人的人生像一叶小舟，在命运的波涛中飘来荡去，不知最终归于何处。很多人都会囿于自己的出身，而随后又必须努力谋生，所以，他们走的是一条狭窄而又笔直的小路，既没有可能左转，也不可能右转。在这些人看来，这种生活方式是强加于他们的，生活的压力让他们无法去改变。这样的人生当然没有自主选择的生活方式那么惬意。我相信，每个人都可以理解这一点。但是艺术家却先天具有一种常人所不具备的优势。我在这里使用"艺术家"这个词，并不是要表明他们已经创造出来多少有价值的艺术作品，而只是想指那些从事与艺术相关工作的人。我很想换成另外一个词，但至今还没有找到。如果使用"创造者"，那就有点儿太高估他们，好像是在宣称他们真的原创了多少东西似的。而如果使用"手艺人"，又显得词不达意。木匠也是手艺人，尽管从某个角度来说他也属于艺术家，但是他不具备行动的自由。而这种自由，就算是一个无足轻重的文人，或者最蹩脚的画师，都是具备的。艺术家在特有的局限之下依然可以选择自己的生活，而其他职业——不管是医生还是律师——虽然可以选择自己是否想要这份职业，但是一旦选择了就不再自由。他们要受限于这份职业所暗含的各种条条框框，一整套行为标准会强加在他们的身上。这种生活模式已经事先决定好了，只有艺术家（也许还有罪犯）才可以选择自己的生活方式。

也许我天生就有一种条理感，所以很小的时候我就在为自己设计生活方式，这也许是因为我在自己身上找到了某些与众不同的东西，关于这些我在后面会稍加说明。这种习惯的缺点就是它会扼杀很多可以随性而至的东西。在真实世界里，人特别容易冲动。有人说，形而上学就是为自己不理性的行为寻找一个可以自圆其说的解释，也可以说，我们在行动之前就要深思熟虑，为自己可能做出的一切找到合理的借口。屈服于冲动也是一种生活方式，我认为这其中一个致命的弱点就是你更多的时候会生活在未来之中。我早就知道这是我的一大缺点，我曾试图改掉这个毛病，但却并不成功。除了在当下不断努力之外，我从来没有奢望过现在的时光能够延续，以期从中得到更多快乐，因为就算它会带来我曾经极度渴望的某些东西，在这满足的时刻，我的想象正忙于处理将来未知的快乐。我总是在皮卡迪里大街（Piccadilly）的南面闲逛时，忍不住想这条街的北面正在发生什么，这种想法真的很蠢。只有当下是我们可以确定的，我们只有从当下获取存在的价值；未来在某一天也会变成现在，而到了那天，我们也会把它看得和现在一样无足轻重。这只不过是一种常识而已。但是这种常识对我却没有多少帮助，我并没有发现当下有多少令我不满意之处，这只是我们惯常的一种思维模式，它像空气一样存在于我们生活的每一个角落，因此，我会忍不住时刻盼望即将到来的下一时刻。

我在写作中曾犯过很多错误，比如，我经常会陷入某些固定套路，而这些套路简直是很多写作者的宿命。其中之一就是想在自己的生活中去完成小说人物曾经完成的任务。我曾尝试过很多与我的个性格格不入的东西，而且非常固执地一味坚持，我的虚荣心不允许我承认自己被打败。我曾过分关注别人对我的看法，也曾为了一些根本不值得的东西做出牺牲，因为我没有勇气去遭受痛苦。我曾干过很多傻事。我这个人十分敏感，只要做过的事就难以完全忘记。我倒很希望自己是一名天主教徒，就可以在忏悔之后获得自我惩罚，然后获得赦免，于是把这些傻事也就完全抛之脑后了。我的常识不断告诫我，一定要好好处理。我并不感到后悔，因为我觉得，正是由于我的这些缺陷，我才学会了对别人表示宽容，我花了很长时候才做到这一点。年轻的时候，我的容忍度极低，我还记得有一次听到别人说：虚伪是邪恶向美德表示感谢的方式。这个说法不是那个人原创的，但我确实是第一次听到，马上就义愤填膺。我当时认为，一个人应该有勇气去承认自己的罪恶行径，我心目中的理想人格应该是诚实正直，永远讲真话。我并非对于人类的缺点没有耐心，只是瞧不起那些胆小鬼，对于那些闪烁其词不作正面回答、或者敷衍了事的人不予体谅，我当时就没有想过：最需要被容忍的人反而就是我。

16

初看起来会很奇怪，我们总觉得自己的各种恶行没有别人的恶行那么十恶不赦，我觉得这其中的原因可能是，我们知道自己是在什么情景下做出这些事来的，所以我们很容易原谅自己，而这种原谅就不会落到别人身上，尽管别人跟我们犯的错误差不太多。我们不会去过多注意自身的缺陷，当我们由于发生了不幸的事件而被迫要考虑这些缺陷时，我们会发现自己很容易原谅自己。这样做是有充分理由的，他们是我们人性中的一部分，我们必须同时接受自己身上的优点和缺点。但是当我们要评判其他人时，我们无法做到像评判自己时那样设身处地，我们所根据的只是一个我们对自己形象的认知。在这一过程中，我们已经清除掉了一切有损我们自尊心，或者让我们在世人面前有失颜面的东西。举个简单的例子：当我们发现有人撒谎时，我们对那人是多么的不屑一顾；但是谁敢站出来说从来没有撒过谎？没有人会站起来，因为我们撒谎的次数自己数都数不过来。

我们终究会发现，伟大人物其实也很脆弱，也很卑微。他们可能不诚实，也可能很自私，在男女关系方面很多事情处理得很不得当，要么很虚荣，要么很放纵自己，一旦听到或看到这样的消息，我们都会感觉很震惊。很多人认为，向公众展示某些英雄的弱点是不光彩的行为。其实人和人之间没有多少差别，每一个人都是一个多面体，既有伟大之处，也会卑鄙渺小；既有美德，也会邪恶；有时高贵，有时无耻；有些人会更有人格力量或者有更多的机会，所以他们可以选择适合自己的方向，让自己的本能得到充分释放。但从本质上来说，人和人之间相差无几，从我自身来看，我觉得跟大部分人相比我既不好也不坏，但我知道，如果我记录下我生活中的一举一动以及我脑中闪过的每一个念头，整个世界都会把我看成是一个甘心堕落、无可救药的魔鬼。

我很奇怪：一个人在不断反省自己的各种想法后，怎么还有脸指责别人？我们人生的大部分时光都被想象所占据，越具有想象力，我们所幻想的事物就越丰富多彩，生动逼真。假如我们的所有幻想都会自动记录下来摆在我们面前，有多少人敢于去面对？也许到了那时，我们的内心充满羞愧，我们会大声喊叫，不承认那是真实的自己，因为那个形象是如此的卑鄙邪恶、渺小自私、低贱傲慢、虚荣心强而且多愁善感，简直是人类罪恶的集中营。当然，我们的幻想与我们的行动一样是组成自我的重要成分，如果有这样一种生物，它们可以知道我们内心的一切想法，并会将其公之于众，那我们就不仅仅要为自己的行动负责，也要为我们的想法负责。

人类很容易忘掉曾经徘徊在自己脑中的各种可怕想法，可是如果发现别人也这样想过，那定会让他们义愤填膺。在歌德的自传《真实与虚构》中，他提及在他青年时，一想到自己的父亲只不过是法兰克福的一名普通律师，他就受不了，他感觉自己的血管中一定流淌着贵族的血液，他努力让自己相信：一位王子偶然经过他所在的城市，正巧遇到了他的妈妈，然后他就是这两个人的孩子。那本书的编辑在看到这一段时特别气愤，于是在这一页的下面加了一个注脚。在他看来，这样一位大诗人不应该如此以自己母亲的贞洁为代价，只是为了使自己能够成为贵族的私生子。当然，这种想法很丢人，但却很自然，而且我敢说也并不少见。大部分浪漫、叛逆而又充满想象力的男孩子都会在心中暗自琢磨：自己的父亲绝对不是那个无聊乏味而又循规蹈矩的中年男人。他们会根据自己的个性，给自己的出身提升一个档次，比如自己的父亲会是一位才华横溢却少为人知的诗人，或者伟大的政治家，甚至有可能是王公贵族也说不定。歌德在晚年表现出来的这种坦诚让我对他充满了崇敬之情，他对于自己这种真实想法的忏悔让我的心中有几分暖意，一个人不管写出了多么伟大的作品，但在内心深处他依然还是一个普通人。

在我看来，如果知道了所有人都会有荒诞不经而且似乎道德低下的幻想，我们对自己和对别人都会更为宽容。同样，这样的认知能够让我们带着幽默感去看待我们的同伴，不管他们地位多么显赫，身份多么高贵。还有，这些知识也会让我们更轻松地看待自己，不再事事与自己为仇。当我听着坐在高台上的法官郑重其事地履行自己道德说教的义务时，我会问自己：他们有没有可能在这一时刻已经完全忘掉了自己作为人的本能？我希望，在伦敦中央刑事法院的桌子上，除了有一束鲜花之外，他老人家也应该有一卷手纸，这会时时提醒他：你也是平常人，别把自己看得太高！

17

有人说我有点儿愤世嫉俗，有人指责我经常把人物描写得比实际中更糟糕。我不觉得自己是这样做的，我所做的只不过是把其他一些作家视而不见的人性品质提高到一个重要的地位。我认为，人类最让我感到惊讶的地方，就是他们的性格中缺少连贯性，我很少能看到有人可以始终言行一致，表里如一，我惊讶于那些最难调和的人性特征竟然共存于同一个人身上，而且看起来还那么的和谐。我经常问自己：那些看上去无法调和的个性特征怎么在一个人身上和平相处，互不侵犯？我知道，有些地痞无赖到了危急时刻竟然能够做出自我牺牲，有些靠顺手牵羊为生的窃贼性情却如此温和，而一些青楼女子竟然能够把忍辱负重赚来的钱花在真正对社会有价值的地方，而且以此作为一种荣耀。我能提供的唯一解释就是：每个人都确信，自己在世界上独一无二，而且享有一些特殊权利，这种确信出自本能，所以，一件事不管别人做起来显得如何离谱，而他做起来却感觉顺理成章，尽管说不上正确，也说不上自然，但至少情有可原。人性中的这些巨大差别深深地吸引了我，但是我不认为自己对于这些的强调已经到了过分的程度。我时常遭受指责，也许是因为我没有明确谴责我小说人物身上的一些恶劣品质，而对优秀品质也没有多加赞扬。我不会对别人身上的罪恶感到十分震惊，除非这些切切实实地影响到了我，而且就算他们真的对我有所影响，我也会最终学会如何表示谅解。上面所说也许是我的一个缺点，但我觉得对别人不要期望过多，这才是正确的态度。如果别人对你好，你应该表示感激；要是他们对你不好，你也应该坦然接受。正像那位希腊的陌生人（the Athenian Stranger）所说："对于我们每一个人来说，我们变成什么样子大多是由我们的欲望倾向和灵魂本质所决定的。"很多人缺乏想象力，所以他们只能从自身角度来看问题，而无法做到设身处地为别人着想，所以，跟他们置气实在没有必要，因为他们本身就缺乏这种能力。

要是我只关心人性的缺点，而忽略了他们的美德，那我确实应该受到指责，但我觉得自己没有这样做过。没有什么比人性之善更让人赏心悦目了。如果能够从一些在常人眼中应该遭到无情指责的人身上看到人性之善，我会非常喜悦。我若真的表现出了这样的喜悦，那是因为我确实在他们身上看到了人性之美。在我看来，有时他们身上的善良会更为显著，因为他们一直被罪恶的阴影所笼罩，我经常会把善良人之善良看成理所当然，我感到惊讶时是因为发现了他们的邪恶和缺点，而在坏人身上发现善良之处时，我却十分感动，而对于他们的邪恶我更愿意耸耸肩以宽容的态度处置。我并不是我同胞的道德检察官，我不想把自己提升到评判他们的高度，能够很细致地观察他们我就很满足了。通过观察我发现，整体来说所谓的好人与坏人差别并不大，至少比那些道德学家逼迫着我们去相信的差别要小。

一般来说，我不会以貌取人，我不知道这种冷静观察的特质是不是一种家族遗传。我的祖辈和父辈都是从事律师这一行业的，要想成为好律师你就必须具有敏锐的眼光，这样才不会被别人的外表所欺骗。另外还有一个原因，那就是我在遇到其他人时总可以保持冷静，没有别人那种与生俱来的热情，他们的那股热情经常让他们行为冲动，就像俗话所说的，"把野鸭错看成天鹅"。作为医学院的学生，我所经受的训练更增强了我对别人的这种态度。我不想成为医生，我只想当作家，这是我人生的唯一选择。但是我过于害羞，根本不愿把这种想法说出来，至少在那时，很少听说一位出身还算不错的十八岁年轻人想把文学当成自己毕生的事业。这个想法太过荒谬，所以我当时做梦也没想过把这一想法告诉其他人，不管他们与我的关系多么亲近。我也想过进入法律行业，但三个比我年长很多的哥哥都已经从事这一行业了，我似乎没有多少发展空间。

18

我很早就离开了学校。父亲去世后,我被送到了一所预备学校,它位于坎特伯雷(Canterbury),距离惠茨塔布(Whitstable)只有六英里。当时我的叔叔就在惠茨塔布当牧师,他是我的法定监护人。这所学校附属于国王学校,历史悠久,我一满十三岁就会很自然地来这上学。但是,在这所学校的那些岁月让我很不开心,我低年级的老师经常恐吓学生,从低年级毕业后,我倒是感觉很心满意足。有一个学期,我重病缠身,不得不在法国南部呆了一阵子。那时我极度沮丧,我的母亲和她唯一的一个姐妹都死于肺结核,当医生发现我的肺也有类似问题时,我的叔叔和婶子都特别担心,于是我被安置在耶尔(Hyeres)的一位家庭教师那里进行调养。

当我病愈返回坎特伯雷之后,依然没有迎来好日子。我原来在学校里的朋友都已经交上了新朋友,这让我感觉很孤单。我升到了一个高年级,由于落下了三个月的功课,我始终找不到自己的位置。我的班主任不但没有任何同情之意,反而还不断地指责我。我对叔叔说，由于我肺部的状况，与其待在这所学校，反而不如去里韦艾拉度过接下来那个冬天，这会对我更有价值。我想在冬天过后去德国学习德语，我还可以继续学习一些其他课程，为上剑桥做好准备。我叔叔的意志并不坚定，我这么一说，他大致也就同意了。他并不太喜欢我，当然这也不能全怪他，我也觉得自己不是那种特别讨人喜欢的小男孩。因为我上学花的都是父母给我留下来的钱，所以我叔叔对我的选择也不想多加干涉。我婶子却特别喜欢我的想法。她本身就是德国人，虽然没有多少钱，但却出身高贵。她的家族有一枚很像盾牌一样的徽章，徽章的下面有几个扶着盾牌的小人，徽章上还有很多四分纹的图案。一提起这枚徽章她就非常自豪，这就是为什么她身为一个穷牧师的妻子，却不愿与拥有私人别墅的银行家的妻子交往，理由很简单：她自诩身为贵族，而那些人再有钱也只不过是经商的。就是她为我找到了一个位于海德堡的寄宿家庭，而这是她从慕尼黑的亲戚那里听说的。

我从德国学成归国时正好十八岁，当时我对自己的未来已经有了一个很明确的想法。当时的我情绪饱满，冲劲十足，我人生第一次知道了自由是什么滋味。我已经不想去剑桥上学了，因为那意味着再一次受到约束。我感觉自己已经长大成人，急切地想开始自己新的生活，有一种时不我待的紧迫感。我叔叔一直想让我成为一名教职人员，尽管他也知道，像我口吃这么严重，这个职业根本就不适合我。我告诉他我不想去，他像往常一样显得漠不关心地答应了。我现在还记得，我们当时对于我应该从事什么职业进行了激烈的争论，现在回想起来觉得十分可笑。有人建议说我应该去当公务员，我叔叔马上写了一封信给他在牛津时的一位老朋友，询问他的意见，这位老朋友在内务部任职，据说还是一位当权派。结果对方回信说，由于种种原因，那里暂时不需要招募新人，于是这个提议就此搁置。最终他们决定，我应该去当医生。

我对医疗行业一点儿兴趣也没有。但好的一点是，我可以借机住在伦敦以便增加生活阅历，这是我一直所期望的。1892年秋天，我进入了圣托马斯医院。前两年的课程特别无聊，我在学习上不怎么用心，只要考试能通过就行。在学校和老师们看来，我的表现无法让他们满意，但是我却得到了梦寐以求的自由。我有了自己的公寓，有了不被他人打扰的私人空间。我会把自己的房间装饰得既温馨又舒适，我所有的业余时间都用在了读书写作上，我对于读书的态度真可以称得上如饥似渴。每本书读完还不算，我还会在笔记本上写满自己的想法，这些都可以作为创作小说和剧本的素材。在笔记本上，我会写出大段大段的对话以及自己的所思所想，现在看起来，很多东西都十分幼稚可笑，就像自己小时候的照片上的表情一样，但不管怎样，这些都是我从阅读和实际生活中慢慢得出来的，因此显得十分珍贵。

我不太愿意介入医院里的日常生活，也没有在那里交到几个朋友，因为我的精力根本就不在那儿。两年后，我成为医院的一名书记员，然后又在门诊部负责为病人包扎，这时我才对自己的工作产生了兴趣。随后，按照学校课程的要求，我开始进入病房工作，到了这个阶段，我的工作热情空前高涨。到什么程度呢？举个例子吧，有一次我需要对一具尸体进行解剖实验，那具尸体已经有一些腐烂得不成样子了，我却把它带进了自己的住处。可能是因为细菌感染，我竟得了扁桃腺炎。一般的学生可能会借此机会好好休息一阵子，可我却盼着自己快点儿好起来，然后就能尽快地回病房工作，不然我就会担心自己错失了很多观察别人的机会。

为了拿到行医的资格证书，我必须负责为很多妇女接生，有时候不是这些妇女来到医院，而是我们要去产妇家里。我常去的地方就是兰贝斯（Lambeth）的贫民区。那个地方出名的脏乱差，有时候连警察都不敢轻易涉足，但是我那个黑色的医疗背包却总是可以保护我。我觉得这个工作特别有吸引力，在有一段时间里，我经常没日没夜的工作，处理各种分娩过程中的紧急情况，这经常让我筋疲力尽，但却一点儿都没有影响我的工作热情。

19

在这里，我真正接触到了自己最想要的东西，那就是原汁原味、活灵活现的生活。我在那里一共待了三年，在这段时间里，我敢说我亲眼见证了人类能够表现出的所有情感。我对这些兴味颇浓，这是因为我本性中就有再现各种生活场景的欲望，这让我内心中创作故事的欲望蠢蠢欲动。现在，我离开那所医院已经有四十年了，但是我依然记得其中很多人的长相。他们的样子历历在目，如果你不相信，就请帮我拿过纸笔来，我可以画出很多人脸上的各种细节。他们说过的话也依然回荡在我耳边。我见证了很多人离世的过程，我也看到了有些人在承受着怎样的痛苦；我能够用具体的事例来向你描述什么叫作希望，什么叫作恐惧，以及怎样才算是安慰；我也亲眼目睹了绝望如何像一把尖刀一样在人们的脸上留下深深的疤痕；我还见证了什么叫作勇气和沉稳；我也曾经看到过，在我们看来只不过是一些假象的东西却使病人眼中充满了信念之光；我还见到过什么叫作英勇无畏，它使男人面对死亡依然能够嬉笑怒骂，这是因为他们过于骄傲与自信，不愿让身边的人看到自己灵魂深处的恐惧。

在那段时间里（对大部分人来说，那简直是黄金年代，没有战乱，经济繁荣，生活安逸），有一批作家有意识地夸大承受痛苦所带来的道德价值，他们认为痛苦对人格形成有数不尽的好处。这会让你更富有同情心，也会使自己的感官更为敏锐，他们觉得这会给你的精神世界开辟一条崭新的美好之路，使我们能够触摸到上帝那神秘的王国。他们宣称，痛苦会增强人的意志，涤荡人的灵魂，如果你无法避开痛苦，那就坦然接受它吧，因为它会使你的幸福感与日俱增，日臻完美。很多著作都秉持这样的理念，让人觉得不可思议的是，这些书竟然能够在图书市场上大卖，而写书的人则舒舒服服地待在自己温暖的家中，健康状况良好，一日三餐无忧，同时享受着赞颂痛苦所带来的巨大名气。我在自己的笔记本上多次记录下自己的真实见闻，不是一次两次，而是至少十几次。我知道痛苦不会使人变得高贵，相反它会使人的品质下降。痛苦使人自私而卑鄙，猥琐而多疑，人们会为了芝麻绿豆大的一点儿小事儿恶语相加，甚至大打出手。这不会使他们更为高尚，而会使他们日趋堕落。于是我奋笔疾书：让我们学会顺从的不是自己所遭受的痛苦，而是他人所忍受的苦难。

对我来说，所有这一切都是宝贵的生活阅历。作为一名作家，如果能够从事几年医疗行业，那将是非常好的训练方式。我觉得，如果你有机会去律师事务所工作，那也可以加深你对人性的了解，但是整体来说，你接触的还是那些理智清醒、能够自控的人。客户也会撒谎，这种可能性跟患者与医生撒谎的概率一样大，但是他们所撒的谎更具有连贯性，也许，作为一名律师，了解真相并非完全必要。他所处理的利益冲突基本上都是基于具体的案卷材料之类，他们会从一个特殊的角度来观察人性。但对于医生——特别是大医院里的医生——来说，他们所看到的更多的是不加掩饰的人性，赤条条一丝不挂。总体来说，对于死亡的恐惧会击碎一切防御，即使是虚荣心也完全不堪一击。大部分人都会带着各种失控的情绪迫不及待地向他人谈论关于自己的一切，唯一能够约束他们的就是听者的厌烦与回避。谨慎是一种后天学来的品质，那是在无数次被人无情地回绝后才慢慢形成的，而医生就要慎重得多，倾听患者的倾诉是他们工作的一部分，而对于他们的耳朵来说，根本不存在什么隐私。

当然，人性就在我们眼前展开。如果你对此视而不见，你将一无所获；如果你的内心充满偏见，或者你太喜欢感情用事，那极有可能出现的情况是，你走过医院的每一间病房，但是对于人性的了解却丝毫没有增长。如果你真的想从这样的经历中获益，你必须头脑开放，并对人类的一切行为兴趣十足。我感觉自己很幸运，尽管我很少喜欢周围的人，但却发现他们的各种表现充满趣味，只要有他们在我身边，我就能找到无数的兴趣点，从来不会厌倦。很多时候，我并不想多说话，而只想倾听。我并不在乎他们是否对我感兴趣，我并没有把自己的知识分享给别人的欲望，而如果别人说错了，我也不想去纠正他们。只要你头脑冷静，眼光敏锐，你甚至可以从看起来非常无聊的人们身上获得极大的乐趣。有一次在国外，一位好心的女士带我去兜风，她一直絮絮叨叨在我的耳边说个不停，可她用的那些词都特别的老套，而且这些老套的词竟然可以连绵不绝地从她的嘴中流出，要想记住这些词实在是不可能，但是其中有一句话却让我印象十分深刻。我们经过海边时看到一排小房子，她马上对我说："这些是周末度假房，你明白我的意思吗？换句话说，人们周六来这儿周一离开。"要是这句话我没记住，我得后悔一辈子。

我不想和无聊的人待的时间过长，但同样也不喜欢总是和有趣的人待在一起，社交活动总会让我精疲力竭。我觉得绝大多数人一说起话来都会特别兴高采烈，而且聊天是他们的休闲方式之一，可对我来说那是要付出极大努力的事。年轻的时候我的口吃很严重，谈话时间稍微一长，我就会累得受不了。现在呢，我的口吃已经改善了很多，可依然不喜欢多说话，只要碰到必须说话的场合，我就一直在想怎么设法脱身，然后安安静静地去读一会儿书。

20

我从来不敢说在圣托马斯医院的那些年已经让我对人性了如指掌，我想也没有多少人敢这么狂妄。四十多年来，我一直在探索人性的奥秘，有时是有意而为之，而有时却是不知不觉，但直到现在我还是发现人性之难以描摹。有些我非常熟悉的人做的某些举动会让我难以置信，也许我在医院中所经受的训练给我带来了一幅扭曲的画面，因为我在医院中所接触的大多数人都贫病交加，而且野蛮粗俗。我曾试着抵御这些所带来的影响，也曾试着抵御自己先入为主的见识。我在本性中就不容易信任别人，内心深处总觉得他们会做坏事而不会做好事，这就是具有幽默感的人所付出的代价。幽默感使你从人性的差异中获得极大的乐趣，它使你不会去信任所谓伟大的职业，而总是想寻找潜藏的不可告人的动机。表象与真实之间的差异分散了你的注意力，当你找不到这种差异时，你会倾向于发挥主观能动性来进行创造。你就对真善美视而不见，因为它们无法纠正你对世界所拥有的这种荒谬感，具有幽默感的人能够一眼看穿谎言，但却无法认出哪位是圣贤。但是，如果说我们为幽默感所付出的代价就是看人片面，那么我们同样会得到一种具有价值的补偿，你在嘲笑别人的时候你不会真的对他们生气，幽默使你学会了宽容，而懂得幽默的人顶多耸一耸肩，笑一笑或者叹口气，但他们不会义正辞严地进行指责，不会去说教，只要能理解他们就很满足，而理解之后随之而来的就是同情与原谅。

但是我必须承认，我努力谨记这些保留意见，随后几年的经历使我进一步确认了之前我在门诊和病房中对于人性的观察。这并非有意而为之，因为那时候我还很年轻，这些观察的得来完全是无意识的。从此以后，我都会以同样的方式来观察身边的人，并对他们进行细致的描绘，这样的描绘也许并不真实，而且我也知道很多人都认为这一画面并不赏心悦目，毫无疑问这一画面具有很大的片面性，因为我会很自然地带着自己的癖好来观察别人，如果换一个精力十足、乐观向上、身心健康而又感情细腻的人，他们的观察角度肯定大不相同。我不敢说自己的观察有多准确，只能说这种观察还算前后一致。很多作家根本就不去观察，他们笔下的人物完全是脑中凭空想象出来的，他们就像是一名制图员，特别善于从自己对于过去的回忆中来描画人物，而从来没有尝试过根据活生生的模特来作画。他们就算做到极致，也只能根据自己脑中的想象来描画出一个仅仅是外表美观的图像。如果他们真的很高尚，他们就可以描绘出高尚的人物，而这些人物却完全缺乏现实生活中才有的立体感与多面性，当然他们也不关心这些。

而我却习惯于借助生活中的原型来进行写作。记得有一次，在学校的解剖室里，我正在老师的指导下进行实验操作，导师问我：某条神经长什么样子。因为我并没有在教科书上指定的位置找到过那条神经，所以只好说不知道。他便将答案告诉了我。可是，在重新观察的时候，我却发现那条神经完全偏离了应有的位置，于是便把情况如实告诉了老师。他坚持说那就是我刚才提到的那一条。我抱怨说这不是正常状态，他便笑着跟我解释说，在解剖学上，正常状态才不正常。我当时很生气，但他的话依然深深地印在我的脑子里。此后，我越来越清醒地认识到，这句话不仅仅适用于解剖，更适用于整个人类社会。我们一直努力寻找的是正常状态，但是很少可以找到，因为正常状态就是一种理想状态。所谓的正常状态就是把人们身上的各种常见状态集合在一个人身上，但是这样一个集合体基本上无法在现实生活中找到。前面提过的有些作家就是用这样一个集合体来作为作品中的人物原型，结果创造出来一个压根儿不会在现实中出现的怪物。各种人类身上会有的特点都一股脑地倾注在一个人身上，要想让读者相信这是真实的，真得费一番功夫。

我不认为过去的人们与我们现在天天看到的人有多少区别，但是在他们同时代人的眼里，他们的形象更为完整，而对我们所呈现的却破碎不堪，这种完整性就使得作家们会拿他们当作那个时代的典范。在这些作家们看来，某些人就是某些人格特征的代名词，人被简化成了观念符号。吝啬是吝啬鬼的唯一特点，"花天酒地"这四个字刻在每个纨绔子弟的脑门上，而贪得无厌是一切贪婪者的标志。但实际情况很可能是这样的：一个吝啬鬼既喜欢花天酒地又特别贪得无厌。这种例子并不少见。而且这个人也有可能既诚实又正直，热爱公益并醉心于艺术。如果小说家有意识地展现他们在自己身上或在其他人身上看到的这种多重性格，很多人就会指责他们诽谤人类。据我所知，第一位有意识这样做的小说家是司汤达，典型代表就是《红与黑》。当时的评论家都让这部作品给气疯了，就连圣伯夫（Sainte-Beuve）也对这部作品口诛笔伐，实际上他只需扪心自问，就能发现自己内心中存在着相互冲突的性格品质，而这些竟然可以和谐共处。于连·索雷尔（Julien Sorel）称得上是小说史上最有趣的人物，我不认为司汤达在人物可信度上做的有多么好，但我感觉这其中是有其他原因的，我会在本书的其他部分另加详述。在这本小说前面四分之三的篇幅中，这个人物的性格发展绝对自然可信，有时它会让你充满恐惧，有时又让你充满同情心，尽管这看起来这完全不搭界，但却有其内在的一致性，所以，在瑟瑟发抖之余，你还是会心悦诚服地接受这样的人物刻画。

但是，司汤达绝不是第一个采用这种写法的人，在他之前早有先例，比如说才华横溢的巴尔扎克。巴尔扎克经常从一些看似老套、完全平淡无奇的人物原型中获得灵感，创造出鲜活的人物形象。这些形象充满活力，让你无法质疑他们的真实性，但实际上，他们的形象跟旧时喜剧中的人物没有多少区别。我觉得，人们习惯于把其他人都看成是同一类，这是人类与生俱来的一种先入之见。你如果给一个人贴上了一种标签，那事情会变得非常简单：这人要么是天才，要么是笨蛋，没有其他选择。可是，如果你发现某位大英雄实际上是个吝啬鬼，或者某位才华横溢、让我们眼界大开的诗人却是个势利小人，你会觉得心里很接受这样的落差。我们与生俱来就有自我中心的观念，所以这会让我们在评价他人的时候更看重他人与我们的关系，我们希望能够为别人定型，这样的话就会省去很多麻烦，而这些人的其他一些品质，因为对我们无关紧要，所以我们就会把它们忽略掉。

这大概就是为什么人们在评价他人的时候会倾向于让这些人变得平面化，而忽略那些并不协调的人物品性，而当一个有良知的传记作家忠诚地记录了某些名人的恶行时，人们也会本能地装作视而不见。举个例子，你可能非常崇拜某位作曲家，他写下了《纽伦堡的名歌手》，其中的五重唱总是让你激情澎湃，身心荡漾，可要是你知道了这位作曲家经常骗财骗色还忘恩负义，你会做何感想？肯定会觉得心里不是个滋味。但是换个角度讲，如果这位作曲家没有这些不光彩的品行的话，他可能就无法取得艺术上的这些成就。有些人说伟大人物的缺点都可以被忽略，我不认同，我觉得我们了解一些会更好，这样我们会更有自信：想想自己毛病不比人家少，可这也无法阻止我们取得像人家一样的成功。

21

　　我在医学院的经历不仅让我更为了解人性，而且还学到了许多关于科学和科学方法的基础知识。在此之前，我只是关心文学和艺术领域。在那个年代，对于那些与科学有关的科目的要求不是太高，但即使这样，这些课程还是引领我进入了以前从未踏足过的一些新鲜领域。我开始熟悉其中的一些原则，我初步涉猎的这样一个科学世界全部都是物质化的，其中的很多观念正好与我先前的设想不谋而合，所以我很快就欣然接受了。普柏曾说过："莫要轻易赞同他人的意见，除非这些意见与自己的观念不谋而合。"

　　我很高兴地了解到，人类（本身也是自然因果的产物）的思维只不过是人脑的一种生理活动，它就像身体的其他活动一样要遵循因果法则，而这一法则同样适用于一切事物的运动，大到天空中的星星，小到微观世界里的原子。宇宙只不过是一部巨大的机器，每一件事都是由先前所发生的事情所决定的，因此极少会出现意外情况。有了这样一种想法，我感到欢欣鼓舞，异常振奋，这种观念不仅仅与我喜欢喜剧的本能相吻合，而且还使我心中充满了获得解脱后的轻松，带着年轻人那种如洪水猛兽般猛烈的激情，我极度赞同适者生存这样的学说。地球只不过是一个用泥巴团成的圆球，正在围绕着一颗逐渐冷却的二等恒星不停旋转，而使人类得以产生的进化过程会不断迫使人类去适应环境，从而剥夺了人类的一切不必要的特征，而只留下了要对抗寒冷所必需的身体机能，直到最后一刻，地球作为一颗已经冰冷的火山坟场，已经完全没有能力来维持哪怕一丁点儿的生命迹象。了解到这样的科学解释，我感觉有些心满意足。我相信我们都是可怜的木偶，都要面对无情的命运，我们无法挣脱无情的自然法则，我们命中注定要为了生存而被迫参与到无休无止的争斗中，但获胜的希望极其渺茫，最终只能一败涂地。我了解到，人类都在被一种原始而凶猛的自我中心主义所驱使，所谓的爱只不过是大自然在我们身上玩的肮脏的小把戏，目的只是为了种族的延续。我敢断定，不管人类为自己制定了怎样的人生目标，他们都被欺骗了，因为人类不可能达成自己的任何目标，除非是那种非常自私的个人享乐。

有一次，我帮了一个朋友的忙（为什么要帮忙呢？原因我也不是很清楚，但我知道我们的一切行为都带有完全自私自利的目的，但是我还是会忍不住去想除了这一目的还有没有其他的），我的朋友想表达一下他的感激之情（其实他完全没有必要这样做，因为我当时的善意显而易见，如果可能的话，我都想着要不要做好事不留名），他问我想要什么礼物，我毫不犹豫地回答说赫伯特·斯宾塞的《第一法则》。我心满意足地读完了这本书。但是我对于斯宾塞那种伤感的信念时有些不耐烦，他认为这个世界正在一天一天的堕落下去，我们那些遥远的子嗣早已不知道什么叫艺术、科学和工艺，他们只能蜷缩在大山洞里，衣不遮体，束手无策地看着黑夜或者冬季来临。斯宾塞对此感到伤心，而我想到这些竟然兴奋无比。我是一个彻头彻尾、无可救药的悲观主义者，但在同时，由于我精力充沛，所以整体来说我可以从生活中获得无限乐趣。我急切地想为自己赢得一个知名作家的声誉，只要有任何的机会，我就会让自己参与到变化无常的世事中，以获得最为丰富的人生体验。获取人生体验的另外一个方式就是阅读。我酷爱阅读，只要手边有书，我就很难把它放下。

22

让观众走进后台会带来很多风险，他们很快就会看透你所精心设计的幻想世界是多么的虚无缥缈，他们会对你很生气，因为他们喜欢的就是这样一种幻像；他们不明白的是，你所感兴趣的就是自己创造幻像的方式。安东尼·特罗劳普（Anthony Trollope）的作品已经有三十年没有人读了，原因就是他过于坦诚，他明白无误地告诉读者，自己会在每天某个固定的时间段来进行写作，而且在写作的过程中会不断考虑如何能从读者手中赚取更多的钱。

对于我来说，人生之旅已经走了一多半，过度隐瞒事实也让我感觉不舒服，我想把真实的自己呈现给读者，要是有哪位读者对我十分崇拜，这会让我感觉十分不自然。如果你喜欢我，那最好就多了解我一些，认清我的本质；如果你不喜欢我，了解我对你来说不啻是一种痛苦，那还不如趁早走开。

我没有多少特殊的天赋，相比较起来我还算是有头脑，再退一步讲，与其说我有头脑不如说我更有个性。很多年前，我对一位评论家说过类似的话，这位评论家大名鼎鼎，魅力无穷，我也不知道当时我是中了什么邪，竟然会说出这样的话，因为我倾向于避免在大众面前过多地谈论自己。那时我在孟迪迪尔（Montdidier），是一战开始后不久，我们正在去往佩罗纳（Peronne）的路上，当时我们在一起吃午餐。那几天，我们刚刚完成了一项繁重的任务，能够在用餐时闲聊几句，算是很不错的休息方式，而且当天我的胃口出奇的好，因此觉得每样菜都特别可口。那天我喝了点儿酒，脸上已经开始泛红，而且我还从市场上的一座雕像发现了这里原来是帕尔芒杰（Parmentier）的出生地，就是他把土豆引入了法国，这一发现也让我很欣喜。不管怎么说吧，我们当时喝了酒，然后又开始喝咖啡，算是在悠闲地消磨时光，于是我突发奇想，对自己的才能做了这样一番尖锐而坦诚的分析。几年之后，我在一份知名报纸的访谈专栏中竟然读到了自己说过的这些话，而且基本上一字未改。这让我感觉很窘迫，而且也有些恼火，因为尽管他对我说的话改动不多，但毕竟是别人转述的，这毕竟和自己写出来是两码事。尽管这位评论家在文章中一再声明这是我亲口告诉他的，但我还是忍不住多少有些对他咬牙切齿。但最后思来想去，我还是责骂了自己一番，那位评论家觉得自己这件事做得很机敏，在我看来这也非常自然，而且他说的也都是事实。这位评论家在文学圈子里很有影响力，他的这篇文章被人多次转载，我也只能自认倒霉。

还有一次，我忽然间打开心扉告诉读者我认为自己的才华确实出众，有些人会想，除非作家自己这样说，不然的话评论家自己根本发现不了这一事实。但自此之后，这样的形容词就开始频繁地用在我身上，这么多人关心艺术，而且把才华这个词如此滥用，在我看来还是非常奇怪的。

有人告诉我说，所有的歌手都可以分为两种，一种天生就善于歌唱，而一种则需要经过严格的训练。对于后者来说，必须得承认，他们取得成功的大部分原因就是严格的训练。如果他们具有一定的音乐品位，也有一些音乐才能，就可以用训练弥补嗓音方面的不足，给人们带来莫大的享受，特别是对于一些内行来说。但是，这样的嗓音无论如何也比不上那些天生的歌唱家那样让你感到痴狂，那清澈如银铃一般的歌声会给人带来如痴如醉的享受。也许那些天生的歌手并没有接受过系统的训练，他们没有任何演唱策略，也不具备声乐知识，他们的演唱方式与经典的演唱方式有很大出入，但是他们的声音中就是有一种魔力能够牢牢地把你抓住。你会原谅他在演唱时的那种自由状态以及一些相对粗俗的表现方式，他有时表现情感时那样的直白，那样的肉麻，但是，那仿佛来自天堂的声音，就是能够吸引住你的耳朵。

我是一名训练出来的作家，但是如果我认为我在写作中所取得的成就是我刻意设计的结果，那么这里难免会有虚荣的成分。我去参加各种课程都是由于一些非常简单的目标驱动，只是回过头来看时，我才下意识地发现自己是在朝某个方向努力，这个目标就是：发展自己的写作风格，以弥补我在天赋方面的某些不足。我头脑清醒，逻辑性也很强，但是有时会缺乏一些敏感度。很久以前，我希望自己的头脑可以更好一些。我曾经对自己非常生气，因为我无法做到我所期望的那么好。我就像是一位数学家，只会做加减乘除，尽管我也尝试着进行一些复杂运算，而且为此下了不少功夫，但是在内心深处，我明白：我完全没有这种才能。我花了很长时间才说服自己去充分利用自己已有的能力。我觉得，我的头脑相当不错，可以让我在自己选择的任何职业中取得成功。有些人除了自己的专业外在其他方面完全无知，简直可以说就是个白痴。我不是那样的人。不管是在法律、医学还是政治上，一个清晰的头脑以及对于人性的洞察力都是非常重要的。

我还有一个优势：我从来都不需要绞尽脑汁去想故事，我的脑子里时刻都装满了各种类型的故事。问题是，我找不到时间去把它们一个一个写出来。我经常听到有些作家抱怨，他们想写东西，但是却找不到东西去写。我记得有一位著名作家告诉我，他有时候会去读一些书，这些书会把一些名著的情节统统放进去，于是，通过读这样的书，他就可以找到可以去发挥的主题。我发现自己从来没有落入过这样的困境之中。我们都知道，斯威夫特（Swift）曾经声称，他可以就任何主题写出好文章来。有一次，有人向他提出挑战，让他就一把扫帚写出一篇文章来，他欣然迎战，结果写出了一篇超级赞的文章。我敢说，我有这样的自信，我只要和任何一个人待在一起够一个小时，我就可以以他为原型写出一篇可读性很强的文章。脑子里有故事是一种非常棒的感觉，不管你的情绪如何，在一两个小时之内，或者在一两周之内，你都可以让这个故事在你脑中盘旋。

幻想是有创造力的想象之基石，这就是艺术家的一个优势，他并不需要逃离现实，而是充分利用现实中的各种题材。他的幻想是有目的的，这会让他感到非常快乐，当然是与那些幸福感较低的人相比，而且这使他有了一种自由的保障。这样你就可以理解，为什么他不愿牺牲这种写故事的快乐而去做那些无聊或者不需要什么想象力的工作。

我可以创造出各种各样的故事，其实这也并不奇怪，因为这个世界上有着各色各样的人等你去描绘，但我的致命弱点是缺乏想象力，我可以把真实生活中的人放到一些合适的场景中，创造出或悲或喜的故事，故事的基调完全是由他们的性格决定的，其实也可以这样说，正是他们本身的性格决定了会有怎样的故事发生在他们身上。我所缺乏的是那种漫无边际远远超越现实的能力，有这种能力的作家会给自己插上硕大无比的想象的翅膀，飞向遥远的天际，而我的想法从来没有到达过这样的高度，我总是在犹豫一件事有没有可能这样发生，如果没有这种可能，我就会弃而不用。打个比方说，那些靠想象为生的作家所画的通常是宗教或者神话题材的湿壁画，而我只能在普通的画板甚至黑板上画出一座建筑物的草图。

23

年轻的时候,我衷心希望有一位博览群书、品味不凡的人士来指导我的阅读。我在青年时期花了不少时间去读一些对我来说没有太多价值的书籍,每次回想起来,都禁不住无奈地一声长叹。我在读书方面没有得到过什么有效的指导,唯一的一次就是在海德堡时,"指导教师"和我住在同一家庭中,我暂且称呼他为布朗。[①]

布朗当年二十六岁,他曾在剑桥上学,离开剑桥后从事了一段时间的律师行业。他当时积攒了那么一点儿小钱儿,而当年的物价水平也比较低,所以靠那些钱他也可以活得相当不错了。他觉得律师这个行业很无聊,于是下决心要在文学领域开创一片天地。他来海德堡是为了学习德语。自从当年认识他以后,我们一直保持着联系,直到他六十多岁去世。

在我们相识的这四十年时间里,前二十年他一直在想自己到底可以写点儿什么,而真正写出来的作品却并不多;后二十年他一直

---

① 此人的真名为约翰·艾琳厄姆·布鲁克斯。

在想：要是命运肯眷顾他的话，他在写作方面的成就一定比现在大得多。他写了很多诗歌，这在我看来非常难得，因为在我看来他这个人既缺乏想象力又没有多少激情，而且韵律感也不强。他花了很长时间来翻译柏拉图的《对话录》，但实际上这些书早已经有人翻译过了。我隐约感觉他曾经尝试着翻译过不少书，但却没有一本是能够真正翻译完成的。他这个人完全缺乏恒心和毅力，而且还多愁善感、爱慕虚荣。尽管身材不高，但他的长相还算帅气，脸上也有着完美的轮廓，还有一团卷发。他的眼睛是浅蓝色的，脸上总是一副仿佛在沉思的愁苦表情，他的长相让人感觉特别像是我们通常所以为的诗人的样子。

他的一生都过得非常懒散，等他年岁大了以后，头发基本上掉光，面容十分憔悴，他看上去就像是一个苦行僧，你可以把他当成大学里边的一个研究员，长年累月地待在实验室或者书房里，勤勤恳恳地做那些平常人完全不感兴趣的研究。他的表情所透露出的精神气质让人感觉他一定信奉怀疑主义，而且他已经完全洞悉存在的秘密，最终发现一切都是虚无。他本来是有点儿钱的，但禁不住他大手大脚，很快就挥霍一空了，而且，就算身无分文，他也不想去工作，而是靠别人的施舍度日，所以经常入不敷出。尽管如此，他却依然自鸣得意，这倒是使他能够从容的应对贫困，遇到失败也会无动于衷。据我想，他就从来没有意识到自己就是一个狂妄自大、不知廉耻的骗子。他的整个人生就是一个巨大的谎言，但是，在弥留之际，他要是知道自己即将不久于人世，那他应该感到庆幸，因为不管怎么说，他的人生也不算是虚度。实话实说，他确实颇有一些个人魅力，而且绝不会去嫉妒别人。尽管由于自私他基本上不会去帮别人的忙，但是他也绝不会去做恶事，与其说他心地善良，不如说他连作恶的能力都没有。

他倒是酷爱文学，我们经常在海德堡的小山上一起散步，那可是长时间的散步。他与我谈起了关于读书的问题，他跟我提到了意大利和希腊的文学作品，实际上，事后想起来他对这些也不过是一知半解，但是当时却燃起了我作为青年人所惯有的想象力。于是我开始学习意大利语，当时的我，就像是一个刚刚皈依宗教的信徒所产生的那种狂热。他当时给了我很多启发，让我对很多文学作品产生了五体投地的崇拜之情。但实际上这些作品并没有当时我所想象的那样好。但是我不会因此而责怪他。

我们见面时，他发现我正在读《汤姆·琼斯》，这是我从图书馆借来的。他告诉我说，读这样的小说当然不会有什么坏处，但是他更推荐我去读《彷徨中的戴安娜》，因为那会使我受益更多。那时他是一个柏拉图主义者，他把雪莱翻译的《会饮篇》送给了我。他还对我提到了勒南（Renan）、纽曼主教（Cardinal Newman）和马修·阿诺德（Matthew Arnold）。但是他认为阿诺德也是一个庸才。他跟我提到了斯温伯恩（Swinburne）的《诗歌与民谣》（Poems and Ballads），还有奥马尔·海亚姆（Omar Khayyam）的作品。他用心背下了很多四行诗，在我们散步的时候，他会忘情地对我朗诵。我当时对他喜恶参半，喜欢他是因为他的那种由物质世界所带来的浪漫享乐主义引发了我的激情，厌恶他是因为他对我讲述这些作品的方式经常让我感到尴尬，因为他在背诵这些诗歌的时候，就像是一个高教会派教堂的助理牧师，在一个灯光昏暗的地下小教堂里用单调乏味的语气去朗读连祷文。

他推荐的作家中有两位真心值得我们去崇拜，那就是沃特尔·佩特尔（Walter Pater）和乔治·梅瑞狄斯（George Meredith）。如果你对他们有真心的崇拜，那么说明你是一位真正有教养的绅士，而不是一位附庸风雅的纨绔子弟。我准备好了按照他说的去做来达到预期的结果，尽管看起来有些不可思议，但是我在阅读《沙帕特刮脸轶事——一个阿拉伯的故事》（The Shaving of Shagpat: An Arabian Entertainment）的时候经常爆发出一阵阵爽朗的笑声。这本小说在我看来超级好笑。然后我又一本一本地阅读梅瑞狄斯的小说，我觉得它们写得都非常棒，但实际上，我心里也知道我是在装，有时候这样一种情绪会让我对自己感到厌烦。我的崇拜之情也是假装出来的。我之所以崇拜这些作家，是因为一个有教养的年轻人就应该崇拜这样的作家，我当时其实是在用自己的热情来麻醉自己，拒绝倾听自己内心深处很微弱的抱怨之声。现在我知道这些小说中充满了浮夸的语言，但奇怪的是，现在我读起这些小说来依然可以回忆起我当初读这些小说时的感受。它们对我而言有着不同寻常的意义。它们可以让我回忆起当年那些阳光明媚的早晨，我的视野和思路都已被唤醒，重新进入了那些年轻时五彩斑斓的美梦。正因如此，现在当我读完一本梅瑞狄斯的小说，比如《伊文·哈灵顿》（Evan

Harrington），我会感觉到里面的人真诚得让人感到气愤，里面的傲慢自大让人感到厌烦，里面的浮夸用语让人觉得难以忍受，我下定决心这辈子绝对不会再读他的小说。但不可否认的是，我的心已被融化，我不得不承认这种阅读体验真的值得回味。

与此同时，我也读过佩特尔的书，但却没有如此愉悦的阅读体验。我发现他的文章非常乏味，就像奥马·塔德玛（Alma Tadema）的绘画一样。如果有人喜欢他这种写作风格，我真觉得很奇怪，他的语言完全没有流动性，也无法营造适当的气氛，就像是火车站餐厅里的壁画一样装饰得很用心，却不能给人艺术的感觉。他对生活的态度写的有些与世无争，有点儿目空一切，假扮绅士风度，装的自己跟个学究似的，这一切都让我厌烦。我们应该带着热情来欣赏艺术，有时就算热情过度也没关系，但是绝不能像温吞水一样故意装作理智，还担心大众那些挑剔的眼光，这位作家就是这样性格软弱。当然我也没有必要猛烈地抨击他，我和他无冤无仇，说出上面这番话纯粹是对事不对人。文学界有不少这种类型的作家，他颇具代表性，这类作家就是因文化而产生自负心理的典型。

文化的价值在于它对于性格的影响。如果它不能使人们的品性变得高尚，变得强健，那么它就毫无用处。它的用处就存在于实际生活之中。文化的目的并非是美，而是善。我们经常看到，文化会引起一种自以为了不起的情绪。我们在生活中都见到过一位学者在纠正别人引用的话的错误时那种带有讥讽意味的微笑。如果某个人夸一幅画画得好，而某位专家并不喜欢那幅画，他的脸上就会出现痛苦的表情。读过一千本书不如耕耘过一千亩地，能够正确地描述一幅画不如能够指出一辆抛锚的汽车到底出了什么毛病。在这两种情况下，我们所运用的都是专业知识，一位股票经纪人有他的专业知识，一位工匠也有他专门的手艺，如果你认为只有知识分子的知识才是有价值的，那我认为这是一种可笑又可怜的偏见。真善美存在于每一个人的心灵中或者具体表现上，而不是少数人的特权。并不能因为这些人上过昂贵的贵族学校，或者经常泡在图书馆里，要么经常光顾博物馆，就认为这些人应该享有特权。艺术家如果心安理得地利用别人，那就是一种道德上的缺陷；如果他认为自己的知识比别人更重要，那他就是一个傻帽儿；如果他不能够非常舒服地与别人平起平坐，那他就是一个笨蛋。阿诺德坚持自己对于平民的反对观点，实际上，他是在开文化的倒车。

24

到十八岁时,我已经学过法语和德语,还学过一些意大利语,但我感觉自己还是非常缺乏一些必要的教育,我深深地意识到自己的无知。对于阅读,我狂热地迷恋。我的好奇心异常强烈,我不仅会用心阅读关于普罗旺斯诗歌的专著以及圣奥古斯丁的《忏悔录》,而且就连关于某个不起眼的小国的历史图书,甚至一个牛仔的回忆录,我都会细细地去品味。我想这样的阅读经历使我具备了各方面的一些基本常识,而这些都是作为一个小说家所必须的。我们确实不知道究竟哪些知识会在小说写作中用得到。

当年,我经常会把自己读过的东西列一个单子,直到现在我还保留着其中一些。下面是我在两个月内的阅读经历,我这是完全由自己记录下来的,当然不会特别精确。书单上显示,我读了三个莎士比亚的剧本、两卷蒙森(Mommsen)的《罗马史》、多半本郎森(Lanson)的《法国文学史》、两三本小说、几本法语经典著作、几本科普图书以及一个易卜生的剧本。我当时就像一个勤勤恳恳的学徒。在圣托马斯医院实习时，我系统地阅读了英语、法语、意大利和拉丁文学。我读了很多历史类书籍，很多科普类图书以及一些哲学著作。我强烈的好奇心也会带来一些弊端，比如我花费了大量时间精力来进行阅读，却很少去抽出时间来反思自己读过的东西，而且经常出现的情况是，一本书还没有读完，我就迫不及待地拿起另一本。

阅读就像是去各地探险一样，每当我拿起一本名著的时候，心里就会特别兴奋，就像一个年轻人走向球场，或者一个漂亮姑娘去参加盛大的舞会。不时有记者想从我口中搞到一些可以爆料的东西，他们会问我人生中有哪些时刻会让我感觉最为兴奋，我会告诉他们：当我开始阅读歌德的《浮士德》的时候。也许有人会认为我在假装高雅，但实际上，说这话的时候我一点儿都不觉得难为情，我从来没有忘掉过那种兴奋的感觉，即使现在读到一本好书也会让我血脉贲张，兴奋异常。对我来说，阅读绝不是一种任务或者一种负担，它是我最好的休闲方式，就像别人随意闲谈或者打牌一样。而且还不仅如此，读书是我生活中的必需品，如果有一段时间我无书可读或者抽不出时间来读书，那我就会像瘾君子得不到毒品一样痛苦万分，百般抓狂。如果身边实在无书可读的话，我甚至会随手拿起一张产品目录或者广告细细地读上一番。当然这明显是一种饥不择食，但我必须承认我当年就是这样子。我曾多次盯着陆海军商店的价目表发呆，或者是二手书的书目，甚至火车时刻表，一看就是几个小时，而且一点儿也不觉得枯燥，还饶有兴致。你可能会感觉不可思议，但是我从这些东西里可以嗅到浪漫的气息，有时候盯着它们看比读小说还要过瘾。

后来我意识到，时光在无情地流逝，而我不能把有限的时间全都花费到阅读上。生活也是一本形象而具体的书，有时我需要忍痛放下自己钟爱的图书，开始关注当下真实的生活。与阅读相比，我同样喜欢真实的生活世界，这其中有两点原因：首先，我必须获取足够的生活经验，这样才可以在动笔时言之有物；其次，生活体验本身也非常值得珍惜。我是一名作家，这当然不假，但我不想仅仅只是一名作家。我为自己设计的生活蓝图要求自己最大限度地介入生活，体会人生不同阶段不同境遇的酸甜苦辣。作为人类所能体会到的一切悲欢，我都要体会一遍，而且不仅仅是在理性层面上，精神层面的体会将更为诱人。在各种人际交往中，在各种日常活动中，一切的一切我都要体会一遍，不管是饮食男女，各种奢侈的生活方式，体育与运动，文学与艺术，还有或远或近的旅行。你想的没有错，我就是这样贪得无厌。但必须也要承认，这样大范围的深度介入生活需要极好的体力与脑力，于是作为每次冒险之后的小憩，我都会拿起手边心爱的书或者与身边亲近的人开始闲谈。

尽管我也可以称得上博览群书，但我依然认为自己不会读书，我读书速度很慢，而且还不懂得如何快速浏览，一旦拿起一本书来我就很难将它放下，一定要把它读完。其实刚读几页我就已经发现，这书写得很烂，或者完全不合我的胃口，与大多数人相反，许多人很难举出几本自己真正从头到尾通读过的书，而我呢，掰着手指头数也数不出几本我没有读完的书。另外还有一点：绝大多数的书籍我都只读一遍。这样就没有了温故而知新的体验，其实我心里跟明镜似的，书只读一遍完全不能获取有价值的东西，但是我感觉自己已经在这一遍之中得到自己想要的了，尽管在这其中忘掉了很多细节，我还是欺骗自己，认为自己的收获还是蛮大的。我认识很多人，他们喜欢一遍又一遍地不断重读同一本书，但我觉得他们只是在用眼睛读，而完全感受不到书中的精髓。这就像是一种机械式的训练，就像是藏族佛教徒在不断旋转自己的经筒。当然这个也没有太多的坏处，不过你也不要指望从中得到多少学识或者心智方面的提升。

25

我年轻的时候，当我对一本书的直觉印象与权威评论家的观点有很大出入时，我会毫不犹豫地认为肯定是自己错了。我不知道那些评论家会在多大程度上接受传统观点，当时我也想不到这些评论家对某些作品的评判言之凿凿，但实际上他们对这一领域所知甚少。很多年以后我才慢慢发现，不管是文学还是艺术，真正对我有价值的就是我自己的真实看法。现在我对自己的判断力已经颇有信心，因为我注意到，四十年前我读过的一些东西，当时我的直观感受与流行的观点完全相反，但现在却已经被大家普遍接受。现在我依然会阅读很多的文学评论文章，这是因为我觉得它是文学生态系统中必不可少的一部分。读书的目的并不总是要对自己的灵魂有益，花上一两个小时去读一些评论文章也会非常惬意。你不用太多考虑你对于他们的评论是同意还是不同意，你只是去了解一位思想睿智者对于一些作家的看法，这本身就很有趣。他们评论的可能会是你从来没有接触过的作家，但这又有什么关系呢？他的评论文字已经说明了一切。

但是，对于读书这件事，我始终认为，唯一重要的是这本书对于你的意义。也许，对于一位评论家来说，这部作品具有更为深远的意义，但是这种二手的信息对你的意义并不大。我读书的目的只是为了我自己，除此之外绝无其他。我无意对这本书做出多么公正的评判，我想的是如何从中获取有用的养分，就像阿米巴变形虫一样，那些我无法吸收的东西对我来说就没什么意义了。我既不是学者或者文学专业的学生，也不是文学评论者，我是一名专业作家，我读书的目的是要为自己的创作服务。有人可以写本书声称自己的新发现具有革命性的意义，完全推翻了人们几百年来对于托勒密的迷信，这样的书我压根儿就不想读，而且绝不会因此而感到惭愧。也有人会写书讲述自己在南美巴塔哥尼亚高原上的冒险经历，这样的书我也完全没有兴趣。一位小说作家并不需要在任何领域都成为专家，他只要成为小说领域的专家就足够了。相反，如果他在很多领域都成了专家，那对于他们的小说写作反而是有害的。因为人性之弱点非常明显，一旦你懂得了某个领域的一些专业知识，你就会情不自禁地开始卖弄，从而让你的小说变得不伦不类。小说家如果懂得了太多的技术层面的知识，那反而很不明智。十九世纪九十年代，当时的小说作者都特别喜欢使用大量的行业术语，这在当时竟然成为一种时尚，但那时的小说却让人感觉又臭又长。就算没有这些行业术语，你照样可以把事物描写得很逼真，事件发生的场景也可以清楚明白地展现在读者面前，而阅读这些描写段落也不应该让人感觉无聊而又乏味。小说家应该了解一些对人们的生活能产生影响的重大事件,但是千万不要忘了,人性才是小说描写的重点,所以,对重大事件的了解应浅尝辄止,不然就会落入卖弄学问的泥潭。但即使这样,可供了解的事情依然显得漫无边际,所以在开始了解之前我就会明确自己的目的。对于你所塑造出来的角色了解多少都不为过,传记和回忆录以及一些科技著作都会让你写出一些让内行人一读就会觉得很亲切的细节,还有一些扣人心弦的心理描写以及一些发人深省的睿智语言,这些你都无法从人物原型中完全得到。人心深似海,要想诱导一个人对你敞开心扉,说出一些对你的写作十分有用的东西绝非易事,你需要有足够的耐心,时刻告诫自己要慢慢来。研究人性和读书不太一样,读书的时候你可以快速翻阅,准确定位你所了解的东西,而研究一个人的过程中,你可能与这个人待了很长时间,却依然发现一无所获。

26

一些年轻人很急切地想以写作成名。有时候，为了对我表示尊敬，他们会请我推荐一个必读书目，我确实也推荐了一些，但其实就算推荐了他们也很少去读那些书。因为在他们的观念里，那些书完全无法调动他们的好奇心。他们不太在乎自己的前辈是如何写作的，他们会读几本弗吉尼亚·沃尔夫（Virginia Woolf）的小说，读一本福斯特（E.M.Forster），几本劳伦斯（D.H.Lawrence），特别奇怪的是他们都会提到自己读过《福赛特世家》(the Forsyte Saga）。他们觉得有了这些积淀，对于小说艺术就已经了如指掌了。当然，我们必须承认，近代文学中有一种鲜活的吸引力，这是古典文学作品所不具备的，而且作为一个年轻作家，也确实应该知道自己的同时代人在写些什么以及用什么方式来写作。但是我们也要承认，文学潮流一波接着一波，有时会周而复始，所以我们根本搞不懂一种写作风格的内在价值到底是什么，为什么那样一种作品会是当时流行的风格。如果对过去的经典作品有所了解，这将会成为一种进行不同时代文学类型对比的好素材。有时候我想，是不是因为很多年轻作家对一些经典作品一无所知，从而最终造成了他们写作生涯的失败？其实他们人很聪明，技法方面也非常熟练，但很快就面临创造的枯竭。他们能够完成一两本很优秀的作品，不仅可读性强，而且技法纯熟，但此后就乏善可陈了，要么完全销声匿迹，要么写出来的东西完全不成样子。但是，单凭他那一两本成名作无法使一个国家的文学水平得到提升，因为代表一个国家文学水平的不是那一两本好作品，而是几位能够不断推出有品质保证的新作品的作家。当然，这种事说起来容易做起来难，而且有些时候可遇而不可求。要想产生一部真正的杰作，需要各种有利条件不断汇集在一起，而这部杰作一般来说是笔耕不辍者劳动的精华，而不会是一位完全没有经过训练的文学天才侥幸写出的。作家要想多产，就需要不断丰富自己；要想丰富自己，就要不断接受外界给你的新鲜体验；在这些所有的新鲜体验中，在历史上的伟大作品中不断探求无疑会带来最为丰硕的成果。

一部优秀作品的产生就像一件精美的艺术品一样，绝不仅仅是靠奇迹就可以解释的，这需要长时间的准备过程。一块土地不管有多肥沃，依然需要不断地浇水施肥来保持地力。通过不断地思索以及有意识的努力，艺术家必须不断增强并深化自己的个性，使其变得更为多姿多彩。为达到这一目的，你就必须要有充电的时间，这就像是一块土地需要休耕一样。就像在教堂中一样，艺术家要时刻做好准备，迎接神祇的出现，因为这会为你带来全新的精神生活。

勤奋的作家会很有耐心地整日关注自己的爱好，无意识中奇迹正在脑中孕育生发，突然之间石破天惊，如有神助一般，新鲜想法喷涌而出。如果我们把种子随意洒在乱石堆里，那肯定无法结出果实。所以，从一开始我们就要精心照管自己的每一个想法，艺术家头脑的全部能量都将灌注于此，不断整合他所有的写作技巧、所有的人生经历以及个性中所有的不同寻常之处。在无尽的痛苦之中，他才可以把自己的想法用最恰当的方式完完整整地表现出来。

我并不是对年轻人没有耐心，如果他们急切地想知道应该读些什么作品会对写作有帮助，我会建议他们一定要读莎士比亚和斯威夫特，他们会告诉我这两个作家的作品他们都读过：他们在幼儿园的时候就读过《格列佛游记》，上学的时候还读过《亨利四世》。我还建议他们读《名利场》和《安娜·卡列尼娜》，很多人都觉得前者难以卒读，而后者废话连篇，那就是他们品味的问题了，不能说我没给他们推荐过。读书的一个重要原则就是你一定要从中获得快乐。至少我们可以说，这些年轻人还没有受到那种知识阶层的自大心理的毒害，他们并没有那种由于对广阔文化的艳羡而失去对于普通大众的怜悯之心，毕竟那些普通人才是他们真正的写作素材。他们愿意接近身边的人，他们所创造的艺术作品不会故弄玄虚，给一般平头老百姓设置太高的门槛，而是显得平易近人。他们写小说或者剧本就像其他人学习怎么修汽车一样，十分自然。这倒没什么坏处，对于艺术家（特别是作家）来说，完全可以把自己封闭起来，创建一个和别人的生活完全没有关系的奇异世界，这种与世隔绝的特性是让他成为一个作家的根本原因，但却使他无法了解书斋外生动鲜活的世界。这就出现了一个悖论：尽管他的目的是要忠实地描写身边的人和事，可是他的经历与能力却让他无法做到这一点，至少他对这些人和事的了解流于表面，不够深刻。这就像是画家急切地想描绘一个静物，可是在观看的过程中必须要隔着一层纱幕，于是就怎么也无法看清楚。作家一方面要积极主动地参与社会生活，可同时又要有一双置身事外的眼睛，冷静客观地看着在世间奔波忙碌的自己的身影。他就像是一位喜剧演员，既要投入角色，但又不能完全投入，因为与此同时他还担当着观众的角色。我们可以说诗歌是在安静的环境中所回忆起的情感，但是一位诗人的情感却不能总是这样冷静客观，不然就完全失去了诗歌的激情。这就是为什么那些天生第六感超强的女士们会发现一位诗人对自己的爱总是无法让人完全投入。所以说，现在的作家们，由于他们与芸芸众生天天生活在一起，因此参与社会生活的机会要远远超过他们的前辈，所以更有可能推倒象牙塔的高墙，揭示现代生活的真实内涵。

27

作为知识分子，我不可避免地具有这群人所特有的那种傲慢，但我感觉自己的这份傲慢比起别人来说还是要好很多，那不是因为我自己的道德有多么高尚，也不是因为我比别人更富有智慧，而是因为比起大多数作家来，我有更多的旅行经历。毫无疑问，我是英国人，自然与英国有着割舍不断的联系，但是我在英国的时候却从来没有待在家里的感觉，而且，面对英国人，我总显得过于羞涩。作为大英帝国的子民，我要尽很多义务，但我却努力逃避；同样，我也要对它负责任，但我也不想去负担这样的责任。所以，待在英国总让我感觉浑身不自在，因此我大部分时间住在法国，有了英吉利海峡挡在中间，我心里觉得安慰许多。有些人很幸运，他们靠发挥想象力就可以感受到自由的气息，而我的精神力量没有人家那么强，所以只能在旅行中感受这份自由。

在海德堡留学期间，我抓住机会去德国的很多地方旅行（顺便提一句，在慕尼黑的时候，我偶然遇到了易卜生，他当时正在一家咖啡馆里皱着眉头读报纸）。我还去过瑞士，但我真正意义上的第一次旅行是去意大利，去之前我着实做了不少功课，读了不少沃特尔·佩特尔（Walter Pater）、拉斯金（Ruskin）和约翰·阿丁顿·西蒙兹（John Addington Symonds）的书。我当时有六周的复活节（Easter）假期可以自由支配，手里还有二十英镑。我先去参观了热那亚（Genoa）和比萨（Pisa）。在这两个城市里，我每天都走很长时间的路，而且路仿佛没有尽头，一抓住机会我就会在松林里坐下来，雪莱曾来过这片松林，他在这里阅读索福克勒斯（Sophocles），并写下了那首与吉他有关的诗歌。① 随后，我在佛罗伦萨住了整整一个月，房东是一位寡居的女士，我和他女儿一起读《炼狱》（the Purgatorio），然后手里拿着拉斯金的书，一边参观一边对照着去阅读。谁能想到一个旅行者也会如此用功地读书？在参观过程中，我的审美完全被拉斯金所掌控，他所称颂的我一定会去欣赏（甚至包括乔托那座可怕的塔楼），他所憎恨的我连看都不去看。我想，拉斯金如果泉下有知，看到如此忠诚的追随者一定会备感欣慰。此后我还去参观了威尼斯（Venice）、维罗纳（Verona）和米兰。回到英国后，我对自己的审美水平已经非常满意，而且很瞧不起那些与我的（其实也就是拉斯金的）审美不一致的人。当年我只有二十岁。

一年后，我又去了一趟意大利，这次走得更远，一直到了那不勒斯。偶然之中我发现了卡普里（Capri）这个不为人知的旅游胜地，这是我当时所见过的最有魅力的旅游地。第二年的时候，我的

---

① 这首诗的名字为 With a Guitar, To Jane。

整个暑假都是在这里度过的。那时的卡普里还基本上不为人知，从海滩到小镇上也还没有缆车，夏天里很少有人来这里参观。当时我住酒店的费用是每天4先令，其中包括酒的费用，而且从卧室的窗户可以看到维苏威火山的壮美景色。当时在这里有一位诗人、一位比利时的作曲家、我那位名叫布朗的朋友、一两位画家和一位雕塑家——哈佛·托马斯（Harvard Thomas），还有一位美国上校，他曾经作为南方将领参加过美国内战。我万分激动地听他们高谈阔论，有时在位于安纳卡普里（Anacapri）的上校家中，有时在莫尔加诺（Morgano）——一个距离皮亚扎（the Piazza）不远的小酒馆。他们谈论的话题主要是艺术、美学、文学以及罗马的历史。有一次，我见到两个人聊着聊着就开始厮打起来，因为他们对埃雷迪亚（Heredia）的十四行诗有不同的评价。即使这样，我依然觉得他们的这些举动都挺酷的，为了艺术而创造的艺术就是这世界上唯一值得关注的东西，只有艺术家能够给这荒唐的世界带来些许的意义，其他的一切，比如政治、商业和学术研究，从绝对真理的观点来看，这些东西能有什么价值？我的这些朋友（现在都已经不在人世了）会在很多方面发表自己独到的见解，比如某个人写的十四行诗或者一块希腊的浅浮雕（"什么？希腊浅浮雕？绝对不可能！告诉你吧，这是一块罗马时期的复制品，绝对没错儿！"）。但有一点他们的看法完全一致，那就是他们都在燃烧自己的激情，同时放出炽热的像宝石一样的火焰。

我当时就像一个大姑娘那样害羞，不敢告诉他们我已经完成了一部小说，而且第二部也已经完成了一半。这种性格上的弱点却使我遭受了巨大的羞辱，因为尽管我的激情也在燃烧，也同样放出了火焰，但却被他们看成是一个文艺方面的门外汉。在他们看来，我什么都不关心，只会解剖尸体。错！不光会解剖尸体，还会灌肠呢，要是让我抓住机会给你来个灌肠，保证让你痛不欲生。

28

当时我觉得自己有资格混迹于他们这些人之中。我已经出版了一本小说,销量好得出奇,我手里也有了一些钱,所以准备放弃学医去当一名专职作家。于是我来到了西班牙。那年我二十三岁。在我看来,比起现在二十多岁的年轻人来说,我显得特别无知,我在塞维利亚住了下来,留起了八字胡,抽菲律宾雪茄,学习弹吉他,还买了一顶平顶宽边的帽子。戴着这顶帽子,我在蟒蛇街(the Sierpes)周围大摇大摆地四处游荡,我还想要一件能够随风飘动的斗篷,就是有绿色和红色天鹅绒镶边的那种,后来考虑了一下价格,我还是忍住没有买。我从朋友那儿借了一匹马,这样就可以像中世纪的骑士一样在乡间策马而行。生活过得舒适而惬意,我都已经无法集中注意力来进行写作。

我当时给自己制定了一个宏伟的旅行和学习计划:先在塞维利亚待一年,等到我的西班牙语学得差不多了就去罗马,当时我对罗马的认识仅仅是一个观光客的水平,这一次我要更深入地了解意大利这个国家；然后直奔希腊，到了希腊我要专心学习当地的语言，为自己研究古希腊的文化艺术预热；随后我会去开罗，目的是学习阿拉伯语。这个计划极其宏大，幸运的是我没能将其实现。我按原计划去了罗马（在那儿，我写出了自己的第一个剧本），随后我又返回了西班牙，因为当时发生了一些没有预料到的事情，让我迷上了塞维利亚这座城市，而且我又偶然遇到了有着绿色眼睛和灿烂笑容的小尤物（最终我还是克服了对她的迷恋），我当时完全无法抗拒她的诱惑。我每年都要回来一次。我在这里安静的白色街道上游荡，在一条小河周围闲逛，在大教堂附近打发时光。我还去看斗牛比赛，壮着胆子与那些漂亮的小姑娘们调情，她们对我的要求也不算太高，我那算不上丰厚的收入完全可以满足她们的需要。我的青春时光就在这里悠闲度过，那种感觉仿佛像在天堂。还记得我先前制定的宏伟计划吗？我现在充分利用拖延战术，能拖多远就拖多远。结果是，我先前想学的几种语言都只是一知半解，古希腊的名著《奥德赛》我也读过，但读的是英文版，而且后来也没再奢望用阿拉伯语去读《一千零一夜》。

在十月革命前，我十分向往俄罗斯文化，只是当时我的年龄已经不小了，学习俄语肯定会非常吃力，但我记得有一位古圣先贤八十岁的时候才开始学习古希腊语，于是就想尝试一下。但遗憾的是，那时我已经没有了年轻人的激情，最终，我的俄语水平顶多能够大致读通契科夫的剧本，后来又有好长时间完全没去接触，所以基本上忘光了。现在想起来，我当时那些学习多种语言的计划实在够荒唐。文字并没有那么重要，重要的是语言的内在含义，就算我懂六七门语言，也不会使我在精神层面有什么提升。我接触过一些通晓多门语言的牛人，但也没有觉得他们比我们一般人聪明多少。如果你在外国旅行，只要知道怎么用当地语言问路，想吃什么能找得着，这就很不错了；如果这个国家的文学比较发达，那么能用这种语言阅读文学作品也就可以了。学到这种程度也不算太难，如果你还不满足，那就有可能做很多无用功，走很多冤枉路。除非你用毕生的精力去学习这门语言，不然的话你无法像本地人一样说得天衣无缝，滴水不漏，你永远没有办法完全了解这个国家的各色人等，并完全欣赏用这种语言写出的文学作品。这是因为这些人以及作为他们的表达工具的文学都是经过长时间的锻造形成的，造成我们难以理解某种语言的原因，主要是一代又一代人所传承下来的本能情感表达的微妙变化，这些可以说是他们从娘胎里带出来的，一个外国人很难去准确把握。了解本国同胞已属不易。有些英国人有时很自负，他们感觉自己好像对外国人有所了解，于是想当然地认为自己必然对英国人了如指掌。实际情况并非如此，我们与欧洲大陆有英吉利海峡的阻隔，本来就接触较少。有一段时间，由于基督教信仰的关系，我们的岛国生活状态显得不那么与世隔绝，可是由于欧洲经历了宗教改革，我们却没有，这种联系也已被弱化。所以，费这么大力气，如果得到的只不过是一种语言的皮毛，那真是得不偿失，所以我觉得没必要花费大量时间去学那些只言片语。但有一种例外，那就是法语。法语是一切有良好教养者的共同语言，学好了法语，你就能在谈论任何话题时感觉游刃有余。法国文学博大精深，也许只有英国文学才可以与之媲美。其他的国家可能会有伟大的作家，但却称不上伟大的文学，法国文学从古至今对于整个世界都有着巨大的影响。要是你能像读母语一样阅读法国文学，那真是你的福气。但是，要做到法语精通确实存在一些障碍。你在练习法语的时候，一定要特别提防那些法语说得特别好的英国人，因为他们要么是大使馆的随行人员，要么就是一个赌场的骗术高手。

29

我写的第一部小说叫作《兰贝斯的丽莎》(Liza of Lambeth)，完成后，我把它寄给了一位出版商，他们马上决定要将这本书付梓。有一段时间，费舍尔·昂温（Fisher Unwin）①一直在出版一系列的短篇小说集，他称之为"笔名丛书"（The Pseudonym Series），这套短篇小说集引起了很大的关注，其中就包括约翰·奥利弗·霍布斯（John Oliver Hobbs）的几篇小说。读者们都认为这些小说写的风趣幽默，新颖活泼，这使得作者的名字深深地印在读者的头脑中，也确立了这本短篇小说集的声望。我写了两篇小故事，自己感觉题材和篇幅很适合这个短篇小说集，于是便寄给了费舍尔·昂温。没过多久，他便把我写的故事寄了回来，还写了一封信，问我能不能把这两篇小故事扩展成一部中长篇小说。这对我是极大的鼓舞，于

---

① 费舍尔·昂温，以英俊潇洒著称，漂亮的蓝眼睛，帅气的黑胡子。有两件事情比较出名：艳丽的领带和易怒的性格。他在19世纪70年代创建了自己的出版公司。此人喜欢冒险，又善于讨价还价。他发掘的著名作家包括叶芝、高尔斯华绥、H·G·威尔斯、乔治·莫尔和约瑟夫·康拉德。

是我马上开始动笔。因为白天我都要在医院工作，所以只有到了晚上才能静下心来写作。我当时每天六点钟回到家，便开始阅读《每日星报》（Star），这是我在兰贝斯桥（Lambeth Bridge）的拐角处买来的。草草用过晚餐后，我便会赶紧收拾好桌子开始工作。

出版人昂温对与他签约的作者都非常苛刻。他很能够揣摩年轻作家的心理，他知道，这些人因为年轻没有经验，所以只要有出书的机会就欣喜若狂，马上与出版商签约，对于收益如何却不去过多考虑。他很快与我签订了出版合同，合同中规定，在小说销售到某个固定数量之前我将不会得到任何版税。[①] 因此，尽管小说很畅销，但我却没有从中赚多少钱。昂温很懂得如何营销，他把我的小说送给了几位大人物去阅读，因此这本小说得到了广泛的关注，就连威斯敏斯特的领班神父贝斯尔·威尔伯福斯（Basil Wilberforce）都会在教堂里帮我鼓吹几句。我所在的医院里有一位很有声望的妇产科专家，他对这本书的印象相当不错，于是提出可以让我在他手下工作。我当时已经通过了期末考试，很快就可以毕业了，但是我当时觉得自己的小说一定会大卖，于是决定放弃医疗行业，所以我婉言拒绝了这位专家的好意，事后想起来，当时还真有一些不明智。小说出版后几个月，应读者要求又再版了一次，我当时已经确信自己完全可以靠写小说来养活自己。一年后我从塞维利亚回来，很快收到了昂温寄来的一张支票，里面

---

① 具体规定如下，出版印数为2000册，卖出的前750册没有版税，后面的1250册有10%的版税。

是我的版税收入，大约有二十英镑。

根据这本书的销量来看，小说的可读性还算比较强，但是这也要归功于我的运气好，因为我在医院实习的缘故，有机会和当时的下层人民接触，而在当时，这些人的生活基本上没有引起其他小说家的注意。在我出版这本小说之前不久，亚瑟·莫里森（Arthur Morrison）出版了《穷街轶事》和《来自加戈的孩子》，这两本小说描写的也是下层人民的生活。他成功地把读者的目光吸引到了这一领域，所以我应该对莫里森心存感激。

我当时对写作了解并不多，尽管与同龄人相比也算是不少了，但是我喜欢毫无选择性地读书，只要听说过一本书，就会迫不及待地拿过来啃，看看书里面讲的是什么东西，有没有什么东西可以使我受益。我从很多书中都获益不少，但对于我的写作影响最大的是莫泊桑的小说。我从十六岁时开始阅读他的小说，只要一去巴黎，我都会在下午的时候去位于奥德翁（the Odeon）的长廊里去转一转，搜罗一些书来读。有些莫泊桑的小说被印成了单行本，而且是那种便于携带的类型，每一本只需75生丁（法国货币单位，就像我们中国的1分钱）。我买的都是这种版本，还有一些小说没有这种便携本，每本要卖到三个半法郎，这对于我来说就太贵了，我就只能拿书店当图书馆，争取在里面多读一些，那儿的售货员都穿着浅灰色的制服，她们不太注意我，所以我可以非常随意地一本一本读下去。就这样，在二十岁之前，我基本上已经读过了莫泊桑的所有小说，尽管他现在已经不像以前那么受人欢迎了，但我们必须承认，他的作品质量还是蛮高的。他的小说语言简洁明快，通俗易懂，故事讲述也很有章法，他知道如何把要讲的故事尽力渲染，营造出最为浓郁的喜剧效果。我总是认为，比起当时深刻影响了英国年轻人的本国小说家，莫泊桑是一位更出色的导师。在我的这本小说里，我在描述过程中既没有夸张，也没有太多自己的发挥，我只是忠实记录自己的所见所闻。那段时间，我要么在医院的门诊部当导诊，要么作为妇产科书记员在这一地区四处走动，就算是没事干的时候，我也会在这一地区闲逛。我这人缺乏想象力（我认为想象力也是需要训练的，很多人在年龄增长之后会比年轻时更有想象力，这可能和一般人的想法正好相反），所以我只能忠实而又直接地记录我的亲眼所见、亲耳所闻，所以说这本小说的成功有很大的运气成分，并不能因此就断定我以后可以靠写作为生。但我当时并没意识到这一点。

昂温要求我再写一本关于贫民区的小说，而且这次的篇幅要更长一些。他跟我说，读者们需要的就是这些东西，而且他预见，既然我的上一本小说已经起到了破冰的作用，那么这一本肯定可以取得更大的成功。但当时我却不是这么想的，我比他更要野心勃勃，我有一种感觉，那就是绝对不要追逐成功，而是要努力超越以前的自己。在我的观念里，我绝对不会把赌注押在所谓的"地域小说"上面，我都不知道这种观念是从哪里得来的，也许来自于法国文学对我潜移默化的影响。我已经写了一本关于贫民区的小说，这已经使我对这一领域基本失去了兴趣。

我当时已经完成了一部与上一部完全不同的小说，我把它寄给了昂温，我猜想，当他收到后肯定会感觉非常沮丧。这部小说的场景是文艺复兴时期的意大利，故事取材于马基雅维利所写的《佛罗伦萨史》。① 我之所以写这样一部小说，是受到了安德鲁·朗（Andrew Lang）的启发。我之前读过一些他所写的关于小说艺术的文章，在其中一篇里他写道，年轻作家都应该试着写一部历史小说，只有这样他们才有可能获得成功。这是因为，年轻人的生活阅历还不够丰富，不足以让他们写好当下的生活，而历史事件为其提供了故事和人物，年轻作家的青春热血和浪漫激情让他们可以行文流畅，文思泉涌，而这正是历史小说的行文所必需的。我当时对此深以为然，现在才知道这种说法多么荒谬。首先，年轻作家并非不能写好当下的生活，对此而言他们的生活阅历已经足够丰富，一个人对某个地方的了解并非只有到了老年才算足够，如果你的青少年时期是在此度过的，那你自然可以写得真切动人。关于你的家庭，你童年时照顾你的仆人，学校里的老师以及同龄的少男少女，孩子们对这些了如指掌。而且他们眼光犀利，一眼就可以看到本质。② 一般我们都认为成年人过于世故，很难真正袒露心扉，但其实，他们在面对孩子的时候一般都不会有太多的戒备，而他们的一举一动都已经落入了孩子们的眼里。还有，孩子们非常熟悉他们生活的环境——乡间的田野或者城镇里的街道，他能够记清每一个细节，而等到你年

---

① 小说名为《一个圣徒发迹的奥秘》。
② 这就是作者急于写出《人性的枷锁》的部分原因。

岁渐长以后，过去的事情会显得纷繁复杂，你的注意力已经十分涣散，再也不能集中注意力来描述童年时的场景了。而历史小说自然需要广泛的人际交往经历，这样才可以用生活中有着不同的行为举止和截然不同的处世观念的人们作为原型，创造出鲜活的历史人物。另外，重现历史场景不仅需要广博的知识，同样需要丰富的想象力，而这些都是一般年轻作家难以具备的。可以这么说，事实与安德鲁·朗所说的截然相反，小说家应该在事业的后期涉足历史小说领域，这时他的生活阅历以及常年积累的处世哲学已经使他对于这个世界有了广泛的了解，而且，多年来他对于人性也已知之颇深，他对于人性已经具备了一种直觉，这使他不仅能够理解而且还可以重塑历史人物。我写的第一本小说完全基于自己的所见所闻，但是现在，由于安德鲁·朗的误导，我竟然一门心思想涉足历史题材。

这本小说是在假期中完成的，我当时待在卡普里。当时的我激情满怀，每天早晨六点必然醒来，然后手不释笔地一直写下去，直到肚子咕咕叫了才恋恋不舍地去吃早餐。随后，我会在海边度过上午剩余的时光，同时在脑子里构思下面要写的内容。

30

以后的几年里我也写过不少小说,但我不想对此多说什么。其中一部《克拉多克夫人》(Mrs.Craddock)还算比较成功,我在作品选集中又将它重印了一次。还有两部是两个没能上演的剧本所改编的小说。很长时间以来,它们就像是我心里的一块石头,让我觉得很丢脸,我知道我本不该这么想,我应该尽量消解这种负罪感。现在我知道,这种疑虑完全没有必要,就算是最伟大的作家也写过一些不怎么出色的作品。巴尔扎克的很多作品都没有被收录进《人间喜剧》之中,而即使是《人间喜剧》中的小说也并非篇篇都是精品,很多都不值得细细品读。作家们尽管放心,如果你希望读者不要记住你的哪部作品,你的这一愿望很快就能实现,因为读者比你还健忘,总体来说,他们只会记住你最好的作品。

在这段时间的作品中,至少有两部有圈钱的嫌疑。其中一部小说就是为了赚钱,好使我能够在第二年依然有钱花;还有一部是因为我喜欢上了一位喜欢奢侈的年轻女士,她有很多追求者,其中有些出手特别阔绰，这让我心里很不安，于是赶紧写小说赚钱，不然的话，我除了一颗真心和些许的幽默感就没有什么提供给人家的了。我希望这本书能够为我赚到三四百英镑，这样我在财力方面就不会输给竞争者。不得不说，那位女士实在是太迷人了，我坚信自己对她的爱慕之情将伴我一生。但大家也能够理解，写小说的回款周期是很长的，首先你得花时间把书写出来，然后还要等出版社把它印出来，要想拿到钱至少要等几个月的时间，这次当然也不例外。等到我拿到稿酬后，我的那股激情早已荡然无存，我事先制定好的追求计划现在却压根不想去实施了。于是，我用这笔钱去了一趟埃及。

这两部小说算是例外，在我成为专业作家之后十年的时间里，我所写的大部分作品都可看成练笔之作。对于专业作家来说，他们所面临的一个困扰就是，他们必须不断磨练自己的写作手法，而无法太多考虑读者的感受。他要按照自己的本能来写作，他的头脑中会充满了各种各样的主题，而他所面临的困境是，自己的写作手法还很幼稚，无法驾驭这些主题。他的生活经历非常有限，技法也很粗糙，不知道如何充分利用自己所拥有的天赋，只要书写出来了，他就会迫不及待地争取让它出版，一方面是为了赚钱谋生，另一方面是为了验证效果。他自己说好说坏全不管用，只有评论家和他的朋友们才能真正指出作品的优劣。我曾听说过，莫泊桑只要写出一篇作品就会拿给福楼拜看，直到很多年后，福楼拜才允许他出版第一本小说，这篇小说就是大家都听说过的《羊脂球》。但莫泊桑的例子不具有普遍性。他是个小公务员，有一份固定的收入，而且还有大量的闲暇时间用来写作。很少有人会有这么大耐心，迟迟不去把自己的作品展示在读者面前，而同时能遇到福楼拜这样造诣颇深而又尽职尽责的导师。如果年轻作家们不能够将自己脑中的主题赶紧写出来，而是等到自己生活阅历丰富了、写作技巧也成熟了才开始动笔，那大部分情况下这个主题也就被浪费掉了。我有时候竟然希望自己的运气没有那么好，写出的第一本小说没有那么畅销，这样的话我就得继续在医院工作，接受医院给我的各种任命，作为主治医师的助手在全国跑来跑去，这样我会获得更为丰富的人生经历。如果我写的书一次又一次地被出版社拒绝，那么当我最终获得出版机会后，这部作品一定会更显成熟。很遗憾，没有人指导我；如果有的话，我就会少做那么多无用功。我认识一些文学圈子里的人，数量不算太多，但是我不想与他们有太多的接触，因为我总觉得尽管和他们待在一起也算惬意，但对于我的写作不会有太多的帮助。而且我这人很害羞，非常缺乏自信，同时又很自大，所以不愿去征询他们的意见。还有一点比较奇怪：我研究过的法国作家远比英国作家多，而且不仅仅只是阅读，我真的会去照葫芦画瓢，模仿着他们的风格来写，一开始是莫泊桑，后来转向司汤达、巴尔扎克、龚古尔、福楼拜和法郎士。

我在写作手法上不断进行尝试，其中一种方式在当时看来还算有一些创新性。当时普遍流行的小说都是这样一个套路：将目光聚焦在两三个人或者一小群人身上，然后描述他们的各种人生经历，既有现实生活中的，也有所谓的心路历程。这种写法给人的感觉是：世界上除了这几个人之外再没有其他人了，除了发生在他们身上的事之外再没有值得提的事了。我一直在追求丰富的人生经历，对此的渴望真可谓如饥似渴，我发现这种传统写法有其片面之处，因为它完全不能反映出生活的本来面目。我自己同时生活在不同的几个社交圈子里，他们相互之间没有多少关联，我忽然想到，如果我能够同时叙述这个几个社交圈子里人们的生活，而不去强调主次，这样所反映的会更接近生活的全貌，于是我在预先选定的主要人物之外又进行了扩充，同时在脑中形成了四五个相对独立的故事。这些故事之间也并非完全没有关联，但也只是有一些无足轻重的线索，就像是一位中年女士在每一个圈子里都有她认识的那么一两个人。这本书的名字叫作《旋转木马》。这本书的写法很荒诞，因为尽管我受到的是十九世纪九十年代的美学思潮的影响，但我书中的主人公却都非常完美，而且语言上也有些拘谨做作。但这还不是主要的，最主要的问题是，这本书缺乏一条能够一直吸引读者兴趣的相对连贯的主线。最终，这些故事无法做到完全不分主次，而不停地在几个圈子中游走，也无法让读者注意力集中，从而感到厌烦。这次实验很失败，因为我忽略了一个简单的写作技巧，那就是用一个人的视角来看待书中出现的纷繁复杂的事件和人物，这是几百年来自传体小说常用的技巧，但是亨利·詹姆斯已经将其进行了卓有成效的改进，只是简单地用"他"来替换"我"，就可以把叙述者从全知全能的第一人称变为小说中某个与参与者熟识的第三人称角色。詹姆斯通过这种方式告诉我们：如何能够使小说变得连贯而又充满真实感。

31

我现在是一名作家，就像别人说他们是医生或者律师一样，这份职业听起来很不错，而且大多数人都能够接受，不会感到特别吃惊，而且他们也不会要求你出示一些证明之类的东西。这个职业听起来很激动人心，而且似乎暗示了作家就应该比常人拥有更为丰富的人生，他们听过见过的也比常人更为多姿多彩。作家没有固定的工作地点，也没有固定的工作时间，一切都由他自己来决定，如果他感觉身体不舒服，或者情绪不佳，他们完全可以放下笔出去闲逛上一阵。听起来很不错吧？但实际上这份职业有它与生俱来的缺点。

首先，尽管说整个世界都可以成为你的写作素材，你遇到的每一个人、每一件事、每一道风景你都可以大书特书，不必有任何顾忌，但实际上，对于你个人来说，你可写的题材其实非常有限，因为任何的外部事物都必须与你天性中的那股秘密源泉相吻合。对于写作者来说，这个世界就像一座矿产丰富的宝藏，但是每一个人可以从中获得的只能是那一堆有限的矿藏，所以很多作家如果单靠写作则难以维持生计，通过上面的论述大家也就不会感到太奇怪了。他所选择的素材可能并不适合自己，或者他已经不知道该选择什么样的素材来写，我们可以说他已经才思枯竭，无处落笔。我觉得几乎所有的作家都对此心怀恐惧。

成为作家的另外一个缺点是：作为专业作家，你必须懂得如何讨读者欢心。你必须保证有足够多的人喜欢读你的作品，不然你就会衣食无着。有时候，作家难以抗拒环境带给他的压力，尽管心头充满愤恨，他还是不得不屈从于大众的需求。人们不能对作家的人格做太高的估计，如果他们偶尔纯粹为挣钱写一些东西，我们也应该原谅他们的做法。很多作家由于现实所迫，不得不为报刊杂志或者其他出版机构写一些自己都感觉很恶心的文章，那些身处自由环境中的作家对这些同胞不仅不应嘲笑，而且还应该给予同情。

在切尔西，有一位勉强可以被称作圣贤者曾经说过，为钱写作者并非在为自己写作。他嘴里曾经冒出过不少充满智慧的经典语录（圣贤本该如此），但是这句话却说的很没水平，因为读者才不会去关心作家写一本书时的动机是什么，他们只关心拿在手里的这本书好看不好看。很多作家在写东西时都有急于挣钱的紧迫感（塞缪尔·约翰逊就是其中一位），但即使这样也不能说他们只是为了金钱而写作。如果他们真是为钱而写作，那确实会显得有些得不偿失，因为我们的很多爱好都可以拿出来赚钱，而且都比写东西容易得多。世界上绝大多数的肖像画都是付费完成的。写作跟画画一样，其中充满乐趣。画家一旦拿起笔来就会沉浸其中，欲罢不能，但是如果画家的作品不能让资助人满意，他就很难拿到钱，同理，作家的作品只有勾起了读者的兴趣，书才能卖的出去。但是，很多作家都会有这么一种观念：读者应该喜欢他们所写的东西，如果他们的书卖得不好，问题不在他们自身，而在读者身上。我从来没有遇到过哪个写书的人会认为自己的书写得无聊，尽管销量确实不好。

有很多艺术家，他们的作品很长一段时间内无人欣赏，但最终却声名鹊起，这样的例子很多。但是如果某人的作品一直没有引起大家的关注，我们也就很难了解到他的名字。实际上这类写作者的数量极其庞大，是成功者的成百上千倍。如果我们承认才华就是某种能力加上一种相对特立独行的世界观，那么我们就可以理解为什么原创性在一开始并不受人欢迎。在这个瞬息万变的世界上，人们对于创新总是持怀疑态度，他们需要花费很长时间才能最终适应。有独特气质的作家要一点一点地去寻找能欣赏自己的读者，这需要很长的时间。时间不仅要花费在确定自己的风格上（因为很多年轻人都过于拘谨，不敢轻易露出锋芒），同时也要花费在让自己的潜在读者相信自己确实言之有物，能拿出一些真正与众不同的东西来。一位作家的个性越强，他要取得这样的效果就越难，因而他就要花费更长的时间才能真正通过写作来解决自己的生计问题。而且，他还不能保证读者会一直买账，因为他的个性中只有一两点值得拿出来与众人分享，等这一两点已经发挥得差不多了，他就会感觉江郎才尽，于是又回到了以前默默无闻的状态。

很多人都说，即使作为一名写作者，也应该有一份相对稳定的工作，这样才可以基本提供温饱，然后再利用空闲时间来进行写作。这种话说起来容易，做起来却有很大难度。这种思路确实在过去很实用，因为一位作家不管多出色，作品多受人欢迎，都难以单靠写作来过得衣食无忧。而且，在有些国家，能读书的人本来就不是很多，一位作家必须找一份稳定的工作来维持家用，最好是在政府部门，不然的话从事新闻行业也不错。但是，用英文写作的人就不用担心这一点，因为潜在的读者数量巨大，单靠写作也能够赚得家富人足。如果在英语国家里对艺术才能的培养不是那么受到歧视，从事这一行业的人更会大幅度增加。大家都有这么一种感觉，写作或者绘画不算是一个正经的工作。这种看法会让很多人对这一行业望而却步。你必须意志坚定，义无反顾，才能够进入这种会将你暴露在或多或少有一些道德谩骂之下的职业。在法德两国，写作是一份受人尊重的职业，所以哪家的孩子说想要当作家，父母基本上都不会反对，尽管大家也都明白，你一时半时还不要想赚多少钱。在德国，经常会遇到这样的情况，你遇到一位母亲，跟她寒暄的过程中会问到她的儿子现在干什么，她会充满自豪地告诉你：我儿子是位诗人。在法国，你会遇到一个家庭正在为自己女儿的出嫁而忙碌，嫁妆非常丰厚，你走过去问她将要嫁给什么人，那家人会说，我女儿要嫁给一位颇有才华的年轻小说家，你看，多般配！

不要以为作家只有坐在书桌旁才开始工作，可以说他整日都在工作，不管是在思考还是在阅读，以及体会生活中的一切，只要这些与他想要写的东西多多少少有些联系。在有意识或者无意识中，他一直在储存信息,并在脑中用文字完善这一切的印象。除此之外,他对于其他的一切都无法完全集中注意力。如果他找到了其他一份工作,他对工作的态度以及工作成效基本上不会让自己和自己的老板满意。作家经常寻找的一份职业就是在报社当记者或者编辑,因为这与他们的主业似乎关联最大,但实际上这却极其危险。报刊杂志的文章中有一种抹杀人们性格差异的趋势,这会对作家造成不良的影响。一个人如果长期为报社写东西,他慢慢地会失去自己对于事物的观察能力,他们会从大众的观点来看待事物,有时会很形象,有时会带有各种闪光点,但却没有了个人的特质,也许这种个人特质所带来的只是对事物的片面看法,但却完全是属于个人的。报社实际上已经抹杀了这些人的个性。经常写评论也同样有害。如果作家只读那些与他密切相关的书,这样毫无选择地读上几百本,目的不是要从中获得任何精神上的提升,而是要客观公正地对他们进行评论,这会使他们的感官不再那么灵敏,同时也扼杀了本应滚滚而出的想象力。写作应该成为一种全职,动笔写东西应该是一位作家生活中的重中之重,这就是说他必须成为专业作家。如果他有大把的钱,那他不必只靠写小说赚的那些钱来维持生计,那只能说他很幸运,但你也必须承认,他还属于专业作家。斯威夫特有自己在学校里的职务,华兹华斯也有报酬丰厚的闲职,但他们和巴尔扎克、狄更斯一样都属于专业作家。

32

我们必须要承认,绘画或者是作曲的技巧只有经过持之以恒的磨练才能获得。我们在欣赏业余爱好者的作品时,要么会带着宽容的微笑,要么会带着轻蔑的冷笑。有了收音机和留声机,我们就可以从客厅里赶走那些业余钢琴手和业余歌手,我们对此都感到很庆幸。写作技巧的获得并不比作曲或者绘画容易,不过大家普遍以为,只要你能写好一封信,就能够很自然地写好一本书。现在看来,写作已经成为人们最喜欢的休闲方式。一个家庭的每个成员都会喜欢写点儿什么,就像在重要的日子一定要去教堂一样。怀孕期间的女士也会通过写小说来打发无聊的待产时光,还有无事可做的贵族、被解雇的办公室人员或者退休的公务员,他们都会迫不及待地拿起纸笔,就像他们以前迫不及待地抄起酒杯一样。在国外,人们有一种印象,那就是每个人的人生经历以及他们的所思所想都可以写成一本书,这种印象也许不错,但是你千万不要指望那一定会是一本好书。很多时候,业余爱好者确实可以写出相当不错的作品,也许纯粹是机缘巧合，也许天生就有写作天赋，也许他的经历与众不同，或者他的人格魅力不可阻挡，不管怎样，所有这一切都以那种略显拙劣的笔法记录在纸上。但请他记得，刚才那句俗话里面说的是每人心中都有一本书，可绝对没提第二本，作为业余爱好者，写出一本受欢迎的著作就应该知足了，千万不要得寸进尺，再次拿起纸笔碰运气，说句不客气的话，他的第二本书将会毫无价值。

业余写作者和专业作家的一个重大区别，就是后者具有不断进步的能力。一个国家的文学成就不是由少数几本好书构成的，而是应该有大量的各种类型的作品，尽管在质量上良莠不齐，但在数量方面必须能够称得上浩如烟海，而这么多作品绝不可能仅仅由业余写作者来完成，而是必须有一批专业作家。用这样的标准来划分，所有的国家都可以分成两类：在第一类国家中，大多数文学作品都是由业余写作者来完成；而在第二类国家中，大多数文学作品由专业作家进行创作，这些作家尽管生存状况不一定太好，但是他们一直没有放弃，而且写作一直就是他们最为主要的经济来源。跟这样的国家相比，靠业余写作者来支撑的那些国家，其文学根基就显得非常薄弱。

专业作家所创造出来的数量巨大的作品都是他们长期坚持、持之以恒的结果。与其他领域的人一样，作家的学习过程同样遵循试错模式，他们的早期作品经常是实验性质的。他们会尝试各种各样的主题以及各种各样的写法，同时发展出自己的写作风格。在这一过程中，他逐渐发现了自己最擅长的是什么，并尽量把自己的长处发挥到极致。在技巧成熟后，它便能写出自己能力范围内最好的作品。因为写作对人的健康没有太多的坏处，所以，在他们的代表作完成后，他还不至于马上就与世长辞，而这时写作已经成为他根深蒂固的习惯，他自然还会不由自主地拿起笔来继续创作新的作品。但这时他的才华已经稍显逊色，于是作品质量也就开始下滑了。对于读者来说，除了那些死忠崇拜者，其他很多人也就不再继续阅读他这时的作品了，这也显得很正常。从读者的角度来考虑，一位作家在一生中所写的作品中只有很少一部分真正值得阅读，真正称得上"重要"（"重要"一词只是针对能够体现作者特质的作品，而没有考虑这些作品在整个文学史上的地位问题）。这样的结果对于一位作家来说也算很不错了，但是这必然是长期学习的结果，而且要付出巨大的代价，代价指的就是无数次痛苦的尝试以及无数次惨烈的失败，这就意味着你必须把文学看成是你终生的事业，换句话说，你必须成为专业作家。

33

前面我已经说过了成为作家的各种缺陷，现在我要谈一谈这其中隐藏的危险。

很多人都以为作家写作完全依靠灵感，灵感一来，妙笔生花。但实际上，专业作家要是只在有灵感时才去动笔的话，那他就一直等着吧，最后的结果就是作品极少或者什么都写不出来。真正的专业作家要学会创造适合写作的情绪。他们当然也需要灵感，但是就算灵感来了他们也不会将其一次用尽。即使灵感不来，他们也依然可以稳住心神，提笔作文。换句话说，他们需要一种自控力，保证自己每天有几个小时坐在桌前动笔的时间。而一旦写作成为了一种习惯，一到了规定的写作时间，他们就会感到浑身发痒，只有坐在桌前拿起笔来才能感觉好受一点。这就像是一位退休的老演员，一到了每天要去剧场的时间，他们就会感觉手足无措，脑子里边满是化妆间的情景，仿佛晚上的演出缺了他就无法正常进行。专业作家也是如此，写作已经成了他生活中的规定动作，只要坐下来拿起笔，文字就会自然而然地从笔尖流出，而只要有了文字，想法就不是什么大问题。也许这些想法既老套又空洞，但多年的写作习惯让他能够驾轻就熟地将这些想法变成可读性很强的文字。几个小时的写作之后，他或者下楼去用午餐，或者准备上床睡觉，不管怎样，他都会志得意满，觉得这几个小时的活儿没有白干。一位艺术家的每一件作品都应该能够表现他灵魂的一次冒险，我们不求其有多么完美，但一定要出自真心。一位好作家应该有一种感觉：关于某个话题，他已经在心里考虑了很长时间，现在可以说是深思熟虑，而这种成熟的想法已经成了他的一种负担，他急于卸下担子让自己轻松一点。如果一位作家足够聪明，他写作的唯一目的就是要让自己感到轻松。

专业作家所遇到的最大危险就是作品畅销所带来的成就感，很遗憾，只有少数作家才能有幸遭遇这一厄运。这是作家们最难应对的一个问题。自己耍笔杆子已经有不短的时间了，那段岁月显得漫长而冷酷，忽然之间，你的一部作品赢得了不少读者的欢心，你欢欣鼓舞。但实际上，所谓的成功就是一个陷阱，一旦落入其中，就有可能要你的命。我们很少有人一直意志足够坚强，很少有人能够抑制这样的大灾难，这将是一个需要谨慎处理的时刻，慎之又慎也难免偶尔犯错。一般人都认为成功之所以毁人，是因为成功使人们变得虚荣、自我、傲慢自大，实际上这种看法有些偏差，恰恰相反，大多数时候成功会让人谦卑、善良而且更有容忍度。失败使人变得愤世嫉俗，冷酷残暴；成功一般会提升一个人的品格，但却无法提升一位写作者的品格，它反而会将写作者借以成功的那种活力完全剥夺掉。写作者的个性是慢慢获得的，在这期间，他要正确面对痛苦的挣扎、在绝望中的希望以及努力改变自己以适应这个险恶世界。如果没有成功所带来的软化作用，那他将会一直非常执拗倔强。

　　同时，在成功的自身中就深埋着毁灭的种子，因为他斩断了作者与他本来生活的世界的联系，他进入了一个新的世界，开始到处被人恭维。如果他能够不被某些大人物的关注冲昏头脑，且能够抗拒美貌女子的诱惑，他就必须具有超出常人的自制力。而实际上，他会慢慢开始适应另一种生活方式，这种生活会比以往奢华数倍，而人们的社会阶层也是以往接触的人所无法比美的。他所接触的人会显得更有教养，而这种表面上的光鲜魅力无穷，很难抗拒。现在，如果再让他回到以往生活的环境，接触以往自己熟知的那些人，我想他总会有些异样的感觉，而实际上这些才是他创作的根基所在，是他写作素材的真正来源。他的成功会让他以往的旧相识慢慢与他疏远，时时投来狐疑的目光。他们或者会羡慕他，没准儿其中也会有嫉妒的成分，但不管怎样，他们永远不会把他当成自己人了。他的成功让他进入了一个新世界，他也可以开始把这样一个世界看作创作的新沃土，但是当他开始以此作为素材开始写作时，却发现自己永远只是局外人，根本无法完全融入其中。要说明白这一点，最好的实例就是阿诺德·本内特（Arnold Bennett），他所熟知的世界仅限于五镇（Five Towns），因为他是在那里出生并成长起来的，只有以此作为写作素材时，他的文字才能够有他自己的个性。他一炮走红后很快进入了上流社会的圈子，有幸遇到了无数富商巨贾和美艳女子，他也曾试图以他们作为原型来进行创作，却写出了一堆垃圾。一句话，他最初的成功毁了他。

34

作为剧作家，我已经相当成功，于是我决定后半生都用来进行戏剧创作。当年的我很快乐，也算富有，我的脑袋里装满了我想要写的剧本雏形，我不知道是不是成功没有带给我所有我以前所期望的，还是从成功中获得的一种自然反应：我已经毫无争议地成为了一位颇受欢迎的剧作家，但我头脑里面满是关于我过去生活的回忆，妈妈的去世，家庭的分崩离析，刚开始上学时的悲惨遭遇（这一方面是由于我的童年是在法国度过的，所以对于英国的学校生活完全不能适应；另一方面，我天生口吃，这自然会让我被其他同学和老师嘲笑），在海德堡那些轻松无聊而又让人激动的日子，我第一次进入知识分子圈子的经历，我在医院里度过的那些无聊岁月以及伦敦所带给我的惊喜，这所有的回忆铺天盖地地向我涌来，在我的睡梦里，在我散步的途中，在我排演戏剧时，在我参加宴会时，这简直成了我的一种精神负担，于是我下定决心要把这一切写成一本小说，只有这样我才能恢复内心的平静。我知道这肯定是一部鸿篇巨著，我不想在写作过程中被人打扰，于是我拒绝了剧院经理急切想要与我签订的合约，暂时离开了戏剧舞台。

当年，在拿到医学学位之后，我去了一趟塞维利亚，在那里我写了一部小说，主题就是我刚刚提到的那些青少年回忆。我把它交给了昂温，希望他能够花几百英镑把这部小说的版权买下来，但他拒绝了，而其他出版商也不愿意购买这部小说的版权。当时我觉得很沮丧，但现在想起来，那真是因祸得福，因为当时太年轻，写作技法还不成熟，无法驾驭这一宏大主题。当时的手稿还在，但我在修改打字稿的时候并没有参考这些手稿，因为我敢肯定那必然会非常幼稚。我想描述的事件距离当年还不是很远，所以我还不能理性地对它们进行评判，而且我当时的阅历有限，所以，过了很久之后我才可以用自己的经历使这本书的内容进一步丰富。只有这样，我才可以从这些沉痛的记忆中彻底解脱出来。我本来给这本书起名叫《灰烬中的美好》（Beauty from Ashes），这句话引自《圣经·旧约》中的《以赛亚书》（Isaiah），但后来发现这个名字刚刚被别人用过，于是我又从斯宾诺莎（Spinoza）的《伦理学》（Ethics）中抽取了几个词，称这本书为《人性的枷锁》。这不是一本自传，而是一部事实与虚构混杂在一起的自传体小说，里面主人公的情感都是我亲身经历过的，但并非所有的事件都像书中写的那样有关联。发生在主人公身上的有些事件其实并未发生在我身上，而是发生在一些与我很亲近的人们身上。这本书的完成达到了我预想的效果,看到这本书在世界各地出版(当时的世界正遭受着战争的折磨,每个人都只关心自己所遭遇的痛苦,而无暇顾及一个小说人物的遭遇),我发现自己可以永远地从过去的痛苦和悲伤中解脱出来。我把自己所能回忆起来的一切都写了进去,小说完成后,我准备开始新的人生。

35

当时我感觉异常疲惫,这种疲惫感不仅来源于长期在我脑中盘旋的各种人物和想法,同样也来源于我身边的那些人和我自己的生活方式。我感觉自己已经将能够经历的一切都经历了一遍:我作为剧作家所取得的巨大成功,以及它为我带来的名与利;随之而来的各种社交活动,豪宅中举办的盛大宴会,色彩斑斓的舞会以及在乡村别墅中举行的周末聚会;与我逐渐开始来往的那些上流社会人物,他们都有着不凡的经历,而且在各方面远远超出常人,其中有作家、画家和演艺明星;我所经历的艳遇以及那些热心朋友的陪伴;生活中前所未有的舒适与安全感。这些让别人艳羡的经历却让我感到窒息,我渴望一种不同于此的生活方式,对于新鲜的经历我从来没有满足感。但我不知道如何能够做出改变。于是我想到了旅行。我已经厌倦了自己现在的生存状态,在我看来,如果能够有一次长途旅行的机会,我就会有重生的可能。当时我身边的很多人都渴望去俄罗斯,那在他们看来是一个幅员辽阔的神秘国度,在那里一定会有数不尽的新奇经历。在这种思潮的影响下，我也想去那里待上一年，学一学俄语，因为我已经掌握了一些俄语的入门知识，这样我就可以在这片广阔的土地上自由往来，尽情感受它给我带来的各种神秘体验。也许在那里我将会丰富我的精神世界。

我当时已经四十岁，人到了这个年纪就应该考虑是否要结婚生子了，有一段时间我的脑子里不断想象我婚后的状态，但是我还没有找到合适的结婚对象，吸引我的只是这样一种幻想而已。当时的我还比较天真，我总感觉婚姻能够给我带来内心的平静。这种想法听起来很奇怪，却是有其内在因果的：在爱情中，两个人时时都在猜测对方的心理状态，而一旦结婚，就像生米煮成了熟饭，大家心里就都踏实了。当我还在写《人性的枷锁》时，脑子里就有这些想法，我将自己的愿望写进了小说中，作家一般都会这样做。在小说的结尾，我描述了一下我自认为很完美的婚后图景，不过对于读者们来说，这部分也许是最不令他们满意的。

但是，一战的爆发完全打乱了我已有的规划，从这里可以看出，个人在政治斗争面前显得多么无助。我的人生迫不得已掀开了新的一页。

36

　　我有个朋友①在政府担任内阁大臣，我给他写了封信，求他帮我找点儿与战争有关的事情做，很快我就接到通知，要我去战争部报到。但是我害怕他们会给我一份在英国的文职工作，因为我这时根本没想要去写东西，我想要行动，那种真正参与到战争中的行动。于是我去法国加入了一个救护车编队。尽管我认为跟任何人比起来我的爱国热情丝毫都不逊色，但是这些似乎已经和新的生活经历所带来的兴奋感融合在了一起，于是，一到法国②我就养成了记笔记的习惯。这个习惯保持了很长时间，但是后来其他的工作过于繁重，一到晚上我就会累得什么都不想干只想着上床睡觉，于是记笔记的习惯就这样暂时搁置了。我非常享受这种无意中卷入的新的生活状态，同时很享受不用负责任时所能够感到

---

　　①　这个朋友应该指的是温斯顿·丘吉尔，他当时担任英国海军大臣，而两人在1910年前后经常在一起打高尔夫球。
　　②　1914年10月19日，毛姆在法国布伦登陆。

的轻松愉快。自从离开学校后，我就很少会被别人指使着做这做那，而现在却无意中重温了一下那种生活体验，我感觉很有意思，而且，一旦任务完成，我就能明显感觉到，剩下的时间完全是自己的了，那种放松的感觉真是用语言都不好表达。作家就很少会有这种感受，因为你永远会觉得，下一本书的出版计划正在时时刻刻鞭策着你，于是你一分钟都不想浪费，甚至睡梦中都要拿着笔。现在我可以肆无忌惮地在法国的小咖啡馆里花费大量时间与人闲谈，而且没有任何负罪感。我喜欢与大量不同的人去见面，尽管当时并没有写作，但我已在自己的记忆中珍藏下了这些性格各异的人物。虽然身处战争之中，我却感觉不到任何危险，我急切地想知道如果真的发生了什么危险，我的心里会是一种怎样的感受；我从来不认为自己有多少勇气来面对危险，我也不认为自己有必要这样去做。仅有一次我考验了一下自己的勇气。那是在易普尔（Ypres）的大广场（the Grande Place）上，我当时正靠在一堵墙上休息，忽然看到不远处就是中世纪的纺织会馆的遗址，我走过去想近距离参观一下，刚一离开，一枚德军炮弹飞了过来，把刚才那堵墙炸了个稀巴烂。我当时就蒙了，已经来不及细细分析自己当时的精神状态。

不久后我加入了情报局，似乎在这个部门我能发挥更重要的作用，至少比开救护车要强，而且我的驾驶技术很一般，经常会手忙脚乱。情报工作对我有很大的吸引力，因为这项工作会让你想入非非，显得既浪漫又超越现实。我在这里接受培训，学会如何甩掉跟踪我的人，如何在一些常人想象不到的地方与其他特工接头，如何秘密传送情报，如何把一些重要的军事情报带过边境。这些培训当然都非常必要，只是它们乍听起来就像是那些廉价惊险特工小说里的情节，颇有怀旧情结，虚幻得与现实中残酷的战争场面一点都不相称。我只能骗自己说，这些东西早晚会起到一定作用，当然，是在我的小说里。即使这样，我还是怀疑这些训练是不是有点儿过于陈腐，写在小说里也会被读者耻笑。我在瑞士待了一年，这里的工作基本告一段落。①在这段时间里，我经常暴露在各种各样的环境里，那里的冬天很冷，不管天气如何，我都要跨过日内瓦湖去执行任务。当时我的身体很差。任务完成后，我感觉已经无事可做，于是便飞往了美国，在那里，我的两部话剧正在排演过程中。由于自己的愚蠢和虚荣，我经历了一些本可以避免的不幸遭遇，现在我想恢复内心的平静。于是我下定决心一定要去南太平洋逛逛。我早就有这个想法，因为在年轻的时候我读过《退潮》(The Ebb-Tide)和《打捞沉船者》(The Wrecker),而且我还想根据保罗·高更(Paul Gauguin)的生平写一部小说，现在我要去那里收集素材。

说走就走，我马上启程前往那个遥远的地方寻求浪漫与美好，同时，一想到自己与以往的烦恼远隔重洋，心里就感觉很坦然。不出所料，我确实在那里找到了浪漫与美好，但也找到了一些自己没有想到的东西：一个新的自我。自从离开圣托马斯医院后，经常与

---

① 战后，他写下了以自己为原型并以主人公的名字命名的间谍小说《英国特工亚申登》。

我生活在一起人都特别看重文化的价值，我开始慢慢意识到，世上没有什么事情比艺术更重要，我一直在寻找宇宙的意义，而寻找的唯一结果就是世界各地的人们所创造的美好。从表面上看来，我的生活丰富多彩，让人兴奋不已，但实际上，从深层次来看，它依然非常浅薄狭隘。现在我进入了一个新的世界，作为一个小说家的天性让我欢呼雀跃，尽情吸收新鲜养分。吸引我的并不仅仅是各个岛屿上的美丽景色，我以前在梅尔维尔（Herman Melville）和罗蒂（Pierre Loti）的书中早就读到过，尽管风景不同，但其景色之优美也并不能说可以超越希腊和意大利南部。吸引我的也并不是当地人以及他们那种简朴悠闲而又略带冒险意味的生活。真正吸引我的是形形色色性格各异的人们，每个人都有故事，每个故事都是我以前闻所未闻的。我就像是一个博物学家，偶然来到一片新的土地，那里的生物种类数之不尽，形态各异。有些类型的人我大概认识，因为以前在书中读到过，看到他们让我倍感惊喜。举例来说，有一次在马来群岛，我看到树枝上落着一只鸟，这种鸟我只在动物园里看到过，而从没有想到它会出现在实际的自然环境中，刚看到它的时候，我还以为它肯定是从动物园的笼子里逃出来的。还有一些类型的人是我第一次见到，他们让我感到震惊而又欣喜，就像华莱士发现新物种时的感觉一样。我发现这些人不难相处，他们千差万别，乍看起来会让人感觉目不暇接，但是通过长期的观察训练，我在这方面已经很有经验，一般来说，不用费多大劲就能够在头脑里面把这些人进行初步的分类。这些人的受教育程度相对比较低，就是我们通常所说的没有文化，他们对这个社会的认知、对人生的见解都是在实际生活中慢慢形成的，与我们这些常年接受教育的人大不相同，所以他们会得出一些让人感觉很诧异的结论。可以说，我们压根儿就不在同一层面上思考。以前的那种文化优越感现在已经荡然无存，我现在看到的只是差异，一种与生俱来的差异，如果你的目光敏锐，你会发现他们的生活并不荒诞，而是同样有着秩序与和谐。

我放下了自己作为名作家的架子，走近了普通人的世界。我逐渐发现，现在所遇到的各色人等比我以往所见之人更富有活力。他们放射出来的不是宝石一样的光芒，而是野火所特有的火焰，这种生命之火正在熊熊燃烧，热力四射，烟气冲天。他们有自己的狭隘之处，也有着自己根深蒂固的偏见，他们的生活有时非常无趣，有时候你会觉得他们活得那么笨拙。我对这些倒不是特别关心，我关心的是我们与他们之间的差异性。在所谓的文明社会里，一个人不管多么与众不同，都必须遵循某些行为准则，这就使得我们的行为不至于那么怪异，文化就像是一张面具，遮掩了我们的本来面目。而这里的人没有任何掩饰，他们保存了很多原始特性，他们从来没有想过必须遵从什么传统的标准，他们的个性能够肆无忌惮得到发挥，不会受到任何约束。在城市里，人们就像装在袋子里的石头，不管以前多么棱角鲜明，在袋子里装的时间长了，摩擦的时间久了，那些棱角也基本上被磨平了，他们就像鹅卵石一样圆滑温润；而这些人就像是散落在山边的石头，他们没有机会去互相摩擦，所以个个见棱见角，个性张扬。在我看来，他们更为接近人性的本质，我的心会禁不住跳到他们身边,就像多年前我在圣托马斯医院的时候,我会情不自禁地想要接近那些来门诊部看病的人,我抓紧时间在笔记本上简要记下他们的外貌和性格特点,这形形色色的人物所给我的印象激发了我的想象,只要稍微加上一点自己的创作,生动鲜活的故事就会源源不断地涌向笔端。

37

不久我回到了美国，随后又被派到彼得格勒（Petrograd）去执行一项秘密任务。[①] 在接受这项任务的时候我有些犹豫，因为感觉自己不具备一些必需的能力，但在当时看来，我似乎是最佳人选，因为我是一名作家，利用这个身份我能够很好地隐藏自己。当时我身体不太好，经常有出血的症状，毕竟我以前学过医，所以我大致能够猜到我得的是什么病，我拍了一张 X 光片，上面清清楚楚地显示我患的是早期肺结核。但是我不想放弃这次任务，毕竟俄罗斯出产了那么多伟大的作家，比如托尔斯泰、陀思妥耶夫斯基和契诃夫，我梦想着在从事间谍工作的间隙为我的写作找到一些新的素材，所以我借用了爱国主义的名义，跟为我治疗的医生说：在国家最需要的时刻，我做出这么一点牺牲不算什么，而且我自己是学医出身，

[①] 英美两国想让俄国继续参加一战，而列宁领导的布尔什维克则坚决要求退出战争。因此，英美想要支持相对比较温和的孟什维克党，使其政权稳固，因而可以继续参战。毛姆此行就是为了这一目的。

明白自己的病情，不会做出出格的举动。

出发时我斗志昂扬，而且钱包里也是鼓鼓的，[①]有四位忠诚的捷克人作为联络员，在我与马萨里克教授（Professor Masaryk）之间传递消息。这位教授手下有六万多人，分布在俄罗斯各地。这一任务责任重大，我不禁油然而生一种使命感，去的时候我的身份是私人间谍，这样的话，万一出了什么麻烦我会更容易脱身，我的任务是与反对政府的一些党派取得联系，设计一套方案使俄罗斯不会退出战争，同时阻止布尔什维克取得政权。当然这项任务最终失败了，我总在想，如果能够早去半年，说不定就能够成功，不过这都是事后诸葛亮的说法，各位听一下就可以了，不用当真。在我到达彼得格勒三个月后，局势发生巨变，[②]我的计划彻底落空。

我返回了英国，我当时已经积累了很多写作素材，特别是我认识了一位相当了不起的人物，他的名字叫鲍里斯·萨文科夫（Boris Savankov），他是一名擅长暗杀的革命者，就是他暗杀了圣彼得堡总督特雷波夫（Trepov）和谢尔久斯大公（the Grand Duke Sergius）。但在离开时，我对一切都失去了幻想。他们太善于空谈，而又怯于采取行动，犹豫不决，冷漠无情，只善于喊口号不善于行动，做事没有诚意，意志不坚决……我在俄罗斯的这段时间里，这些现象随处可见，让我对俄罗斯以及俄罗斯人完全失去了信心。我回

[①] 当时作者在衬衫下面的皮带里藏了一笔巨款——两万一千美元的汇票，等时机合适的时候兑换出来。

[②] 这里是说俄罗斯十月革命爆发，正式退出了一战。

国的时候身体特别虚弱，因为我的工作性质非常特殊，这使我很难从大使馆获得应有的食品供给，所以，很多时候我和一般俄罗斯老百姓一样需要饿着肚子（当我到达斯德哥尔摩后，我需要花一天的时间去等待一艘驱逐舰带我穿越北海，这时我跑进了一家糖果店，买了一磅巧克力，在大街上就吃了起来）。上面还有一个计划，就是派我前往罗马尼亚去参与波兰人设计的一项秘密计划，具体情节我已经记不清楚了，但由于各种原因，计划泡汤了。我对此并不感到遗憾，因为当时我病体沉重，咳嗽得厉害，感觉下一声咳嗽随时会把脑袋震下来，而且不停地发烧，烧得我晚上睡不好觉，那几天的日子真是难熬。到伦敦后，我赶紧去找最有名的专家，他让我赶紧收拾一下去苏格兰北部的一家疗养院（疗养院位于阿伯丁郡，是一家专门治疗肺结核的大型私人疗养院），于是后面的两年我就是在疗养院里度过的。

没想到疗养院里的日子竟让我感觉如此惬意，我第一次发现，长时间躺在病床上也并不一定是件坏事，我的生活依然丰富多彩，有很多事在等着你去做。我一个人独占一间病房，病房里有一个巨大的落地窗，窗户一直开着，冬天的夜晚可以看到满天的星光，我感到很安全、很自由，而且超脱于世外，这一切都让我惬意无比。到了晚上一片寂静，没想到静谧也会有如此的魅力，无限的天空似乎从窗口涌入这间斗室，伴随着满天星斗，我的精神世界似乎可以经历世上一切的奇遇。我的想象力从未如此顺畅，就像是顺风顺水的小帆船在海上疾驰。日复一日，生活没有多少变化，但由于我读过不少书，头脑中又可以遨游天际，所以一点儿也不觉得时间漫长。等身体恢复好以后，我很不情愿地下了床。

我的身体恢复一些后，我开始跟一些病友们接触。我感觉自己走进了一个陌生的世界，这里有些人已经在疗养院过了很多年，他们性格各异，就像我在南太平洋遇到的那些人一样。常年的疾病以及这里稳定而又怪异的生活方式非常怪异地影响着他们，使他们性格扭曲，某些方面得到强化，但某些方面变得更为糟糕，这就像是萨摩亚（Samoa）或者塔希提（Tahiti）[①] 的那些人一样，只不过影响那些人的是让人时刻感觉慵懒的气候条件和怪异的自然环境。我从疗养院的经历中获得了很多关于人性的深层见解。要是没来过这里，我感觉损失会很大。

---

① 萨摩亚和塔希提都是太平洋南部的小岛。

38

等到我从病中恢复过来以后，一战已经结束，随后我去了一趟中国。去之前我和大多数旅行者的感觉一样，对那里的艺术充满兴趣，也对那里的人充满好奇，而且我们也知道那是一个有着古老文化的国度。除此之外我还有一种期望，那就是我会遇到各种各样不同类型的人们，与他们的交往过程会大大丰富我的人生经历，事实证明我是正确的。在中国游览期间，我用了好几个笔记本，写下了那里的景色和人物的描写，以及发生在他们身上的故事。我逐渐意识到，我能够从旅行中获得很多具体的好处，在此之前，这种意识还只是一种出自本能的感觉。这些益处可以分成两方面来说，一方面是精神上的自由，另一个方面搜集各种人物的言行举止，有利于我的创作。此后我还去过很多国家，我越过了几片大洋，有时坐游轮，有时坐货轮，还有时候乘坐纵帆船；在陆地上要么坐火车，要么坐汽车，还坐过那种滑竿（可以抬起来的椅子），有时步行，还有时骑马。我一直对周围的人保持着旺盛的好奇心，睁大眼睛仔细观察，看他们的个性，看他们与众不同的地方，如果一个地方能够给我提供一些素材，我学习得很快，或者有时素材不是那么及时，我会耐心等待，直到发现为止。然后我就会赶往下一个地方。我珍惜发生在我身上的任何一种经历，如果有必要的话，我会在一个地方舒舒服服待很长时间，反正钱不是什么大问题。要是到任何地方都是走马观花，那实在是没什么意义。但这并不是说我贪图舒服，在我印象里我从来没有因为什么事不舒服甚至危险就会犹豫要不要做。

我觉得自己从来都不是一个观光客，我看过的名山大川也算不少了，在观赏的那一刻也许确实感觉非常震撼，但事后回忆起来就没办法做些什么总结之类的。我更喜欢的是看起来平平常常的景致，比如，果园里的一个小木屋，海湾拐角处的那一排椰子树，或者路边的竹林，我最为感兴趣的是形形色色的人，以及他们的生活方式。我以前也说过，我这个人特别羞涩，很难与陌生人建立友谊。幸运的是，我在旅途中有一位同伴是一个位社交高手，他那种无所不在的亲和力使他能够在很短的时间之内就和陌生人交上朋友，不管是在轮船上，酒吧里，舞厅中，还是旅馆内。有了这样一位同伴，我就可以轻而易举地和大量的各色人士来往，不然的话我就只能远远地看着，无法近距离观察。我与他们交往基本上可以做到恰到好处，既不会是点头之交也不会过分亲密。从他们的角度来看，他们与我聊天或一起参加什么活动，完全出于缓解旅途中无聊情绪的心理需求，所以他们基本上会做到无话不谈，因为他们也知道，一旦我们分道扬镳，自然难以再相遇，所以他不用过分担心我会给他泄密。这是大家一开始就心知肚明的事。回想起来我不得不再一次地炫耀自己的幸运，因为只要遇到任何一个人，他们都会提供给我一些我十分乐意去倾听的故事，我自己也培养出来某种敏感，就像照相机里的感光底片一样。到底我头脑中所形成的印象是否真实其实并不是那么重要，对我来说最为重要的是，我在每个人的讲述中都加入了一些自己的想象力，这样每个人的生活图景都变得合情合理，这是我最喜欢玩的一种智力游戏。

有人说过，没有两个完全一样的人，每个人都是独一无二的，从某个角度来说这一说法没有问题，但问题是人们特别喜欢去夸大这个事实，而实际上人和人之间有很多共同点。他们大致可以分为有限的几类。如果人们生活的环境大致相同，他们就会被塑造成基本一致的类型。如果某些人具有某些特定的品性，你大致可以推断出其他一些品性也是他们肯定会具有的。这时的你就像是一位古生物学家，你完全可以只用一块古代化石就想象并拼接出整个生物的大致样貌。从古至今，人们都在努力把自己归属于某些特定的类型之中。这就是现实主义的基础，因为现实主义必然要去分类，而且人们也基本认同自己被分入某一类别这一事实。

每次我旅行回来都会感觉自己身上已经发生了一些变化，年轻的时候我酷爱读书，不是因为我想从里边找到颜如玉或者黄金屋，而是因为我那无穷无尽的好奇以及了解世界的欲望，我喜欢旅行也是因为旅行中的景色与人物能够刺激我的感官，同时还能获得创作所需的素材，旅行中的各种经历并不会马上对我产生影响，而是要等到很久以后我才似乎感觉到它在塑造我的性格。本来我只是一个耍笔杆子的，过着平庸无聊的生活，我就像是袋子里的一块石头，早已被磨平了棱角，但在旅行过程中我遇到了那么多奇奇怪怪的人我的棱角又一点一点恢复了起来，最终我又看到了真实的自我。后来我就不再喜欢旅行，因为我感觉我从中已经获得了许多，再也不会有什么更为新鲜的经历了，我的性格品质已经相对固化，不会再有多少新的重大改变。我已经完全褪去了所谓文化人的自负，我的性情也已经可以接受一切，我不会强人所难，让他们做一些压根做不到的事。我学会了容忍，我乐于看到身边人的优点，我不再为他们的缺陷而感到痛苦不堪。我的精神已经获得了独立，我学会了认认真真走好自己的路，不去在乎别人会怎么想，我在为自己争取自由，而如果别人需要自由，我也会毫不犹豫地尽力帮他。当人们对别人的态度很恶劣的时候，我们一般会耸耸肩一笑而过，可我们受不了的是别人对自己态度恶劣，但我发现这事也并不可能。在中国海面上乘船时我遇到了一个人，现在我想借他之口说出我长期揣摩人性所得出的结论，他说："哥们儿，我一句话就能说清楚所谓的人性，人们的心都长在正确的位置，可他们的脑子却是一个完全无用的身体器官。"

39

在动笔之前，我一般会让各种素材和想法在我脑子里面长期发酵，这次也不例外。我从南太平洋回来四年后，才开始整理自己当时的笔记，写出了第一篇短篇小说。我已经很多年没写过短篇了。而我的文学生涯就是从写短篇开始的，我的三本书中包含了六个短篇故事。我写得并不好。完成第三本书后，我也会时常给报刊杂志写一些短篇故事；我的经理人敦促我一定要写得幽默点儿，但我知道自己在这方面能力不足，我过于严肃，容易激动，有时还喜欢讽刺。我也曾努力讨好编辑，想挣点儿小钱儿，但却很少能够成功。我在这一阶段写的第一个短篇名字最后定名为《雨》。它写出来后等了很长时间才得以出版，就跟我年轻的时候一样，因为好几位编辑都拒绝为我出版这本书，我倒是不怎么介意，还是坚持继续写。直到我一共写出了六篇，而且它们都得以在杂志上亮相了，我才把它们集结成书。结果书大卖，让我惊喜万分，又深感意外。我非常喜欢短篇小说这种形式。我会让小说中的人物形象在我脑中持续发酵两到三个星期，然后拿起笔来一蹴而就。在写长篇小说时，由于人物在你脑中盘桓的时间够长，你有时会感到厌烦，而写短篇就不会出现这种情况。这种短篇小说的篇幅一般在一万两千字左右，这已经给予了我足够的空间来充分对某一主题进行延展，同时又不会写得过于冗长，这种能力我早已从写剧本中锻炼了出来。①

正当我刚刚一本正经地开始短篇小说创作时，不幸的是，当时的英美知名作家都开始对契诃夫顶礼膜拜。文学圈子其实很小，具体表现是，它有时会完全失去平衡，一股风潮吹过来时，人们不会认为这只是昙花一现，而会把这看作是天地间的第一原则，于是就会莫名其妙地产生一种观念：只要你觉得自己有文学天赋，想进军短篇小说领域，你就必须模仿契诃夫。很多人对契诃夫的作品进行了高仿处理，把他小说中的一切移植到了英美的环境中，其中有俄罗斯式的伤感、俄罗斯式的神秘、俄式慵懒、俄式绝望、俄式的徒劳无功以及俄式的意志薄弱。只要把小说背景改成密歇根或者布鲁克林，就可以为自己赢得大名。我们必须承认，模仿契诃夫并非难事，这事儿我有切身体会。我的意思不是我自己模仿过，而是我跟很多模仿契诃夫的高手接触过，他们大多是来自俄罗斯的移民，他们用英文写出一些短篇，然后辗转托人交给我修改，人家让我来修改不是欣赏我的小说作品，而只是找一个会写作而且英文又过关的人而已，修改完成后，这些作品会很快在美国的文学杂志上发表。想来他们对自己的作品很是满意，因此预期很高，希望能够借助这些东

---

① 长篇小说中的人物是家人，而短篇小说里的是朋友。

西一炮走红。可是，不知什么原因，他们的预期并没有实现，于是他们会暗暗思量：是不是毛姆没有尽心尽力给我修改？随后立马儿我就看到了六月的雪花。我们说回契诃夫。我们必须得承认，契诃夫是一位很出色的短篇小说作家，但是他有着自己的局限性，而他却巧妙地把这种局限性变成了自己小说艺术的基本特点。他不会编出一个结构紧凑、充满戏剧性的故事，就是我们希望在餐桌上听到的那种，比如《遗产》和《项链》，他确实没有这方面的天赋。在生活中，他应该是一个乐观开朗、讲求实际的人；可是，作为一名作家，他却总是意志消沉、愁苦不堪，似乎人生中的激情与活力完全与他无缘。他的幽默也总是让人觉得那么痛苦，就像是一个神经敏感的人被无意触怒后的反应。他觉得生活无聊至极。他小说中的人物缺乏鲜明的个性。他似乎并不在意他们作为个体所应有的喜怒哀乐。这就会给读者一种感觉：这些人物的性格特征可以融合为一体，都像是在暗夜中游走的幽灵一般，而那种人生中充满了神秘感和虚无感，这些都是他小说中的重要特点，而很多模仿他的人都没有抓住这些特点。

我不知道如果自己试着模仿一下契诃夫会写出什么样的东西来。问题是，我压根儿就不想这样去做。我写短篇小说时尽量会做到结构紧凑，情节不断推进，而且从始至终有一条完整的叙事脉络。我觉得一个短篇小说就应该讲述一个完整的故事，不管是现实层面还是精神层面的，其他无关的枝节都不应该出现，以便保证故事本身有一种戏剧性的和谐统一。我并不怕有人批评我过于突出所谓的

"重点"。只有在故事显得完全不符合实际的时候，我们才有理由指责写作者，因为他们这时想的更多的是编造故事来增强戏剧效果，而不再考虑现实生活中的可能性。总而言之，我希望自己的短篇结尾是一个句号，而不是一连串的省略号。

我想，这也是为什么法国人能够比英国人更为客观公正地来看待契诃夫的短篇小说。我们英国小说的一个突出特点是结构松散，叙述拖沓。英国人喜欢让自己沉浸于这种鸿篇巨制、松散拖沓而又描写细致的大部头著作中，这种小说的叙述可称得上漫无边际，根本让你看不出作者在写之前做过任何的规划，而且只要提到某个人物，就会把他的前世今生都讲述一遍，也不管与小说的主题有没有关系，这种写作风格会让英国读者们感觉有一种现实感。可这些都会让法国读者感到极为不舒服。亨利·詹姆斯曾经对英国人大肆宣讲小说结构的重要性，这些让英国人很感兴趣，但却基本上没有影响他们的写作实践。事实上，他们总是对于小说结构持怀疑态度。他们觉得小说结构会让故事完全没有真实感，这种束缚让他们感到窒息，一旦写作者提前安排好了小说的结构，真实的生活就会从他们的指尖溜走。而法国评论家要求一篇小说必须有开头、发展和结尾，一个主题一定要发展出一个合乎逻辑的结局，小说中的每一个段落都应该与主题密切相关。我在写作中就遵循着这样的结构原则，这得益于我早年阅读莫泊桑的经历，也得益于我在创作剧本时的磨炼，还可能与自己的个性有关，不管怎样，结果都非常令法国读者满意。他们在我的作品中极少会感觉到矫揉造作和废话连篇。

40

　　生活中的现实很少向作家们提供一个已经成型的故事。现实最终会让作家感到厌烦。不错，生活中的各种事件能够刺激他们的想象力，但之后这些事实就会摇身一变成为权威，不断制约想象力的继续发挥。关于这种论断，最经典的例子就是司汤达的长篇小说《红与黑》。这是一部很优秀的小说，但大家普遍认为故事结尾很难使人满意。其中的原因也不难找到。司汤达是从一个真实事件中获得创作小说的灵感的，当时这一事件引起了很大的轰动：一个年轻的神学院学生杀死了一位他极度怨恨的女士，随后他被判处死刑，上了断头台。但是在主人公于连·索雷尔的身上，司汤达不仅加入了自己性格中的某些成分，而且还加入了很多自己凭空想象出来的一些东西，这些东西当然提升了他自己的形象，不过他自己也清楚，自己原本不是这个样子。他创造了一位非常有趣的小说主人公形象，这本书前四分之三的部分都很不错，主人公的行为举止具有很高的连贯性，也非常具有可信度，但是到了小说的末尾，他觉得自己必须回到那个真实存在的世界里，因为那才是小说灵感的来源。为了尊重这样一个事实，他只能牺牲人物性格的连贯性，为此他让主人公做出了很多与自身性格和智力水平完全不一致的举动，这种转变实在是过于具有颠覆性，你很难相信这是同一位主人公所为。如果你不再相信一部小说的情节，那它怎么还会对你具有吸引力呢？我们从这部小说的失败中可以吸取这样的教训：如果现实与小说主人公的性格逻辑出现了背离，你必须有勇气将所谓的现实抛诸脑后。关于司汤达如何结束这部小说会显得更好一些，我也没有具体想过，但是我基本上可以确认：他所写出的这个结尾是可能的选择中最差的一个。

经常有人指责我，说我不该用真实生活中的人物作为原型来创造小说角色，从他们的一些评论中，我发现他们似乎认为以前从没有人这样做过。这真是缺乏常识，实际上这是很常用的写作技巧。从文学诞生的那一天起，写作者就会借助原型来创造人物。司各特（Scott）一直以品性端正、道德高尚而著称，就连他也曾在自己的一本小说中十分尖刻地描绘了一下自己的父亲，在另外一本书中他又写到过一次，不过因为岁月慢慢消磨掉了他的戾气，这次的描写相对比较公允。司汤达在他的一部手稿中写下了那些为他提供了灵感的人们的名字，而这些人都是真实存在的。屠格涅夫曾说过，他在创造小说人物的一开始，必须以某位真实生活中的人物作为起点，不然就根本没办法继续下去。我怀疑那些否认自己会借助原型来塑造人物的作家，他们要么是在欺骗自己（这并非不可能。即使你不算太聪明。也一样可以成为不错的小说家），要么是在欺骗我们。如果他们说的是真话，也就是说他们在构思人物形象时脑子里确实没有出现任何现实生活中的人物，那么他们很有可能是在借助自己的记忆，而并非全然依仗自己的想象才能。难道你不觉得吗？我们在现实生活中无数次遇到过小说中出现的人物形象，只不过他们都用着其他的名字，穿着其他的衣裳。我敢说，借助生活中的原型去创造小说中的人物形象不仅普世通用，而且十分必要。我不明白为什么很多作家耻于承认这一点。就像屠格涅夫所说，要是你的头脑中没有一个真实存在的人物形象，那你就很难为你创造的人物注入活力与个性。

我需要再强调一下：不管你小说中的人物形象与真实的人物多么接近，那依然是一个创造过程。就算与我们亲密接触过的人，我们依然知之甚少，我们对他们的了解远远不足以让我们把他们转化到小说中去，而且还要保证他们的形象鲜活可信。每个人都让你琢磨不透，他的形象就像隐藏在阴影之中，我们很难将其复制，而且有时候，他的行为举止也缺乏连贯性，甚至还会相互矛盾。作家并非在复制人物原型，他只是取其所需，将注意力完全放在那些能够吸引他注意力的性格特征上。这样就可以点燃他的想象之火，以此作为起点，创建自己作品中的人物形象。是否与原型完全一致，这不是他所关心的。他真正关心的是能否取得人物个性的和谐统一，以便达到自己的目的。待小说完成之后，作品中的人物形象与原型很可能相差甚远，如果你按照小说中的描写给人物画一张像，然后拿给作者看，他会说：天哪，怎么你画的跟我脑中的形象相差那么远。

不要以为作者选取的小说原型一定就是他们非常熟悉的人，也许这人只是在茶馆里跟作者偶然谋面，也可能是在某艘轮船的吸烟室里一起抽过烟。他所需要的只是那一点生命力旺盛的小嫩芽，而其他的部分就要靠他自己来添加，那依靠的是作者的人生经历、对人性的了解以及与生俱来的创作本能。

如果原型人物对自己在小说中的形象并不反感，那一切就应该说是一帆风顺。人们的自我意识极强，要是他们跟某位作家有过一面之缘，他们就会留意查看这些作家会不会在作品中描写他们。要是他们觉得某部小说中的某个人物就是以自己为原型的，那他们的关注点就会完全聚焦在这个人物身上。要是这个人物有那么一点点的不完美，他们就会觉得受到了不公正待遇。尽管他们也能够发现朋友身上的某些缺点，也可以毫无顾忌地调笑戏谑一番，可是他们绝对受不了自己身上的这些缺点和毛病，他们会满腔怒火，下决心一定要找那位作家理论理论。更糟糕的是，他们还会有那种所谓的好朋友，这些朋友听说了这种事，会虚情假意地表示义愤填膺，然后假模假样地寄予同情，这不但不能使当事人心里好受，反而会让他们更加愤愤不平。这里面会牵涉很多子虚乌有的各种谣言。我听很多女士说，她们曾经与我有过交集，当时她们对我非常友好，可是随后就指责我不该忘恩负义，在自己的小说里把她们描写成那副样子。这可是天大的冤枉！我不仅没有和她们交往过，而且很有可能连听说都没有听说过她们。看到这里，很多同行可能要会心一笑，因为他们也有过类似的遭遇。这些可怜的女士一定生活空虚，而且极度虚荣，她们就是要想当然地以为小说中的某个人物是以她们为原型的，这样就可以在自己的小圈子里赢得一点儿小名声。

有时候，作者会选择一位平常人，然后借其创造一个高贵、自制而且颇有勇气的人物形象，那他肯定是在这个人身上看到了这些闪光点，而长期与他接触的人竟然对此视而不见。奇怪的是，这个人物原型并不会很快被人认出来，而只有当你把一个人刻画得满身缺点、举止荒唐时，人们才会马上想对号入座。我由此很不情愿地得出这样的结论：我们对朋友的了解更多的是基于缺陷，而非优点。一般来说，作者无意冒犯任何人，他会竭尽所能来保护人物原型，他会把自己创造的人物形象放在不同的地点，给他们一种不一样的谋生手段，或者让他们身处不一样的阶层，但最难改变的就是人物的外貌。一个人的外貌特征会影响他的性格，反过来说，一个人的性格特征也会或多或少地反映在他的外貌上。你不能让一个高个子陡降二十公分，却依然保持他原有的性格。一个人身高的变化会影响他对周围环境的认知，从而改变他的性格倾向。与此类似，你也无法将一个娇小的黑发女子描写成一位身材高挑的金发女郎。你应该尽量客观地对她进行描写，不然就失去了把她作为原型的意义。但是没有人有权利指着书中的一个人名说，这就是照着我的样子写的，他最多只能说，我为这个人物形象提供了些许灵感。不管书中对他是怎样的一番描写，他都应该产生浓厚的兴趣，而不是产生冲天的怒气，作家特有的观察力与创造力会让你更加了解自己，这不管怎么说都是有益的。

41

文学界不太重视我的作品，我觉得这也很自然。在戏剧领域我已经在传统模式中找到了自己的位置，而作为一位小说作家我似乎穿越回了史前时代，变成了一个擅长讲故事的人，每到夜晚时，人们就会聚在山洞里的篝火旁听我大讲特讲。我肚子里确实有很多故事可以讲给大家听，而我对于讲故事这件事一直乐在其中。对我来说，这不仅是一种谋生手段，它本身就是我的人生目的之一。可有些时候让我感到很不幸的是，故事常常会被那些所谓的高级知识分子瞧不起，我曾读过很多关于小说艺术的书，在所有这些书里，他们都很轻视情节这一因素。（随便提一句，我无法理解那些自认为聪明的文学理论家为什么要在故事和情节之间做出严格的划分，在我看来，这两者之间的差别并非经纬分明，情节只不过是故事的组织方式而已。）从这些书中，你会感觉情节会阻碍有天赋的作家去尽情发挥他们的才智，同时也是在向愚蠢的大众需求做出妥协。实际上有时候你可能会认为最好的小说家都是一些散文作家，那些真正完美的短篇故事只能出白兰姆（Charles Lamb）和哈兹里特（Hazlitt）之手。

对于人类来说，听故事的快感十分自然，就像我们在看舞蹈的时候会自然而然地跟着模仿，并想象其中讲了一个怎样的故事。要说明这种情况，最合适的例子就是侦探小说的盛行，就算是那些思想最有深度的知识分子都会去读侦探小说，尽管读的时候还稍微带着一点不屑，但毕竟还是读了。尽管他们对那些注重心理描写的小说和富有教育意义的小说推崇备至，但却知道这些无法给他们带来像读侦探小说那样的快感。有很多作家确实很聪明，他们脑子里有很多话要说，而且都算是真知灼见，同时他们也善于创造栩栩如生的人物形象，但是思想有了，人物有了，下边他就不知道怎么办了，换句话说，他们就是编不出一个像样的故事来。情急之下（在这些作家中一定存在数量不少的骗子），他们会充分利用自己的这种缺陷，要么他会大言不惭地对读者说，故事你们自己去想象，我要告诉你们了，你们会印象不深；要么会指责读者：看我的小说，你怎么能老想着听故事？简直是在贬低我！他们声称，在实际生活中故事根本不会结束，没有什么情景会出现圆满的结局。如果故事里面哪些地方没讲清楚，没说明白，那正好给你们留下了悬念，给你们足够的思考空间，这种说法并不全对，就算有可取之处，但也不能成为讲不好故事的借口。

小说家也属于艺术家的一种，而艺术家不会一成不变地复制生活场景，他在其中一定会做出一些巧妙的安排，来达到自己本来的目的。画家是在用自己的画笔和颜料进行思考，而小说家进行思考的工具就是他所讲述的故事。他的人生态度和个人品质都会在一系列的人物行动中体现出来，尽管他自己完全意识不到。如果你有机会重温过去的艺术杰作，你会轻而易举地发现，艺术家很少特别看重现实主义，整体来说，他们会把自然当成一种正式的装饰品，只有当他们感觉自己的想象力已经走得太远，有必要回头重返现实的时候，他们才会直接去复制自然状态的生活。在绘画和雕塑中，有人会这样认为：如果作品过于接近现实，那他将意味着一个学派的衰落。在菲狄亚斯（Phidias）的人物雕塑作品中，你会看到《望楼的阿波罗》(the Apollo Belvedere)的无聊乏味；在拉斐尔（Raphael）为波尔塞纳显现的神迹（Miracle at Bolsano）所作的画中，也能看到布格罗（Bouguereau）的毫无生气。艺术只有通过在自然状态上强加一种新的传统，才能够获得新的活力。

但我只不过是随便说说。

读者在读小说的时候，急切地想知道那些引起他们兴趣的人物后来怎么样了，这是一种再自然不过的人类需求，而通过情节，人们就可以满足这样的需求。很显然，编一个好故事不是一件容易的事，但是你不能因为这样做很难，就借口故事不重要来逃避这份责任。为了小说主题的需要，故事的整体必须有连贯性和足够的可能性，它必须能够展现人物性格的发展，这是我们现代小说重点关注的话题。故事应该具有完整性，这样，当小说的画卷完全展开后，读者应该已经对一切了然于胸，不会对人物产生更多的疑问。就像亚里士多德所构建的喜剧理论一样,它应该有开始,有发展,有结尾。很多人似乎没有意识到情节的重要作用，它就是一条主线，可以引导着读者的兴趣沿着你所期望的方向一直走下去。这很有可能是小说中最为重要的内容，因为正是通过对读者的兴趣进行引导，作者才能够带领读者一页一页不断向前，同时诱导出读者心中所应该有的一些情绪。作者会经常使用一些不正当手段，但是他绝对不能让读者看穿，通过对情节的巧妙设计，他可以一直吸引着读者的注意力。因此，读者做梦也想不到作者在他们身上所施加的暴力因素。我现在正在写的并不是一本关于小说技巧的专著，所以，在此无需列举出小说家经常使用的各种技巧，但是如果你想知道引导读者兴趣点这种方式会多么有效，以及如果忽略这一点会对小说造成什么伤害，你可以去阅读《理智与情感》和《情感教育》。简·奥斯丁（Jane Austen）紧紧地掌控住了读者的阅读兴趣，让他们沿着自己设计的并不复杂的故事情节一直读下去，这样读者就会不断加深自己脑中的印象：艾丽诺（Elinor）是一个假正经，玛丽安（Marianne）是个笨蛋，里面的三位男士只不过是没有生命的木偶。福楼拜的目的是要创造一种严格的客观性,因此他对读者兴趣的引导少之又少，这样读者就不太会去关心众多人物的命运，这就使得他的小说很难卒读。我想不到还有哪位作家在小说写作中有那么多优点，却给人留下相对模糊的印象。

42

我二十岁的时候，文学批评家说我的写作技法过于粗糙；三十岁的时候，他们说我过于轻浮；四十岁的时候，他们说我讽刺意味太强；五十岁的时候，他们开始承认我的写作能力；现在我六十岁了，他们又说我过于肤浅。我走的是一条自己规划的路线，一直在用作品去把自己喜欢的文学类型全部尝试一遍。我觉得，一个作家还是应该读一点儿文学评论，完全不去读是非常不明智的，你要不断地磨练自己，不会被他们捧杀，也不会被他们骂杀，这对你的写作生涯大有好处。当然，如果有人说你是天才，把你夸得跟一朵花儿似的，你可以耸一耸肩，一笑而过，保证绝对不会抽风，这要做起来似乎不是太难；可是，如果有人骂你是个笨蛋，你要再想一笑而过，那就需要极高的修养了。

我对文学批评史大致有所了解，整体看下来，有一点我可以确信：很多当代评论全是胡扯。如果你想做个研究，讨论一下一位作家应该在多大程度上重视对于自己作品的评论，而在多大程度上应该对它置之不理，这将是一个很不错的选题，你要是能把这些搞清楚了，那将是你研究能力的最好证明。由于各位评论家的意见大相径庭，所以作家很难对自己在写作中的优缺点得出一个明确的结论。在英国，评论家一般瞧不起小说，这是一种自然趋势，如果一位不怎么出名的政客写了一本自传，或者有人为名噪一时的交际花写了一本传记，这些都可以引起评论界的高度关注；而你就算写了好几本小说，也只会有少数几位评论者会打包把你这些作品写上几句评语，而且还要看这些东西合不合他们的胃口，值不值得他们花费时间。事实很清楚：英国人只对能够传递信息的作品感兴趣，对那些所谓艺术作品的关注度就要相形见绌了。这就很难使小说家们能够从评论中获得启发，以有利于自己的进一步发展。

很遗憾，在本世纪，英国文学界没有一位可以和圣伯夫（Sainte-Beuve）、马修·阿诺德（Matthew Arnold）或者布吕纳第耶（Brunetiere）同等水平的评论家。当然现在的评论家也确实不应该把主要精力放在当代文学上，如果我们根据刚才提到的三位来进行判断的话，假如他们把全部精力都放在现代文学上，那么也不会对当代的作家产生直接的影响。我们都知道圣伯夫一直渴望成功，却从未得到过，因此心怀嫉恨，对他的同时代人评价并不公允。阿诺德在评论同时期的法国作家时判断标准有很大的偏差，我觉得他如果来评论同时期的英国作家，情况也不会好多少。布吕纳第耶对作家完全没有宽容之心，他用一些严苛而又一成不变的规则来评判作家作品，他无法看到那些心中怀着远大目标的作家身上的长处，他对此完全不予同情。他的性格异常强硬，这能够给他一种影响力，但是他的才能却与此不相称。不管怎么说，作家总是能够从一直关注文学的评论家身上学到很多东西，就算他们憎恨评论家，他们也会出于反抗的意识为自己的写作目的详加阐释。评论家会激起作家心中的兴奋点，让他们在写东西的时候更加严肃地对待自己的作品。

在柏拉图的《对话录》中，他似乎想要说明我们不可能做出公正的评判，但实际上他所说的只能表明苏格拉底的批评方式有时会显得过分。有一种批评显而易见非常无用，这指的是，一位评论家为了补偿自己在年轻时所遭受的屈辱，于是也会用类似的方式来羞辱年轻人。这样，写评论成了他找回自尊的一种方式。这就像是校园暴力所造成的恶性循环。刚刚入学时你会被高年级的同学欺负，忍辱负重之下，一旦你变成了高年级学生，就会迫不及待地欺负这时刚入学的新生。这类评论家也是一样，他们在乎的不是作品的真实水平，而是批评他人给自己带来的心理安慰。

在现在的文艺圈里，我们急需有一位有权威的评论家，因为现在的文艺界乱象丛生。我们会看到，作曲家在讲故事，画家在进行哲学思辨，而小说家则一味地进行说教，诗人写出来的越来越不像诗，而散文作家却一门心思地想着如果取得诗的韵律和节奏。这时候急需有人站出来，重新界定这几种艺术形式，警告那些误入歧途的艺术家们：如果他们再这样胡乱尝试，最终只会越来越迷茫。当然，我们不能期望过高，很难有人在这几项艺术种类中都具有同样的能力，只要人们有需求，就会有人来满足他们。我坚信，在不远的将来，会有一位评论家站出来坐上曾经圣伯夫和阿诺德占据的位置。他们可做的事情很多。

我最近读过几本书，书中有人提出应该创立一门严谨的学科，专门用来研究文艺批评和文艺评论，他们言之凿凿，但却没能使我信服。依照我的想法，文艺评论是一种个人行为，而且文艺评论家最好能够有高尚的人格，他不要把自己的行为看作是创造性的，因为这样做很危险，他的主要工作是去引导，去鼓励，去指出新的创作方向。如果他把自己的工作看作是创造性的，那么他脑子里所想的就会是去创作（这是人类活动中最为激荡人心的一种），从而忘记了自己原有的职责。我这样说的意思不是不允许他们去搞创作，他们可以去写剧本，写小说或者写诗歌，因为不拿起笔来写点儿什么，他们也不会知道创作是一个怎样的过程。但是他绝对不要以此作为主业，那样就会妨碍他成为伟大的评论家。现在的文艺评论就是这种情况，那些评论文章读起来要么言之无物，要么过于偏激有失公允，这都是因为写作者不是专职的评论家，而是专职作家所创造出的副产品。他们必须把进行文艺评论看成是最值得做的事。伟大的评论家，不仅要有渊博的学识还要有悲悯之心，他们不能总是超然物外，对一切要么漠不关心，要么嫉妒，而是应该有包容之心，看到富有创新性的作品就会欣喜若狂，忍不住要拿出来跟人分享。他不仅应该是心理学家，也应该是生理学家，他必须明了文学的各个要素如何作用于人的身心，他还必须是一个哲学家，因为从哲学中他可以学到如何保持内心宁静，评断公允，以及世界一切之变化无常。而且他也不能只是了解本国的文学状况，他要对别国的文学了如指掌，对本国的古代文学也有很深的造诣，这样他才能清楚地看到文学发展的大趋势，从而对本国人提出有益的指导。他必须重视传统，因为一个国家的文化传统蕴含了这个民族的独特个性，同时他应该尽力促进本国文学朝着一个方向自然发展。传统的作用应该是一位导游，而不应该是监狱长，它的作用是引导，而不是约束。作为一名优秀的评论家，他必须充满耐心，意志坚定且富于激情。他在读每一本书的时候都像是经历一次新鲜刺激的冒险，他对作品进行判断的依据是他那渊博的学识和自己的人格力量。实际上，伟大的评论家首先就应该是一位伟大之人，他从一开始就应该意识到，自己的作品虽然意义重大但却没有永恒的价值，只是在一时一地对具体情境产生实际影响。他的最终目的是影响当时的文艺界，新的一代人会慢慢崛起，他们会有新的需求，走出一条新的道路，这时他会感觉自己已经失去了评判能力，于是便可以心甘情愿地看着自己写过的文章被扔进垃圾箱。

如果他真的认为文学是人类重要的精神食粮，他就会无悔自己这样的一生。

43

　　人类有非常强烈的自我中心意识，这使得他们很难接受毫无意义的人生。一个人可能花费了很长时间去为某种所谓更高级的力量而努力奋斗，他可以自我吹嘘：自己已经为此做出了巨大贡献。但是如果有一天，当他沮丧地发现自己已经无法再继续相信这种力量的价值时，他就会去寻求其他能够给他带来生活意义的目标。他会构建某种更为超脱的价值观念，以使自己的目光超越眼前的苟且，向更远的地方延展。时代的智者们选择了三种他们认为最有价值的观念，不断追求这些观念的过程似乎可以给人生带来某种意义。尽管我们大可怀疑这些观念同样具有生物学上的功利目的，但是，至少从表面上来看，这些目标都与个人利益无关，这样就可以给人们一种幻觉，仿佛通过对这些的追求，人类可以借机逃离人性的枷锁。这些目标到底在精神层面上有多么重要，他们本来的想法也摇摆不定，但由于目标本身的高贵品质，他们的信心开始有所增强。不管追求的结果如何，至少这一过程使他们的努力显得没有白费。人生在世就像生活在广袤无垠的荒漠中，只要发现一片绿洲，他们就会朝那里迈进，因为他们知道，没有其他更有吸引力的地方。在艰险的旅途中，人们在不断地宽慰自己：不管怎样，寻找绿洲都是一次有意义的探险，只有在那里才能找到人生问题的答案，才能获得内心的安宁。绕了这么一大圈儿，我现在马上揭晓这三种值得追求的价值观念，它们分别是：真、美、善。

依我所见，所谓"真"之所以能够成为这三种价值观念的头一位，其实完全是一种文字修辞方面的需要。人类在发明这个词的时候，在其中加入了很多道德内涵，比如勇气、荣誉以及精神上的独立。这些都可以通过对真理的不懈追求而体现出来，但是在这一过程中，这些品质已经与真理没有了多少联系。人们只是发现，寻找真理的过程能够最好地体现个人价值，于是在这一过程中不管有多大的牺牲，也都可以坦然接受了。所以你可以从中看出，这时人们的兴趣在于他们自己，而不是真理本身。如果真理本身是一种价值观的话，那么它的价值就在于这个关键字——"真"，而不在于说出这一真理的人有多大的勇气。但实际上真理变成了能够体现人类判断力的工具，所以人们更为看重的是其在反映人类判断力方面的价值，而不在于它自身。如果一座桥连接的是两个大城市，而另一座连接的是两块荒地，自然大多数人会认为第一座更为重要一些。如果真理属于终极价值，现实情况却是：几乎没有人了解到底真理到底是什么东西，这不是很奇怪吗？哲学家们还在讨论真理的定义，而持有不同观点的人们会相互之间大加讽刺，在这样的环境中，我们普通人只能任由这些人去争斗，只要我们自己有自己对真理的理解，并且能自圆其说就可以了。这是一种很折衷的办法，只要能够设法维护某些特定存在物的价值就好。这是一种对于事实丝毫不加掩饰的表达方式。如果这也算一种价值观念的话，人们必须承认，很多时候它早已被我们抛到了脑后。那些讨论道德观念的书会列举出一长串的情景，表明真理在这些情况下可以被有理有据地隐瞒起来。这些书的作者本可以不必这样欲盖弥彰，因为各个时代的智者早已断定：并非真话都好听。为了自己的虚荣、舒适和其他好处，人类在很多时候都会牺牲真相。他并不靠真相来维持生活，而是靠自己编造出来的现实，他所谓的理想，只不过是努力将"真理"这样一个看起来金光灿灿的标签贴在他所创造的情节上，以满足自己过分膨胀的自尊心。

44

"美"这个字眼相对来说处境就不那么尴尬。很多年来,我一直认为,只要有了对美的追寻,人生就有了充足的意义。在这个蓝色星球上,一代又一代的人前仆后继,他们必然有着一种什么使命,或是想达到某种目的,而唯一能够让我信服的目的就是不时产生出一些伟大的艺术家。我断定,艺术作品是人类行为所产生的至高无上的创造物,有了它们,人类所有的苦难、无尽的劳作以及不断的追寻便都可以得到合理的解释。所以,米开朗基罗会在西斯廷大教堂的穹顶上绘制出数不清的人物形象,莎士比亚会在自己的剧本中写下那么多振聋发聩的演讲词,而济慈也会写下无数的优美颂歌,这些在我看来已经足够。千百万人无声无息地苟且,在世间忍受苦难,最后撒手人寰,似乎也没什么值得可惜的。后来我的思想有所改变,目光不再仅仅关注那些完美的艺术作品,也将其中所包含的美好生活包括了进去,这样可以让我显得更加体察民情,但实际上我所珍视的依然在于"美"这个字。但是现在,这些观念也早已被我摒弃，具体原因如下：

首先，我发现，美是一个休止符。当我认定某事某物极富美感时，自己唯一能做的只是带着崇敬之心站在它的面前凝神观看，啧啧称赞它带给我近乎完美的享受，但我却无法长久保存这种感受，也无法将其无数次地复现在眼前，因此，即使是世上最完美的艺术品，最终也只能使我感到厌倦。后来我发现，自己要想得到更为持久的满足感，似乎更应该多多欣赏一个正在努力使技法臻于完美的艺术家的作品，正因为他们还没有达到完美之境，所以允许我的想象力在其中自由驰骋。如果一件作品已经到达完美之境地，一切都已蕴含其中，我就感觉自己的头脑已经无事可做。而我一刻也不想让自己的头脑停歇，所以会厌倦那些被动的欣赏。在我看来，完美之美就像一座山的顶峰，如果你已经征服了这座高山，那唯一能做的就是一步一步走下来，直到山脚为止。所以，完美虽值得追求，但却让人感觉无福消受。我并非故意对我们的生活语含讥讽，但现实情况确实是，偷着不如偷不着，追到不如追不到。如果你是登山爱好者，挑战珠峰时，爬到8840米的时候就应该准备下山，这样的你才算有大智慧。

据我推测，谈到美，不管是精神层面还是物质层面（更多的时候我们指的是物质层面），那它一定可以满足我们的审美趣味。但是这听起来有点儿像废话，就像你想知道水有哪些特性，别人告诉你：如果你把手伸进水里，你的手就湿了。我读过很多相关的书，想要找到一些艺术界权威通俗易懂地对我进行艺术方面的指导。我知道很多人都醉心于艺术，对此造诣很深，我跟他们其中一些人也有过亲密接触，可让我担心的是，不管是从他们身上，还是从那些书里，我都没有学到太多对我产生很大益处的东西。其中有一件事让我十分好奇，而且它时常在我眼前出现，让我无法忽略，那就是在审美过程中没有永恒之说。博物馆里陈列着数之不尽的艺术作品，在某个时代它们被认为美不胜收，可现在我们看来会觉得它们毫无价值。在我现在生活的年代，我也亲眼目睹了一些诗歌或者绘画在人们心目中逐渐失去美感的过程，这就像是清晨的白霜，乍看起来晶莹剔透，笼罩原野，可太阳升起来后瞬间融化在阳光里，难寻踪迹。尽管我们人类极其自负，但即使这样我们也很难认为我们对美感的判断有任何终极价值。我们现在认为美轮美奂的，极有可能被将来的某一代人所嘲笑；而我们所嗤之以鼻的，在过去和将来都有可能受到无限的追捧。似乎我们只能得出这样的结论：美只是某个特定时代的产物，如果想找出绝对之美，那必将会徒劳无功。即便承认美是能够给人生带来重大意义的价值观念，那也必须提前声明：美的标准时刻处在变化之中，因此无法进行定时定量的分析说明。我们和先人的审美趣味很难一致，就像是我们无法闻到他们当时闻到的玫瑰花香一样。

我曾试图从审美专家所写的著作中去寻找，人性中有什么可以使我们得到美的感觉？那些感觉到底是一种什么东西？经常有人谈论审美本能，这个术语经常能够使它在人类的原始动机中占据一席之地，就像饥饿感和性欲一样，同时又使它具有了一种特殊的品质，能够满足人类在哲学层面上对于统一性的不懈追求。所以审美的根源出自于表达的本能、旺盛的活力以及对于绝对观念的神秘感觉，也许还有什么因素，但现在我连名字都叫不出来。以我的浅见，这完全不是一种本能，而是一种身心状态，从某方面来说它基于一些很强烈的本能，但又结合了人类的一些特性。这些特性是进化过程的结果，就是说它们在我们生存的各种环境下逐渐产生。有人说这与性本能有很大关联，这似乎也是事实，因为很多人都承认，那些具有独特审美趣味的人在性生活方面都会离经叛道，走向极端，甚至到了病态的程度。回过头来继续讨论身心状态：在我们的身心构造中还有一些东西能够释放出特殊的音调、节奏和色彩，这些会深深地吸引住其他人，所以，在我们所认为的美好事物中，肯定有生理方面的因素。同时，我们之所以能够在某些特定事物上找到美感，是因为他们让我们回忆起了我们曾经的爱，不管是人物、地方，或者某种情景，或者时光的流逝已经为我们带来了一种多愁善感的韵味。换言之，事物之美在于我们曾经相识。另外还有一种与此截然相反的情况：有些事物非常新奇，会让我们惊叹不已，这同样能够带来美感。所有这些都说明，只要与某种事物建立了某种联系，不管是相似性还是差异性，这种联系都会影响我们的审美情趣，也只有这种联系才可以解释丑陋所带来的审美价值。我没听说过有人研究过时间对于美感体验的影响，但我觉得这是一个很有讨论价值的话题。并非我们生来就能认识到某些事物具有美感，实际上，以往每个时代的人们从中所获得的快感都会叠加到这件作品本来的美感之上，我想这就是为什么有些作品现在看来属于绝对的经典，其美感不言而喻，但是当它刚刚问世的时候却默默无闻，很少能引起人们的重视。在我的观念里，我们现在所认为的济慈的颂歌之美要远远高于他刚刚写出来的时候，在这段时间里，有那么多人从中获得了前进的力量或者心灵的慰藉，这些情感都会使它本身的美感更加丰富。所以，由此可以看出，审美体验绝非简单之事，实际上，它极为复杂，包含了各种因素，这些因素有时还会互相冲突。也许在看到一幅油画或听到一场交响乐时，你回想起了一个久违的场景，因此让你的心中充满了感动，或者让你的心瞬间融化，于是泪水夺眶而出，或者通过你丰富的联想将自己带入了一种神秘的狂热之中，这些都很有可能发生。如果某些所谓的审美专家告诉你，你现在应该理性分析绘画或者音乐在结构或者技法方面的高明之处，而不要沉迷于个人的情感之中，因为这样做不符合审美规律，那他们真是不讲道理。很多时候审美体验就是这样发生的，这是我们审美情感中不可缺少的一部分，和他们所提的那些同等重要。

那么一个人面对一件伟大的艺术作品时到底会是什么反应呢？一个人在欣赏绘画或者聆听音乐时会是一种什么感受呢？举个例子吧，如果我正在卢浮宫欣赏提香的《埋葬耶稣》或者在歌剧院欣赏瓦格纳《纽伦堡的名歌手》中的五重唱，我当然知道自己会是什么感受，那自然很兴奋，而且会让你欢欣鼓舞，这种感觉中会包含一些理性因素，比如对于创作者技法的惊叹，但同时也充满了感官享受。这是一种极其幸福的感觉，我仿佛在其中获得了一股力量，让我能够从世俗的羁绊中得到解放；同时我的心变得十分柔软，充满了对受苦受难者的怜悯与同情；我还感觉很放松，心境平和，超然物外。实际上，在有些情况下，某些绘画、雕塑或者音乐会让我变得情绪激动，那种感觉很难用文字来描述，如果非要我描述的话，我想到了某些神秘主义者曾描写过他们与上帝相互沟通时的感受，我只好借用他们的言辞。这就是我为什么一直认为，通神的感觉不仅仅是宗教的专利，除了祈祷和斋戒之外，你还可以找到其他途径。这个问题到此还不算完，我曾进一步问过自己：这种情感到底有什么用？毋庸置疑，它让人感到身心愉悦，而身心愉悦本身肯定不是什么坏事，但是这种愉悦为什么会比其他的类似感觉更为高级呢？在有些人看来，它们的地位十分崇高，用"愉悦"两字来描述不免有贬低之嫌。边沁曾经说过，身心愉悦没有高低贵贱之分，只要程度相同，儿童追逐打闹和纵情朗诵诗歌没有什么区别。按照我们上面的理论，边沁岂不是很傻？神秘主义者倒是就这一问题给出了确凿无疑的答案：他们认为，身心愉悦本身并没有任何价值，除非它能够强化人的品质，并使人们更有能力采取正确的行动。这就是说，身心愉悦的价值在于它所起到的实际作用。

我有幸接触过很多具有很高审美能力的人。我说的不是艺术创作者，在我看来，艺术创作者和艺术欣赏者大不相同：创作者之所以要进行创作，是因为他们的内心有一种冲动，要将自己的个性特征形之于外，他们可不管自己能创作出什么东西来，如果碰巧他们的作品中富有美感，那纯属偶然事件，这才不是他们创作的目的，他们的目的是要卸下精神上的重担，让自己的灵魂得到解脱。他们会采用各种手段，要么是笔，要么是颜料，要么是泥土，要么是乐器，这要看他们在哪方面擅长了。我现在要说的是那些把欣赏和研究艺术作为自己毕生事业的人。我实在找不出崇拜这些人的理由，他们极度虚荣又狂妄自大，虽然自己缺少一些生活中所必需的基本技能，他们却胆敢瞧不起那些由于生活所迫而中规中矩履行职责的淳朴劳动者。只是因为多读了几本书，多看了几幅画，他们就开始洋洋得意，自诩高不可攀。艺术只是他们用来逃离现实生活的一种工具，他们瞧不上世间任何平凡的东西，否认人类各种基础活动的价值，比如做工或者种地。他们和那些瘾君子一样可恶，也许他们会显得更可恶一些，因为那些瘾君子们从没有想过给自己找一个底座，然后站在上面傲视芸芸众生。艺术的价值就像神秘路径的价值，主要看它的效果如何。如果它只是带来身心的愉悦，这种愉悦不管在精神层面上有多大好处，它都没有多大意义，甚至都不如美酒佳肴的意义更大一些，如果它能够带来的是一种慰藉，那倒是不错，这个世界上充满了难以逃脱的罪恶，人类有必要不时找个避难所，来让自己暂时躲避世间的纷扰。但是，不能只是一味逃脱，人们还应该从这些作品中找到新鲜的力量，来勇敢面对现实。如果艺术被认为是人生中最有价值的东西，那它必须教给人们谦卑、宽容、智慧与慷慨。因此，艺术的价值并非在于美感，而在于激发正确的行动。

如果审美是我们人生中的一项重要价值，那么假如有人说，能够让人类欣赏艺术作品的审美意识只是某一个阶级的专利，这似乎很难让人信服。如果只有少数人才拥有对艺术的欣赏能力，那我们很难相信这样的艺术会是人生的必需品，但是有一些美学家就是这样宣称的。我不得不承认，年轻时的我简直愚不可及，当我思考与艺术相关的问题（我把自然之美也看成是一种艺术，因为这种美感也是由人类创造出来的，就像人类绘画或者作曲一样）时，我会把它们看作人类智慧的最高表现，也是人类存在的最好证明，只有少数精英才有能力去欣赏它，这种想法让我有一种特殊的满足感。这种观念在我内心盘桓了很长时间，但最终还是被我抛弃了。现在的我坚信，如果某种艺术只是一小撮儿人的世袭封地，其他人根本无缘涉足，那这样一种艺术表达方式以及以此作为炫耀资本的那些人几乎完全不值一提。艺术只有在人类整体都可以欣赏的情况下才有意义，才是真正伟大的艺术，只在一个小圈子里流行的艺术只不过是一种高雅的玩物，有它不多，没它不少。我不知道为什么要严格区分古代艺术和现代艺术，它们都是艺术作品，没有太多不同。艺术本身有着无穷的生命力。如果有人试图通过详细阐述其历史的、文化的和考古方面的价值，来赋予某件艺术品鲜活的生命，那样做真的没有任何意义。我才不会去关心一座雕像是古希腊人的杰作，还是某位现代法国艺术家雕刻的，唯一重要的是它在此时此地给我们带来了审美的快感，而这种快感又能够激励我们去采取正确的行动。如果你不想让某件艺术作品只成为一种自我陶醉的工具或者自高自大的来源，那它必须能够有助于培养你的良好品性，并使你更有可能采取正确的行动。因为我不善于做逻辑上的演绎法，因此我别无选择，只能接受这样一种结论，那就是说，一件艺术作品必须由它所造成的结果来进行判断，如果结果并不让人满意，那只能证明它的价值不高。一位艺术家只有在无意中才能取得这样的效果，这一事实听起来很奇怪，但作为事物本质的一方面却必须被接受，而且我也无法给出合理的解释。你不想教育别人的时候反而最有可能产生实实在在的教育意义，这就是有心栽花花不活，无心插柳柳成荫。举个例子来说，蜜蜂辛辛苦苦制作蜂蜡完全是为了自己的需要，谁能想到，人类却将它用作了各种不同的用途。

45

从上面的分析中我们可以看出，真和美似乎都不具有真正内在的价值,那么善又是怎样一种情况呢？在我分析"善"这个字之前，我要先说一说"爱"，因为有些哲学家认为，两者可以相互包容，而且把爱看作是人类的最高价值。柏拉图主义和基督教的价值观相互融合，赋予了爱一种神秘的意义，这个字的内涵能够让人产生一种感觉，让我们觉得它比一般意义上的善更激动人心，而相比起来，善显得有些枯燥乏味。爱有两种含义，一种是最为简单质朴的，说得更直白一些就是两性之爱，还有一种我们称之为仁慈之爱。我觉得，就算柏拉图也没能将二者严格地区分开来。他似乎把伴随着两性之爱产生的那种亢奋、那种力量感以及被提升的活力归结为另外一种爱的形式，他称之为天堂之爱，而我更倾向于称之为仁慈之爱；当然，这就免不了要沾染上尘世之爱那无法根除掉的邪恶，因为尘世之爱会过期，也会消失得无影无踪。人世间最大的悲哀不是人类的灭亡，而是人与人之间没有了爱作为纽带。如果你所爱的人不再爱你了，不管怎么说，这都是人生中的一种不幸，而且，你基本上对此无计可施。拉·罗什弗科发现，如果有一对恋人，其中一位深爱着对方，而对方只是被动地接受而绝少付出，那这样的一种不协调必然会使他们无法在爱情中获得完全的幸福。不管人们多么讨厌这种事实，多么愤怒地想要否认它的存在，毋庸置疑，情爱都根源于人体性腺的某些分泌物。对于绝大多数人来说，如果一直面对着同一个人，那我们很难从中获得无限的欢愉。随着时光的流逝，两人之间的吸引力会逐渐变小，这是因为那种性腺已经日渐萎缩。对于这一点，人类不敢面对事实，他们在不断地欺骗自己，认为爱情会转变成一种稳固而持久的情感，并心安理得，全盘加以接受。情感？真是可笑！这和爱情有什么关系？情感就是一种生活习惯、一种找到共同爱好的感觉、一种安逸的状态以及渴望有人陪伴的需求。那是一种舒适的感觉，早已没有了爱情所带来的巨大喜悦。我们生来喜欢改变，改变对于我们来说就像每时每刻呼吸的空气一样必不可少。有没有这种可能：因为获得爱情的冲动如此之强烈，而且又是我们本能中根深蒂固的一部分，因此它需要从法律的束缚中解脱出来？今年的我们肯定和去年不是同一个人，而我们所爱的人也会有相应的变化，如果改变后的我们还能继续爱着对方，那真是一种幸运的巧合。但其实，对于大部分人来说，只要我们有所改变，我们就会重新寻找我们所爱之人，为此，我们会奋不顾身，而在别人看来却非常可怜。当我们刚刚坠入爱河时，爱情的力量显得无比强大，我们会自然而然地认为这段爱情将会天长地久；一旦爱火将要熄灭，我们将感到羞耻，感到上当受骗，责备自己过于软弱，岂不知，我们应该接受心灵的改变，因为这是人性发展的自然结果。人类的各种体验使他们把爱情与其他相互交织的情感紧紧相连，他们有时会对此会产生怀疑，忽而赞美，忽而诅咒，而这两种截然相反的态度其实就在转瞬之间。人类的灵魂在不断争取自由，他们通常会把这种爱情中的自我付出的看成是一种无耻的堕落。这种情感所带来的喜悦将会是人类情感的极致，但却很少算得上纯粹。爱情所抒写出的每一个故事基本上都会有一个悲惨的结局。很多人都讨厌爱情的力量，愤怒地期盼能够从这种负担中挣脱出来。他们曾经热烈地拥抱爱情所带来的锁链，但同时也知道这种锁链的本质，从而又心生恨意。爱情并非总是盲目的，如果你全身心地爱上了一个你明知不值得去爱的人，那这段爱情所带来的痛楚简直无与伦比。

与两性之爱相比，仁慈之爱就没有这种转瞬即逝的色彩，而这一特点是两性之爱与生俱来的缺陷。当然，仁慈之爱中并非完全没有性爱的因素，这就像是两人在跳舞，一个人在跳舞时可以从那种有节奏的动作中获得莫大的快感，但他却不必总想着与舞伴上床。只要你对跳舞一直保持着浓厚的兴趣，那就是一种有益的锻炼。在仁慈之爱中，性爱本能得到了升华，并为之涂上了一层温暖而又极具活力的色彩。仁慈之爱属于善的一部分，也是其中最使人身心愉悦的一部分，它使得人的善良本能在其严苛的本质之外增加了优雅的气度，也使人们在做出善行的过程中不显得那么艰难，因为善良本能中所包含的一些道德因素固然形象高大，却会让人感觉望而却步，比如自律、自我约束、耐心、规则以及容忍，这些都是在履行善良职责时不可缺少的，但却偏于被动，不那么激动人心。良善可以说是这个表象世界中唯一可以被看作终极目标的价值观念，道德便是它最好的奖赏。很抱歉最终得出的结论却如此平淡无奇，我确实为此感到羞愧，我本性中有那种"语不惊人死不休"的恶劣品质，我本可以用一句震撼人心又模棱两可的话来结束这本书，或者最后加上一条愤世嫉俗的妙语，我的忠实读者们很快就能够看出其中的奥秘，呵呵一笑，掩卷而去。我以前经常这样做，但这次我似乎真的已经无话可说，因为再说多了那些话都会像是高台教化或者教科书的风格，现在我宁愿绕一大圈，最后得出一个大家都耳熟能详的结论。

我这个人很少会对某人某物产生那种崇敬到五体投地的感觉，因为这世上值得如此投入的人或物实在不多，很多人或物都被贴上了这样一个亮闪闪的标签，但实际上却完全名不副实。有时候，我们对一件事没有那种想主动接近的好奇心或者兴奋感，但迫于各种文化或者社会的压力，我们只能对其致以传统意义上的崇敬。如果你真的想对历史上的伟大人物（比如，但丁、提香、莎士比亚和斯宾诺莎）献上自己真正的敬意，那最好的办法不是顶礼膜拜，而是努力设法接近，最后产生"他们就生活在我们身边"这样的理想效果，这才是对他们最好的赞美方式。只有拉近距离，才能让他们的形象在我们的心中鲜活起来。如果在实际生活中偶尔遇到了真正的良善之人或者美德善行，我发现自己心中的崇敬之感同样会油然而生，也许那些人不像我想象的那么聪明，但这完全无关紧要，因为我看到了他们的实际行动。当我很小的时候，经常遭遇各种不幸，我会整夜整夜地做梦，在梦里，我感觉我的学校生活完全是一种梦境，当我醒来后，我会发现自己安坐家中，由母亲陪伴，母亲的去世把我伤得很重，五十年的时间也没有把伤口完全抚平。① 我已经有好久不再做那样的梦，但却时刻有一种感觉，那就是我以往的生活只不过是太虚幻境，我的一切所作所为都是由命中注定，它们自然会那样发生。尽管我在其中尽心尽力地扮演我自己的角色，但我依然可以不时跳出圈外，看着幻境何时才会戛然而止。回看我的人生，其中有失败也有成功，我犯错无数，有时欺骗别人，有时被生活所欺骗，有时欢欣鼓舞，有时又痛不欲生，奇怪的是，这一切似乎不像发生在现实中。它们总是让我感觉模模糊糊，而且缺少实质内容。也许我的心找不到任何地方可以寻得安宁，于是又像自己的祖先那样努力追求上帝和永生，但实际上，这些却完全不符合我的理性。在这样一个处处冷漠的宇宙里，邪恶无处不在，不可避免，从摇篮一直陪伴我们到坟墓里面。良善之心既不是对此的一种挑战，也不算是一种回应，也许它只是对我们的独立人格进行一种肯定。这是有幽默天赋的人对我们悲剧命运的荒谬性所作出的反驳。与美相比，善同样完美，却并不乏味；与爱相比，时间无法减损它的光辉，但是良善之心一定要通过正确的行动来进行表现。可问题是，

---

① 毛姆一辈子都把他母亲的最后一张照片放在床头，连同她的一缕长发，这是他一生中最珍贵的两份财产。

在这个毫无意义的世界里，有谁知什么行动才算正确？有一点可以肯定，那就是：正确的行为肯定不以自己个人的幸福作为最终的目标，如果幸福感偶然出现，那也是一种恰巧相逢。我们都知道，柏拉图曾责成他的学生们放弃整日冥想的平静生活，而去勇敢地驶入凡尘琐事的漩涡，因为他认为，履行职责要比追求幸福更为高尚。我觉得，我们在某些时刻都会面临人生道路的选择，我们明知自己的选择不会给自己带来幸福，却还是义无反顾地做出了那样的选择，唯一的理由是你觉得那样的选择才算是对的。那到底什么是正确的行动呢？在我看来，最好的答案莫过于弗雷·路易斯·德里昂（Fray Luis de Leon）所说得一句话：人生之美无它，只不过是每人各尽天命，各司其职。这一人生准则可谓中肯，它没有要求你去做完全超出个人能力之事，只要对自身有足够的了解，每个人都可以将其付诸实施。重要的话就要多说一遍：人生之美无它，只不过是每人各尽天命，各司其职。

图书在版编目（CIP）数据

毛姆自传 /（英）毛姆著；赵习群译. —北京：中国书籍出版社，2017.9
ISBN 978-7-5068-6382-7

Ⅰ.①毛… Ⅱ.①毛… ②赵… Ⅲ.①毛姆（Maugham, William Somerset 1874-1965）—自传 Ⅳ.①K835.615.6

中国版本图书馆CIP数据核字（2017）第200877号

毛姆自传

（英）毛姆著；赵习群译

策划编辑	安玉霞
责任编辑	安玉霞
责任印制	孙马飞　马　芝
版式设计	中尚图
出版发行	中国书籍出版社
地　　址	北京市丰台区三路居路97号（邮编：100073）
电　　话	（010）52257143（总编室）（010）52257140（发行部）
电子邮箱	chinabp@vip.sina.com
经　　销	全国新华书店
印　　刷	三河市顺兴印务有限公司
开　　本	880毫米×1230毫米　1/32
字　　数	250千字
印　　张	12.25
版　　次	2017年9月第1版　2022年5月第4次印刷
书　　号	ISBN 978-7-5068-6382-7
定　　价	38.00元

版权所有　翻印必究